BIBLIOTHÈQUE A. FIRMIN-DIDOT

CATALOGUE

DES

LIVRES RARES ET PRÉCIEUX

MANUSCRITS ET IMPRIMÉS

THÉOLOGIE — JURISPRUDENCE — SCIENCES

ARTS — LETTRES — HISTOIRE

JUIN 1883

Me MAURICE DELESTRE
COMMISSAIRE-PRISEUR
27, rue Drouot, 27

Mme Vve ADOLPHE LABITTE
LIBRAIRE DE LA BIBLIOTHÈQUE NATIONALE
4, rue de Lille, 4

BIBLIOTHÈQUE A. FIRMIN-DIDOT

MANUSCRITS ET IMPRIMÉS

THÉOLOGIE — JURISPRUDENCE — SCIENCES

ARTS — LETTRES — HISTOIRE

CONDITIONS DE LA VENTE

Elle sera faite au comptant.

Les acquéreurs paieront cinq pour cent en sus des enchères.

Les livres vendus devront être collationnés sur place dans les vingt-quatre heures de l'adjudication. Passé ce délai, ou une fois sortis de la salle de vente, ils ne seront repris pour aucune cause.

M. Em. PAUL se chargera de remplir les commissions des personnes qui ne pourraient assister à la vente.

EXPOSITIONS

PARTICULIÈRE : le Samedi 9 Juin.
PUBLIQUE : le Dimanche 10 Juin, de 2 à 5 heures.

Chaque jour de vente, il y aura Exposition publique à une heure de l'après-midi.

Voir l'*Ordre des Vacations* à la suite du Titre.

CATALOGUE

DES

LIVRES PRÉCIEUX

MANUSCRITS ET IMPRIMÉS

FAISANT PARTIE DE LA BIBLIOTHÈQUE

DE

M. AMBROISE FIRMIN-DIDOT

DE L'ACADÉMIE DES INSCRIPTIONS ET BELLES-LETTRES

THÉOLOGIE — JURISPRUDENCE — SCIENCES
ARTS — LETTRES — HISTOIRE

VENTE A L'HOTEL DES COMMISSAIRES-PRISEURS

RUE DROUOT, N° 9 — SALLE N° 3

Du Lundi 11 au Samedi 16 Juin 1883

A deux heures précises de l'après-midi

Par le ministère de Mᵉ Maurice Delestre, Commissaire-Priseur
Successeur de Mᵉ Delbergue-Cormont
27, Rue Drouot, 27

Assisté de M. G. Pawlowski, officier de l'Instruction publique, bibliothécaire du défunt

Et de M. Em. Paul, gérant de la maison Vᵉ A. Labitte
libraire de la Bibliothèque nationale
4, Rue de Lille, 4

PARIS. — 1883

ORDRE DES VACATIONS

TABLE SPÉCIALE

LIVRES IMPRIMÉS SUR VÉLIN

DES EXEMPLAIRES UNIQUES OU SEULS CONNUS

ET DES PROVENANCES CÉLÈBRES

I. LIVRES IMPRIMÉS SUR VÉLIN.

Nᵒˢ 54, 55, 56, 57, 58, 60, 61, 62, 63, 64, 65, 66, 68, 69, 88, 510.

II. EXEMPLAIRES UNIQUES OU SEULS CONNUS.

Nᵒˢ 66, 68, 69, 77, 518.

III. SIGNATURES OU NOTES AUTOGRAPHES DES HOMMES ILLUSTRES OU DISTINGUÉS.

Alde le jeune, 224.
Ballesdens, 78, 427.
Baluze (É.), 427.
BOSSUET, 81.
Florent (Chrestien), 268.
Fontenelle, 278.

Mercier, abbé de Saint-Léger, 79, 81.
Nodier (Charles), 427.
RABELAIS, 418.
RACINE (Jean), 44.
REGNARD, 93.
Santeul (J.-B.), 266.

IV. PROVENANCES CÉLEBRES.

MANUSCRITS

MANUSCRITS

THÉOLOGIE

1. BIBLIA SACRA. — In-12 carré, de 374 ff. à 2 col.; lettres ornées; mar. La Vallière, fil. et compart. à froid, fleurons en or, tr. dor. (*Hardy*).

Très beau manuscrit de la première moitié du xiiiᵉ siècle, sur vélin, exécuté en France. Il débute, selon l'usage, par le *prologus* de saint Jérôme : *Incip' epl'a scī ieromini pb'ri ad* || *paulinū de ōĩbz dīe historie libris.* Le Nouveau Testament commence au f. 304 vᵒ, par le : *plg' ī̃ evvᵐ s'*|| *math'm.* Les Évangiles sont suivis des Épîtres de s. Paul, des Actes des Apôtres et de l'Apocalypse qui clôt le volume.

Nous avons là l'une de ces œuvres calligraphiques d'un âge reculé qui nous étonnent à bon droit par l'effort prodigieux de patience du scribe. En effet, l'écriture, quoique presque microscopique, très serrée et hérissée d'abréviations, est d'une régularité remarquable. La partie ornementale se compose de centaines d'initiales peintes alternativement en rouge et en bleu et accompagnées de diaprures dont les filaments courent le long du texte. Les intitulés des livres sont rubriqués; les titres courants sont écrits en majuscules rouges et bleues. Le vélin est d'une rare finesse.

La conservation du volume est parfaite.

2. PSALTERIUM, CANTICA, etc. — In-4, de 155 ff. ; miniatures, bordures et lettres ornées; ais de bois recouverts de veau brun, avec peintures sur les plats entourées d'une bordure de cuivre ciselé (*rel. du* xiiiᵉ *au* xivᵉ *s.*).

Manuscrit précieux à tous les points de vue, sur vélin, exécuté au xiiᵉ siècle, très probablement en Suisse.

Sa décoration est d'une richesse exceptionnelle : on y trouve un beau calendrier historié, DIX-NEUF MINIATURES à pleine page, DEUX MINIATURES à mi-page, une QUINZAINE DE GRANDES INITIALES A SUJETS, des centaines de lettres ornées de toute dimension, des bordures, des en-têtes, etc.

Nous ne pourrons donner qu'une faible idée du caractère spécial de l'illustration, de son grand style et de son ensemble imposant.

Une page est consacrée à chaque mois du calendrier. La décoration consiste en un double portique à arcatures de plein cintre, entouré d'un cadre rectangulaire où des ornements variés alternent avec des figures humaines. Le calendrier occupe le premier portique, tout en empiétant quelquefois sur le second, destiné spécialement à recevoir les symboles du mois respectif : un rectangle renflé en haut et en bas au moyen d'un plein cintre, et renfermant l'image d'une occupation rustique; et, au-dessous, relié par un ornement, un médaillon avec un des signes du zodiaque. Ses symboles sont peints sur fond or. Les colonnes et les arca-tures des portiques le sont le plus souvent en argent. Tous les vides géné-ralement sont remplis par des ornements de style saxon, dessinés à la plume, ou peints en camaïeu, principalement en vert. Dans l'impossibilité de bien faire comprendre l'agencement compliqué de ces pages, nous donnons au catalogue illustré, à titre de spécimen, la reproduction du mois de *Novembre*.

Les huit pages qui suivent le calendrier sont remplies par de grandes compositions (H. : 0,160; L. : 0,120 environ), dont voici les sujets : 1° l'*An-nonciation à la Vierge*; — 2° la *Nativité*; — 3° le *Baptême de Jésus*; — 4° la *Purification de la Vierge*; — 5° *Jésus au milieu des docteurs*; — 6° la *Transfiguration*; — 7° *Jésus avec trois docteurs*; — 8° *Jésus traduit devant Caïphe*.

Une série de cinq grandes peintures suit le feuillet 46; elles représen-tent : 9° l'*Arrestation de Jésus*; — 10° *Jésus insulté au prétoire*; — 11° la *Flagellation*; — 12° *Jésus debout, aux pieds duquel deux jeunes hommes age-nouillés*; au-dessus, une rubrique porte : *Ave rex Judeorum!*

La dernière de ces cinq compositions (13°) est particulièrement inté-ressante. Sous la forme d'initiale Q du psaume LII (*Quid gloriaris...*), on a représenté la *Roue de la Fortune*, sujet assez approprié aux derniers ver-sets. Entre les rayons de la roue est entrelacé le corps d'un homme qui n'était peut-être qu'Ixion dans la pensée du miniaturiste, mais plus tard on aura voulu y joindre un souvenir de saint Georges roué, car une main postérieure a inscrit en rouge au-dessus de cette peinture les mots : *s. Ger-gus* (sic), pour *Georgius*.

Les six dernières peintures à pleine page qui se suivent commencent au verso du f. 92, et représentent : 14° la *Trinité*; — 15° *Jésus en croix* entre sa mère et s. Jean; — 16° la *Descente de croix* (composition remar-quable, qu'on trouvera reproduite au catalogue illustré); — 17° *s. Mathieu*; — 18° *s. Luc*; — 19° *Dieu sur le trône*, et une femme (la Madeleine?) prosternée à ses pieds, le tout sous forme d'initiale D; reproduite au catalogue illustré.

Les deux miniatures à mi-page ont pour sujets : 1° la *Vierge sur le trône, ayant sur ses genoux l'Enfant Jésus*; dans la bordure, deux anges en haut, et un abbé et un moine agenouillés dans le bas; le premier est désigné en marge par la rubrique : *s. Willihelmus* (f. 46 v°); — 2° réunion de trois saints en pied, vêtus en guerriers, que des rubriques placées au-dessus désignent comme étant *s. Sébastien*, *s. Pantaléon* et *s. Christophe* (f. 92); on trouvera au catalogue illustré une reproduction de la page où elle figure.

Des rubriques semblables nous paraissent avoir quelquefois imposé

des noms arbitraires aux figures d'un certain nombre de grandes initiales
historiées; on y lit ceux de : *s. Vital* (f. 25 v°), *s. Paul* (f. 27), *Enoch*
(f. 28), *s. Gervais* (f. 30), *s. André* (f. 35), *Abraham* (f. 38), *Élie* (f. 76 v°),
s^te Marguerite (f. 116 v°), *Isaïe* (f. 137).

Toutes ces peintures exécutées sur fond or offrent un des derniers
reflets du grand art classique; le caractère byzantin y est très intense.

Les grandes compositions sont renfermées dans des bordures rectangulaires, composées de listels dorés, argentés ou polychromes, et entourées
presque toujours d'un large listel vert, nuance qui domine aussi dans les
draperies. Lorsque le sujet s'y prête, le fond est garni de monuments
d'architecture romane.

Chaque psaume porte en tête une grande initiale, tantôt historiée,
tantôt purement ornée, sur fond or ou argent. Certaines pages sont
entourées en totalité ou en partie de bordures richement décorées à la
plume.

Le texte du psautier ne commence qu'au milieu du psaume XIII, par
les mots : *dormiã in morte. neḡndo dicat inimicus m's....*, sans que la lacune soit bien apparente. Il est suivi d'un grand nombre de cantiques. Les
sept pages successives commençant au f. 150 contiennent la litanie inscrite
sous un portique à deux arcades. Dans les bordures, on remarque des
figures debout ou assises, que des rubriques désignent comme représentant : *s. Alban* (?), *s. Mathieu*, *s. Philippe*, *s. Luc*, *s. Marc*, *s. Alexis*,
s. Polycarpe, *s. Jean*, *s. Antoine*. Le volume est terminé par des oraisons.
L'écriture est superbe et d'un beau noir.

Quelle est la patrie de ce précieux manuscrit? Les indications hagiologiques permettent de préciser sinon la localité, du moins la contrée.
Le calendrier du mois de juillet marque la translation de *s. Benoît* et
l'octave de cette fête, ce qui indique à coup sûr un monastère bénédictin. Les noms de *s^te Walpurge*, *s. Ulrich*, etc., montrent déjà l'origine
germanique du volume, tandis que ceux de *s. Colomban*, *s. Gall*, abbé,
s. Magnus (de Füssen) (6 sept.), *s. Othmar*, abbé de Saint-Gall, *s^te Vérone*
(dont le culte est très célèbre en Suisse), *s^te Régule*, etc., qui figurent dans
la litanie ou le calendrier, accusent suffisamment une abbaye helvétique.
Sainte Régule, peu citée par les hagiographes et dont la fête tombe le
11 septembre, fut martyrisée à Zurich, vers 301, avec son frère Félix,
guerrier de la légion thébaine.

On remarquera, en outre, parmi les saints que le calendrier romain
ne mentionne pas pour l'office, le nom de *s^te Brigitte*, au 1er février. La
présence de cette sainte spéciale à l'Irlande ne peut désigner que la
Suisse, pays où les abbayes irlandaises de s. Colomban conservèrent
longtemps une grande influence. Le *s. Willihelmus*, en costume d'abbé,
agenouillé devant la mère de Dieu (f. 46 v°), semble alors devoir être le
bienheureux *Guillaume*, abbé de Hirschau, en Souabe, mort le 4 juillet 1091. Il remit la règle en vigueur dans beaucoup de monastères allemands, et particulièrement à Schaffouse et à Pétershausen, près du lac
de Constance.

La conservation de ce volume est étonnante, et l'argent lui-même,
employé dans les peintures, a résisté à l'action du temps.

La reliure n'est pas moins digne d'attention. La peinture du plat supérieur représente le *Christ ressuscité* tenant une bannière ; celle du second plat nous montre *Dieu assis sur le trône*. Elles sont d'un beau caractère et leur exécution doit remonter au XIIIᵉ siècle.

Au haut du feuillet de garde de la fin, on lit : *Completus est liber iste per Lukã debelona* (?) 1279 (?) *in die belij* (?), ce qui ne peut s'appliquer tout au plus qu'à l'exécution de la reliure.

A la fin du volume on lit la signature de Hans Mülich, miniaturiste et peintre de la cour de Bavière, né en 1515, mort à Augsbourg en 1572. Cette signature est suivie de deux écussons d'armoiries. Neuf feuillets de parchemin, ajoutés à la suite, contiennent l'inscription en allemand des naissances, mariages et décès survenus dans les familles Mülich, Walther, etc., depuis le mariage de Lucas Walther avec Apollonie Mülich, célébré en 1503, jusqu'en l'année 1667.

3. PSALTERIUM, CANTICA, etc. — Pet. in-8 carré, de 187 ff. ; miniatures, lettres ornées ; mar. brun, compart. à froid.

Très beau et curieux manuscrit sur VÉLIN, exécuté en Allemagne dans la seconde moitié du XIIIᵉ siècle, et orné de DIX-SEPT MINIATURES, dont trois sous formes de grandes lettres historiées.

Aux douze premières pages, des portiques géminés, surmontés d'arcatures de plein cintre, renferment d'un côté un calendrier latin, de l'autre une figure d'apôtre, dont les pieds reposent sur un cintre au-dessous duquel est peint un des signes du zodiaque. Le fond de ces peintures est bleu, parsemé d'ornements dorés. Une rubrique désigne le nom de chaque apôtre. Hauteur totale des portiques : 0,120 ; L. : 0,073.

Le psautier commence par un grand B renfermant deux compositions sur fond d'or ; dans le haut : *le roi David jouant de la harpe* ; au-dessous : le *Combat de David et de Goliath*.

Deux grandes miniatures à pleine page (H. : 0,112 ; L. : 0,080) occupent les rectos des feuillets 15 et 16 (les versos en sont blancs). La première représente *Dieu assis sur un arc-en-ciel*. Le sujet est peint sur fond or guilloché et renfermé dans un encadrement elliptique, surnommé *amande mystique* ou *vesica piscis*. Le tout est enchâssé dans un rectangle à fond noir, bordé de listels bleus et rouges avec ornements dorés. Les symboles des quatre évangélistes accompagnent la figure divine.

La seconde miniature, de forme rectangulaire, et encadrée de listels semblables à ceux de la précédente, a pour sujet la *Résurrection du Christ*.

Ces deux compositions, de même que les douze Apôtres, sont d'un beau caractère sculptural. Le dessin en est large et expressif ; les draperies sont savamment ajustées. On y devine la main d'un des précurseurs des maîtres allemands. Particularité digne d'être remarquée, c'est que toutes ces figures, sans exception, sont vêtues de robes blanches et de manteaux couleur brun rouge sombre.

Des deux dernières lettres historiées, l'une est placée en tête du psaume LXXXI (*Exultate Deo....*) et représente une *femme faisant le carillon* (f. 77 rᵒ) ; l'autre décore le psaume XCVIII (*Cantate Domino....*) et a pour sujet : la *Célébration de la messe* (f. 90 rᵒ).

Le volume est, au surplus, orné d'un grand nombre d'initiales enluminées en or et en couleur, se développant généralement en appendices non feuillagés.

Dans quelle contrée a-t-il été exécuté? Le calendrier nous permet de la nommer avec assez de précision. On y trouve, en effet, les noms de quelques saints qu'on rencontre fort rarement, et dont le culte est plus spécial à une localité; tels sont : s. *Castor* (13 février), confesseur, anachorète à Cardon sur la Moselle et patron de la ville de Coblentz; s. *Louveins* [*Lupentius*] (13 octobre), curé de Covern, près Coblentz; les deux frères *Ewald* (3 octobre), patrons de la Westphalie. Dans la litanie on lit le nom de s. *Cunibert*, de s. *Géréon*, de s. *Séverin*, etc., patrons de la ville de Cologne, et celui de s. *Héribert*, patron de Deutz, près cette ville. Il est donc incontestable que notre manuscrit a vu le jour dans la contrée rhénane, peut-être à Coblentz même ou à Cologne, contrée que le style des peintures désigne également. Les noms de s. *Gall*, de s. *Othmar*, abbé, de s. *Colomban,* etc., semblent indiquer comme lieu d'origine une abbaye bénédictine.

Très belle écriture, et conservation parfaite.

4. ÉVANGÉLIAIRE ET LECTIONNAIRE (en grec). — In-fol., de 340 ff. (dont le premier blanc) à 2 col.; miniatures et lettres ornées ; peau de truie, riches compart. à froid, tr. dor. (*Hagué*).

Très beau manuscrit sur VÉLIN, exécuté à la fin du xɪᵉ siècle, probablement au mont Athos, d'où il provient.

Il renferme les évangiles et le symbole des évangiles, avec des extraits pour chaque mois de vies de saints du calendrier grec. La première page est occupée par une grande croix grecque, richement décorée et surmontée d'un buste de Christ vu de face. A gauche de la croix, est représenté un personnage richement vêtu (sa tête est effacée), probablement s. Jean, tenant d'une main un rouleau ouvert avec un extrait d'évangile.

Le texte est précédé d'un titre en grandes majuscules dorées, avec bon nombre de ligatures (Ἐκ τοῦ κατὰ εὐαγγελίου τῆς ἁγίας καὶ μεγάλης κυριακῆς τοῦ πάσχα Ἰωάννην), renfermé dans un ravissant encadrement polychrome, composé d'arabesques. Le manuscrit entier, d'ailleurs, est fait avec luxe : l'écriture, très grosse, est remarquablement belle ; les en-têtes sont peints en or ou en pourpre, les initiales, les titres courants, les sommaires, etc.; sont en or, en minium et en pourpre. En un mot, c'est un magnifique spécimen de la calligraphie byzantine de l'époque. Il contient beaucoup d'annotations en turc.

Il a été acquis en 1857 au couvent d'Ivéron, au mont Athos, par le savant archéologue russe, M. Sevastianov, qui l'a cédé en 1869 à M. Didot. Il est mentionné sous le nᵒ 84 de l'inventaire sommaire des manuscrits grecs, inséré par M. Victor Langlois dans son introduction historique sur le mont Athos, placée en tête de la reproduction photolithographique de la *Géographie de Ptolémée* d'après un manuscrit de même origine (Paris, Firmin-Didot, 1867; p. 103).

Avant d'avoir quitté le mont Athos, notre manuscrit était couvert d'une reliure en cuivre doré avec pierres fines, qu'on a appliquée plus tard à un autre volume.

---

5. HORÆ. — Pet. in-8 carré, de 104 ff. (dont les 2 dern. blancs); miniatures, bordures, lettres ornées; velours.

Manuscrit sur VÉLIN, exécuté en France au XIV° siècle, et portant la *signature* de MARIE DE BOURGOGNE, fille unique de Charles le Téméraire.

Il est orné de HUIT MINIATURES, et débute par un calendrier écrit en français, en noir et en carmin. Les miniatures, de forme rectangulaire, représentent : 1° l'*Annonciation à la sainte Vierge* (f. 21 r°); — 2° la *Visitation de sainte Élisabeth* (f. 49 v°); — 3° la *Nativité* (f. 63 v°); — 4° l'*Annonciation aux bergers* (f. 71 r°); — 5° l'*Adoration des Mages* (f. 76 v°); — 6° la *Présentation au Temple* (f. 82 r°); — 7° la *Fuite en Égypte* (f. 87 v°), — 8° le *Couronnement de la Vierge* (f. 96 r°). Elles sont peintes sur fonds de couleur garnis d'ornements en or. Presque toutes les pages sont entourées de bordures à feuillages, partant généralement des jambages d'une initiale richement enluminée.

Le texte finit au verso du f. 102 par cette rubrique : *la fin des heures de nre dame.*

Parmi les rares inscriptions en rouge du calendrier, on lit les noms de *ste Geneviève*, de *s. Éloi*, de *s. Denis*, ce qui semble indiquer que le volume a été exécuté à Paris. Ce calendrier est curieux à cause des formes dialectales de certains noms propres.

Un grand malheur est arrivé à ce manuscrit : dans une traversée il a été trempé par l'eau de mer, qui en a endommagé la première moitié au point que dans cinq feuillets des lignes entières de texte ont été complètement corrodées, laissant des trous à leur place. Cet accident est bien fâcheux, car le volume, lorsqu'il était intact, devait être séduisant par la simplicité et l'éclat de sa décoration. Les dernières miniatures, qui ont bien résisté à l'élément destructeur, décèlent la collaboration d'un artiste habile.

C'est donc aujourd'hui une ruine, mais elle est encore précieuse à cause de ces deux lignes qu'on lit au bas de la dernière page blanche :

Ne moubliés pas
Marie de bourgogne

6. HORÆ. — In-8 carré, de 351 ff.; miniatures, bordures et lettres ornées; mar. rouge, dent., cordons de soie, tr. dor. (*anc. rel.*).

Très beau et très précieux manuscrit, sur VÉLIN, exécuté à Avignon à la fin du XIV° siècle.

Il est orné de TRENTE MINIATURES, de VINGT-NEUF INITIALES HISTORIÉES et d'environ DEUX MILLE LETTRES enluminées en or et en couleur,

Les douze premiers feuillets sont consacrés à un calendrier latin, écrit en or, azur et carmin. La page où commence chaque mois est ornée de demi-bordures formées par les appendices feuillagés sortant des initiales K L. (*Kalendæ*), et terminés dans le bas par de charmants petits sujets grotesques qui personnifient le trait caractéristique du mois dont il s'agit. Les revers de ces pages portent également des bordures à feuillages, mais sans être historiées.

La largeur du texte n'est que de 47 millimètres et on ne compte en général que douze lignes par page. Il y a un grand nombre de *proses* latines.

Les sujets des miniatures sont : 1° *Emblèmes de la passion;* sur fond or guilloché (f. 25 r°); — 2° s** *Véronique avec la Sainte Face;* sur fond vert doré (f. 31 v°); — 3° l'*Ange gardien* et *s. François aux stigmates;* sur fond rouge diapré d'or (f. 34 v°); — 4° réunion de cinq saints : *s. Christophe, s. Gilles, s. Blaise, s. Denis, s. Georges;* sur fond or guilloché (f. 37 r°); — 5° réunion de cinq saintes : *s** Catherine, s** Marguerite, s** Marthe, s** Christine, s** Barbe;* sur fond or guilloché (f. 41 v°); — 6° *s. Jacques l'apôtre, s. Jean-Baptiste, s. Jean l'Évangéliste;* sur fond vert doré (f. 44 r°); — 7° *s. Léonard, s. Sébastien* représenté en chevalier, et *s. Antoine;* sur fond rouge doré (f. 46 v°); — 8° l'*Archange Michel terrassant le dragon;* sur fond bleu diapré d'or (f. 49 v°); — 9° s. PIERRE DE LUXEMBOURG, cardinal; sur fond or guilloché (f. 50 v°); — 10° la *Toussaint;* sur fond or (f. 52 r°); — 11° l'*Annonciation à la Vierge* (f. 53 r°); — 12° la *Visitation de sainte Élisabeth;* sur fond quadrillé (f. 69 r°); — 13° l'*Arrestation de Jésus;* sur fond or guilloché; curieux costumes des soldats (f. 141 r°); — 14° *Jésus devant Caiphe;* sur fond rouge doré (f. 149 r°); — 15° la *Flagellation;* sur fond rouge diapré d'or (f. 155 r°); — 16° *Jésus devant Ponce Pilate;* sur fond or guilloché (f. 159 r°); — 17° le *Portement de croix;* sur fond vert doré (f. 165 v°); — 18° la *Vierge* et *s. Jean au pied de la croix;* sur fond rouge diapré d'or (f. 172 r°); — 19° la *Descente de croix;* sur fond rouge diapré d'or (f. 180 r°); — 20° la *Mise au tombeau;* sur fond or guilloché (f. 184 v°); — 21° s** *Catherine,* devant laquelle une *dame est agenouillée;* sur fond quadrillé (f. 189 r°); — 22° *Dieu sur son trône;* sur fond quadrillé (f. 197 r°); — 23° la *Célébration de la messe;* sur fond rouge historié (f. 223 r°); — 24° *Dieu dans sa gloire adoré par les saints;* sur fond bleu (f. 227v°); — 25° la *Vierge* et *s. Jean au pied de la croix;* sur fond quadrillé (f. 233 r°); — 26° la *Descente du Saint-Esprit;* fond architectural (f. 238 r°); — 27° la *Trinité;* sur fond bleu (f. 242 r°); — 28° *Mort d'un chrétien;* sur fond or guilloché (f. 246 v°); — 29° un *Homme en prière devant Jésus-Christ;* fond vert diapré d'or (f. 325 r°); — 30° une *Femme en prière devant la Vierge;* sur fond or guilloché (f. 346 r°).

Parmi ces miniatures, la onzième est un véritable tableau, dont l'*Annonciation* occupe le centre. La Vierge est assise, les mains jointes, et deux chérubins soutiennent derrière elle une draperie écarlate. Le messager céleste est à genoux. La figure de Dieu apparaît dans le coin gauche. Le sujet, peint sur fond or guilloché, est couronné par un ornement architectural de style gothique flamboyant. La page est encadrée sur trois côtés d'une large bordure divisée en neuf compartiments remplis par des compositions connexes avec le sujet principal. Celles des deux angles inférieurs représentent des bustes de *prophètes* ayant prédit la venue du Christ. Les autres nous montrent : la *Visitation de sainte Élisabeth*, la *Nativité*, l'*Annonciation aux bergers*, l'*Adoration des Mages*, la *Présentation au Temple*, le *Massacre des Innocents* et la *Fuite en Égypte*. On trouvera au catalogue illustré la reproduction de cette page remarquable.

Toutes ces peintures sont d'un beau style italien, intermédiaire entre celui de Giotto et de Fra Angelico. Les têtes, très suaves, sont en général magnifiques d'expression, et l'exécution est parfois merveilleuse. Les carnations sont bistrées, trait caractéristique de la peinture italienne à cette époque. Le miniaturiste paraît s'être beaucoup inspiré de Simone Memmi, un des plus grands artistes du xive siècle, mort à Avignon en 1344.

Les pages à miniatures sont entourées d'encadrements à feuillage qui partent des jambages d'une initiale. Toutes les pages, d'ailleurs, sont décorées d'une manière analogue, avec plus ou moins de richesse, et l'élément fantastique et grotesque y est fréquemment associé. L'or est prodigué partout et tout cela, joint à une quantité énorme d'initiales enluminées et de tirets garnissant les bouts de ligne, forme un ensemble extrêmement éclatant.

La représentation de saint Pierre de Luxembourg, dont le culte est plus spécial à la ville d'Avignon, prouve suffisamment que ce manuscrit y a été exécuté.

Feu le R. P. Cahier a consacré à notre volume, à la date du 25 mai 1864, une courte note que nous croyons devoir reproduire :

« Le manuscrit semble rédigé pour un Breton qui l'aura fait enluminer à la cour d'Avignon par un Italien. *Quod sic probo.*

« 1° Que l'enlumineur soit Italien, et le copiste Français, cela peut passer pour n'avoir pas besoin de démonstration.

« 2° La destination bretonne est écrite dans le calendrier, où je ne vois (en or) d'étrangers au bréviaire romain que s. *Aubin* et s. *Yves*. Ajoutons, parmi les noms en encre commune, s. *Guennolé* (3 mars); cela doit suffire, ou je me trompe beaucoup.

« 3° Avignon se reconnaît, selon moi, au mélange du texte français (copie) et de peinture italienne, mais surtout à s. Pierre de Luxembourg (après s. Michel, dans les dévotions spéciales qui ont prière et image, au commencement, après les spécimens des quatre évangiles). Ce jeune saint, mort à Villeneuve-d'Avignon en 1387, ne fut béatifié officiellement qu'en 1527 à Rome, mais la ville d'Avignon l'avait acclamé d'avance, si bien qu'elle l'honorait pour son patron dès 1432.

« Rappelons en outre que les bénéfices de Bretagne, *pays d'obédience* (même après le concordat de Léon X), occasionnaient de nombreux voyages en cour romaine, où l'on allait présenter ses titres directement et passer ses examens de promotion; état qui dura plus ou moins jusqu'à la Révolution française. C'était économie et coutume, deux motifs puissants chez les Bretons, sans compter l'indépendance en face du pouvoir temporel, et le goût celtique du déplacement.

« On pourrait bien dire que, pour un Breton, le calendrier devrait aussi mentionner s. Vincent Ferrier, mort à Vannes en 1419. Il faut savoir

que sa canonisation n'est pas antérieure à 1455, et ne fut même promul-
guée solennellement qu'en 1458. Ces diverses dates donneraient peut-être
un motif plausible de placer l'exécution définitive du manuscrit entre
1432 et 1455. D'ailleurs *Pâques le 27 mars* nous mène à choisir l'une des
années 1407, 1418, 1429, 1440; car on ne peut pas songer à 1345 ni à
1502. J'opterais donc pour 1440, *ex dictis*.

« P.-S. Dans bien des livres d'heures, les dévotions spéciales ne
viennent qu'à la fin (après l'office des morts), mais quelques-uns leur
donnent place, comme celui-ci, vers le commencement (avant l'office de
Notre-Dame). On trouve du reste ici un certain nombre de pratiques
personnelles qui terminent encore le volume. »

Malgré la grande autorité de l'éminent archéologue dont nous venons
de rapporter l'opinion, nous osons ne pas accepter tous les points de sa
démonstration. Tout d'abord il ne nous paraît pas que ce volume ait été
exécuté pour un Breton entièrement étranger par ses liens de famille à
la ville d'Avignon, car si le calendrier peut passer pour avoir eu une
destination bretonne, le livre lui-même ne révèle point cette préoccupa-
tion, attendu qu'aucun des saints dont le culte est propre à la Bretagne
n'a de place parmi les dévotions spéciales, ni n'est rappelé dans les quatorze
images des saints que nous avons énumérés, tandis qu'on y voit s. Pierre
de Luxembourg (dont l'image est suivie de deux oraisons spéciales), au
culte duquel celui qui a fait exécuter ce manuscrit devait nécessairement
s'intéresser beaucoup, ce qui indique plus que des relations passagères
avec la cité papale. D'ailleurs le destinataire de ce volume ainsi que sa
femme s'y trouvent représentés à plusieurs reprises. Lui, figure d'abord
agenouillé à côté du tombeau du Christ dans la 20ᵉ miniature, et ensuite
dans la 29ᵉ, en costume plutôt italien que français, pareil à celui de
s. Sébastien (f. 46). Sa femme y est peinte également deux fois, et tout
porte à croire qu'elle avait le prénom de Catherine, attendu qu'on la voit
une fois en prière devant la sainte de ce nom, qui est, dans ce volume,
l'objet d'une dévotion particulière, puisqu'on lui a consacré exceptionnellement deux images, une inscription en or au calendrier, plusieurs
oraisons et des heures complètes, occupant seize pages. La dame est aussi
représentée en costume italien (voir la reproduction de la 30ᵉ miniature
au catalogue illustré), et elle était sans doute d'origine avignonaise, tandis
que son mari pouvait être de sang breton, à moins, ce qui nous paraît
encore plus probable, qu'il n'y ait eu de Breton que le scribe, qui, établi
à Avignon, aurait tenu à marquer son origine et ses dévotions dans le
calendrier et dans la litanie où on lit aussi le nom de s. Yves.

Il nous est ensuite impossible d'admettre que le volume n'ait été exécuté que vers 1440. Le caractère conventionnel et décoratif de nos miniatures et des encadrements est bien propre à l'art du xivᵉ siècle, où l'on
n'était pas encore arrivé à introduire l'élément pittoresque et l'imitation
de la nature, et nous doutons que ces principes archaïques se soient encore
maintenus si fort avant dans le xvᵉ siècle. Nous pensons donc que si
l'exécution de notre manuscrit ne remonte pas à la fin du xivᵉ siècle, elle
ne saurait être postérieure aux premières années du xvᵉ; et s'il fallait
tirer une déduction de l'indication de Pâques au 27 mars, nous penche-
rions plutôt pour l'année 1407 que pour 1440, bien qu'on soit à peu près

d'accord aujourd'hui que la mention de Pâques ne saurait être invoquée pour déterminer l'âge d'un manuscrit, attendu que lorsqu'on la trouve elle est toujours au 27 mars et ne fait que rappeler le jour de la résurrection réelle du Christ. Les Avignonais ont devancé de beaucoup la décision suprême dans leur culte pour s. Pierre de Luxembourg, et si ce n'est qu'en 1432 que l'archevêque d'Avignon ordonna que désormais le jour anniversaire de la sépulture du bienheureux serait un jour de fête chômée, son dernier biographe, M. Fourier de Bacourt (*Vie*, etc.; Paris, 1882), constate que « dès le jour de sa mort, la voix du peuple a proclamé la sainteté du jeune cardinal », mort qui fut suivie, selon les hagiographes, de nombreux miracles. La demande de canonisation de Pierre le Thaumaturge, due à l'initiative de l'Université de Paris, qui avait pris pour patron son ancien élève, date de 1389, et si la béatification n'a eu lieu qu'en 1527, ce retard provient de la situation troublée de l'Église divisée par le schisme, et ensuite de la longue lutte avec les Anglais. En attendant, on avait pris le parti de se passer de l'autorisation officielle pour invoquer le bienheureux, et dès lors rien ne s'oppose à ce que notre manuscrit ne remonte au xiv° siècle, d'autant plus qu'il n'offre que le témoignage de la dévotion particulière du premier possesseur de ce volume pour s. Pierre de Luxembourg, puisque le nom de ce dernier n'y est pas marqué au calendrier. Il est bon de rappeler que le bienheureux Pierre est aussi le patron de la ville de Metz, dont il avait été l'évêque.

La conservation de ce volume ne laisse rien à désirer.

7. HORÆ. — In-12 carré, de 134 ff. à 2 col.; miniatures et lettres ornées; soie rouge, avec dessins brodés en or, tr. dor. et cis. (*rel. du* xv° s.).

Charmant manuscrit sur VÉLIN, exécuté en Italie à la fin du xiv° ou au commencement du xv° siècle, et orné D'UNE GRANDE MINIATURE, de DIX PETITES, de QUATORZE INITIALES HISTORIÉES et de plusieurs centaines d'initiales enluminées.

Il commence par un psautier, suivi d'un grand nombre de cantiques et d'autres pièces. Viennent ensuite : l'Office de la Vierge (f. 91), l'Office des morts (f. 111), l'Office de la Passion (f. 117), les Préfaces (f. 123), le Canon de la messe et plusieurs messes (f. 127). Les titres sont en or, carmin et azur.

Le volume s'ouvre par une grande miniature (H. : 0,060 ; L. : 0,063) représentant le *Jugement dernier*. Au centre, l'archange Michel, couvert d'une armure, tient d'une main son épée, et de l'autre une balance pour peser les âmes. A gauche, les morts sortent des tombeaux ; à droite, les démons poussent les damnés dans le gouffre de l'enfer. Dans le haut est la figure de Dieu enfermée dans l'amande mystique qu'entourent des chérubins, des saints et des saintes. La sainte Vierge présente à Dieu un jeune homme, sans doute celui pour qui a été fait le volume. Des rinceaux partant de cette peinture s'étalent sur les marges. L'initiale du premier psaume offre la vue d'un château fort muni d'un pont-levis.

Au bas de la page, se trouve un médaillon renfermant un écusson effacé, surmonté du chapeau d'archevêque. Il est soutenu par deux enfants nus, avec des ailes de papillon, et tenant chacun de l'autre main un écusson : *d'azur, à une bande d'argent accompagnée de deux roses d'or.* Les enfants sont d'un dessin délicieux, et semblent être d'une main du xvi° siècle.

Les petites miniatures ont pour sujets : 1° la *Nativité* (f. 91 r°); — 2° la *Présentation au Temple* (f. 97 v°); — 3° la *Visitation de sainte Élisabeth* (f. 99 r°); — 4° l'*Adoration des Mages* (f. 100 r°); — 5° la *Fuite en Égypte* (f. 101 v°); — 6° l'*Enfant Jésus au milieu des docteurs* (f. 102 v°); — 7° la *Trinité et le Couronnement de la Vierge* (f. 105 r°); — 8° le *Roi David en prière* (f. 107 r°); — 9° *Cérémonie des funérailles* (f. 111 v°); — 10° *Jésus en croix* (f. 127 r°).

Toutes ces miniatures sont finement peintes, de même que les sujets des initiales historiées. Les lettres ornées, enluminées avec beaucoup de goût et de richesse, ajoutent considérablement à l'éclat de ce joli volume, dont la conservation ne laisse rien à désirer. Il est écrit en petites lettres gothiques.

Dans la litanie, on rencontre les noms peu communs de ss. *Faustin* et *Jovite*, de s. *Apollone*, de s. *Gaudence*, de s. *Philastre*, de s^te *Affre* et de s^te *Julie* de Corse, tous patrons et patronnes de la ville de Brescia, ce qui autorise à penser que le volume a vu le jour dans cette cité.

8. **HEURES.** — In-4, de 228 ff.; miniatures, bordures et lettres ornées; mar. rouge, fil., tr. dor. (*rel. du* xvii° *s.*).

Superbe manuscrit sur VÉLIN, exécuté en France dans la première moitié du xv° siècle, et orné de VINGT ET UNE GRANDES MINIATURES.

En tête est un calendrier écrit en français, en noir et carmin. Le texte du volume est en majeure partie en latin, mais la plupart des rubriques sont en français, de même que les deux chapitres : Les *Quinze Joyes Nostre Dame* (f. 110 à 117) et les vii *Requestes de Nostre Seigneur* (f. 117 à 121).

Les sujets des miniatures sont : 1° s. *Jean l'Évangéliste* dans son cabinet de travail (f. 13 r°); — 2° l'*Annonciation à la Vierge* (f. 21 r°); — 3° la *Visitation de sainte Élisabeth* (f. 35 v°); — 4° la *Vierge allaitant l'Enfant Jésus*; s. Joseph, assis dans un fauteuil, présente une fleur et un panier de fruits (f. 50 r°); — 5° l'*Annonciation aux bergers* (f. 57 v°); — 6° l'*Adoration des Mages* (f. 63 v°); — 7° la *Présentation au Temple* (f. 69 r°); — 8° la *Fuite en Égypte* (f. 74 v°); 9° le *Couronnement de la Vierge* (f. 83 v°); — 10° l'*Arrestation de Jésus* (f. 91 r°); — 11° *Jésus devant Caiphe* (f. 93 r°); — 12° la *Flagellation* (f. 94 v°); — 13° le *Portement de croix* (f. 96 r°); — 14° *Jésus en Croix*; la Vierge et s. Jean sont au pied (f. 97 v°); — 15° la *Descente de croix* (f. 99 r°); — 16° la *Mise au tombeau* (f. 100 v°); — 17° la *Descente du Saint-Esprit* (f. 102 v°); — 18° la *Vierge avec l'Enfant Jésus* (f. 110 v°); — 19° la *Trinité;* Dieu le Père tient la croix avec Jésus crucifié (f. 117 v°); — 20° le *Roi David en prière* (f. 124 r°); — 21° *Cérémonie des funérailles* (f. 146 r°).

Ces peintures portent tout le caractère des œuvres dues au pinceau des artistes employés par le duc Jean de Bedford, régent de France, et offrent une étroite parenté avec les deux beaux manuscrits décrits dans

notre catalogue de 1882, sous les nᵒˢ 9 et 10. Elles séduisent par la naïveté de la composition, la grâce ou l'énergie des physionomies, la douceur ou l'éclat du coloris. Les têtes sont parfois d'un fini achevé. Le fond
de ces miniatures est souvent formé de dessins en mosaïque ; dans deux
compositions, la *Fuite en Égypte* et l'*Arrestation de Jésus*, le ciel est peint
en rouge vif strié d'or ; l'horizon paraît embrasé, comme dans les pays
de l'Orient, ce qui produit un bel effet et relève la scène représentée.

Les miniatures ont la forme de rectangles légèrement cintrés par le
haut (H. : 0,090 à 0,104 ; L. : 0,063 à 0,066). Elles sont d'abord environ-
nées d'une bordure étroite, faisant corps avec une belle initiale, le tout à
fond d'or semé d'ornements polychromes ; ensuite, entourées d'un large
cadre formé de branchages filiformes à feuillage doré, parsemés de
fleurs et de fruits peints au naturel, et relevés par des rinceaux multicolores. On peut s'imaginer l'éclat qu'offrent les pages ainsi décorées, et,
pour permettre de se rendre compte au moins de l'ensemble de la composition et de la valeur du dessin, nous donnons au catalogue illustré la
reproduction un peu réduite de la page renfermant la *Visitation de sainte
Élisabeth*, où l'on remarque de curieux monuments d'architecture, et de
celle où figure *Jésus devant Caïphe*, intéressante par l'étude des têtes.

A toutes les pages du texte il y a une large bordure latérale, enluminée
dans le même style que les grands encadrements, et les lettres ornées
se comptent par centaines. L'ensemble de la décoration est d'une richesse
peu commune. Il faut ajouter que l'écriture gothique est extrêmement
soignée, que le vélin est de premier choix, et qu'on a ménagé de très
grandes marges, attendu que le texte n'occupe que quatre-vingt-dix-sept
millimètres en hauteur et autant en largeur, y compris la bordure, tandis
que la hauteur totale du volume est de deux cent vingt-huit millimètres
et la largeur de cent soixante-cinq.

Les noms de *ste Geneviève* et de *s. Denis*, écrits exceptionnellement en
rouge au calendrier, semblent prouver que le volume a été exécuté à
Paris.

Il provient de la collection Didier-Petit, et il a été cédé à M. Didot
par M. Monfalcon, de Lyon. Conservation parfaite.

9. HORÆ. — Gr. in-8, de 170 ff. ; miniatures, bordures et lettres ornées ; velours violet, tr. dor.

Superbe manuscrit sur VÉLIN, exécuté en France dans la première
moitié du xvᵉ siècle.

Il est orné de VINGT-QUATRE PETITES MINIATURES au calendrier, et de DIX-
NEUF GRANDES.

Le calendrier, en français, occupe les douze premiers feuillets, et est
écrit en or, azur et carmin. Les petites miniatures qui le décorent sont
placées par deux sur la même page et enchâssées dans la bordure. Celles
du bas, de forme circulaire, représentent les signes du zodiaque ; les peintures latérales, de forme rectangulaire (H. : 0,028 ; L. : 0,032), ont pour
sujets des scènes empruntées aux occupations champêtres propres à
chaque mois ou aux passe-temps de la vie rurale. On y trouvera d'intéressants détails du costume.

Les grandes miniatures sont toutes rectangulaires, cintrées par le haut. Leur largeur est presque uniforme (0,062), mais leur hauteur est variable (0,091 à 0,098).

La première (f. 13 r°) représente le Christ en buste, la main droite légèrement levée, et la gauche tenant le globe du monde. La figure est étudiée avec un soin extrême, et le coloris est très monté de ton pour mieux s'harmoniser avec la nuance écarlate du manteau. Le tout se détache vigoureusement sur fond d'un bleu sombre. Ce buste superbe rappelle, au point de paraître une copie, le beau tableau de Van Eyck du musée de Bruges. On trouvera au catalogue illustré une reproduction de cette page.

La seconde miniature (f. 15 r°) a pour sujet SAINT JEAN DANS L'ILE DE PATMOS. La mise en scène est très pittoresque, en raison de deux autres îlots où l'on voit de curieuses petites villes entourées de murs.

Les trois suivantes, SAINT LUC (f. 17 r°), SAINT MATHIEU (f. 19 r°) et SAINT MARC (f. 21 r°).

La sixième (f. 22 v°) nous montre la VIERGE dans son intérieur. La petite scène de famille se passe sous une tente. La Vierge lit assise, pendant qu'un ange apprend à marcher au petit Jésus au moyen d'un chariot roulant, et qu'un autre ange chauffe la bouillie sur un réchaud.

La septième (f. 27 r°) représente la VISITATION DE S. ÉLISABETH. Curieux costumes des deux suivantes et monument d'architecture dans le fond.

Dans la huitième (f. 31 r°), nous avons sous les yeux la tragédie du CALVAIRE; — dans la neuvième (f. 34 v°), la DESCENTE DU SAINT-ESPRIT.

La dixième (f. 38 r°) représente l'ANNONCIATION A LA VIERGE. Elle est particulièrement intéressante en raison de curieux monuments d'architecture civile servant de fond au tableau, et on en trouvera une reproduction au catalogue illustré.

La onzième (f. 47 r°) a pour sujet le COURONNEMENT DE LA VIERGE; — la douzième (f. 53 r°), la FUITE EN ÉGYPTE; — la treizième (f. 61 r°), le Roi DAVID EN PRIÈRE, un genou en terre devant un portique surmonté d'un écusson aux armes de France; — la quatorzième (f. 92 r°), la NATIVITÉ; — la quinzième (f. 97 v°), l'ANNONCIATION AUX BERGERS; — la seizième (f. 102 r°), la PRÉSENTATION AU TEMPLE; — la dix-septième (f. 106 r°), l'ADORATION DES MAGES.

La dix-huitième (f. 117 r°), représentant des FUNÉRAILLES, attire nos regards par l'architecture riche et variée du fond et par les costumes des assistants. Un architecte-archéologue fort compétent nous a assuré que nous avons ici la représentation de l'église parisienne de S. Martin des Champs, sans le clocher et les bas-côtés. Nous donnons également une reproduction de cette miniature au catalogue illustré.

Enfin, la dernière (f. 166 r°) nous fait assister à la MESSE MIRACULEUSE DE SAINT GRÉGOIRE.

Toutes ces peintures ne sont pas de la même main; quelques-unes, très finement exécutées, laissent voir l'influence incontestable de l'art flamand. On a remarqué, dans certaines, la prédilection de l'artiste pour la mise en scène architecturale, et nous sommes convaincus que, en dehors de l'église que nous avons citée, nous avons là des copies d'autres anciens monuments de la ville de Paris où ce volume a été exécuté.

L'ornementation du volume est d'une grande richesse, car toutes les pages ont sur les trois côtés une large bordure. Comme dans presque tous les manuscrits de cette époque, les principes décoratifs du xiv° siècle, consistant en rinceaux filiformes garnis de feuillage doré, s'y trouvent combinés avec les principes nouveaux, introduisant la flore et la faune réelles. Le texte est séparé de la bordure sur le côté latéral par un listel à fond d'or avec de petits ornements en couleur, et, dans les pages à miniatures, ces listels se développent en une seconde bordure qui enserre le texte et la peinture sur trois côtés. De belles initiales, des bouts de lignes, en or et en couleur, sont semés à profusion dans le volume.

Nous avons dit que ce volume a été exécuté à Paris même, et nous tirons cette déduction des indications fournies par le calendrier. En effet, parmi les rares noms écrits en lettres d'or, nous y trouvons ceux de s*te* Geneviève, de s. Éloy et de s. Denis. Dans la litanie, on lit ceux de s. Germain, de s*te* Avoie et de s*te* Geneviève ; dans le propre des saints, une oraison est aussi consacrée à cette dernière.

Conservation parfaite.

10. GHETIDE. (Livre de prières en hollandais.) — In-8 carré, de 209 ff.; miniatures, bordures et lettres ornées; ais de bois recouverts de veau rouge estampé, tr. dor. et cis. (*rel. du* xv° *s.*).

Très beau manuscrit sur vélin, exécuté au xv° siècle et orné de six GRANDES MINIATURES.

Il est écrit en caractères gothiques et débute par un calendrier qui occupe les vingt-quatre premières pages. Les miniatures, de forme rectangulaire (H. : 0,095 ; L. : 0,062), occupent les revers des feuillets, avec les rectos en blanc. En voici les sujets : 1° *Jésus crucifié ;* la Vierge et s. Jean se tiennent aux côtés de la croix ; des anges recueillent dans des calices le sang qui coule des blessures du Sauveur (f. 13) ; — 2° l'*Annonciation à la Vierge* (f. 26) ; — 3° le *Couronnement de la Vierge,* composition placée dans un médaillon autour duquel il y a de nombreuses figures de saints et de saintes (f. 39) ; — 4° le *Jugement dernier ;* Dieu est assis, à sa tête touche une épée nue placée obliquement à droite, et il est accompagné de deux anges sonnant de la trompette ; un saint et une sainte sont à genoux ; les morts sortent du tombeau (f. 65) ; — 5° la *Nativité* (f. 103) ; — 6° *Jésus enfant au milieu des docteurs* (f. 114). Les fonds sont tantôt en damier polychrome, tantôt en or plein.

Chacune de ces miniatures est entourée d'un joli encadrement, consistant en un listel doré autour duquel s'entourent des rinceaux de feuillage vert, terminés par des fleurs au naturel et des pommes de pin dorées. Dans cinq de ces encadrements le décorateur a placé une figure d'ange à mi-corps dans l'attitude de la prière. La page en regard est décorée avec plus de luxe encore. L'initiale du texte, de grandes dimensions, peinte sur fond or en relief, donne naissance à des appendices d'une riche ornementation qui forment la bordure. Le texte est, en outre, décoré de charmantes initiales sur fond diapré, en bleu et rouge, dont les appendices filiformes, parsemés d'ornements dorés, s'épanouissent sur les marges.

Les miniatures offrent un des meilleurs spécimens de l'art hollandais à cette époque.

Parmi les noms inscrits en rouge dans le calendrier, nous remarquons ceux de s. *Odulphe*, patron de la Frise ; de s. *Lebvin*, patron de Deventer, et de s. *Willibrord*, patron de Flessingue, de la Frise, de l'Over-Yssel, etc., ce qui prouve que notre volume a vu le jour dans la partie septentrionale de la Hollande.

11. HORÆ. — In-16, de 215 ff.; encadrements et lettres historiées, initiales ornées ; bas. racine, ornem. dor., tr. cis. et dor.

Charmant manuscrit sur VÉLIN, exécuté en Italie au xve siècle, et orné de CINQ ENCADREMENTS HISTORIÉS et de TREIZE BORDURES.

Il débute par un calendrier, écrit en noir et en or, qui offre un grand nombre de lignes en blanc.

La première page de l'Office de la Vierge (f. 13 r°) est entourée d'un beau cadre, composé de rinceaux en rouge, bleu et or, dans la partie inférieure duquel est représentée l'*Annonciation à la Vierge*. L'initiale D de l'office, peinte en couleur sur or, renferme une délicieuse miniature dont le sujet est la *sainte Vierge avec l'Enfant Jésus*. A cette initiale s'adapte, dans la marge extérieure, un écusson ayant pour armoiries : *De gueules au lion d'argent*.

Le second encadrement historié, placé en tête de sept psaumes pénitentiaux, présente la scène du *Combat de David contre Goliath*, et l'initiale ornée du texte offre l'image du *Roi David en prière* (f. 101 r°).

Le troisième, placé à l'Office des morts, se compose de rinceaux dorés, gris et violacés, au milieu desquels figurent des têtes de morts ; l'initiale D nous montre un *Service funèbre* (f. 101 r°).

Le quatrième, placé en tête des heures de la croix, laisse voir plusieurs figures d'anges portant la croix, et l'initiale D renferme la scène du *Portement de croix* (f. 177 r°).

Le cinquième est combiné avec l'élément grotesque, et l'initiale D nous montre *Jésus en croix* (f. 209 r°).

Les treize bordures dont nous avons parlé enserrent le texte sur trois côtés, la marge extérieure demeurant blanche ; elles sont très variées de composition, et on y voit des figures d'hommes ou d'enfants, des oiseaux, etc. Les initiales dont elles dérivent sont quelquefois historiées.

Le texte, soigneusement écrit en lettres gothiques, est orné, en outre, d'un grand nombre d'initiales à fond diapré.

Les indications fournies par notre volume semblent prouver qu'il a été exécuté à Rome. En effet, le calendrier marque en lettres d'or la fête de dédicace de la basilique de s. Michel ; la mention de la fête de dédicace de la basilique du Sauveur, fête instituée en l'honneur de la première église consacrée publiquement à Rome ; celle de la fête de dédicace de la basilique de ss. Pierre et Paul. L'office de la Vierge est aussi selon l'usage de Rome. Enfin, dans la litanie, on remarque le nom de sainte *Restitute*, vierge et martyre, native de Rome, sous l'invocation de laquelle est placée la cathédrale de Florence.

2

12. HORÆ. — In-8, de 162 ff.; miniatures, bordures et lettres ornées; mar. bleu, fil. à fr., tr. dor., fermoir en argent (*Kœhler*).

Manuscrit sur VÉLIN très fin, exécuté en France dans la seconde moitié du XVᵉ siècle, et extrêmement curieux pour l'histoire de l'art.

Il est orné de DOUZE GRANDES MINIATURES et de SOIXANTE-TREIZE MINIATURES MARGINALES.

En tête figure un calendrier, écrit en rouge et noir, en français, sur deux colonnes, et sans aucune décoration. Bien qu'il soit loin d'être complet, on y trouve une foule de noms peu communs et des formes dialectales et orthographiques particulières, tels que : s. *Fellier* [s. Félix ?] (14 janvier), s. *Maireau* [de Poitiers] (16 janv.), s. *Mathie* (24 février), s. *Odile*, confesseur (12 avril), s. *Memer* [Mamert] (11 mai), s. *Emain* (16 mai), s. *Aoustrille* (20 mai), s. *Cheron* (28 mai), s. *Liphard* [Lifart] (3 juin), s. *Kalees* [Calais] (1ᵉʳ juillet), s. *Processe* (2 juillet), s. *Bethelemer* [Barthélemy] (24 août), s. *Euvertre* (7 sept.), s. *Sollaine* [Souleine ou Solein] (24 sept.).

Les grandes miniatures sont tantôt rectangulaires (H. : 0,101 à 0,104; L. : 0,75 à 0,080), tantôt terminées dans le haut par un cintre brisé. En voici les sujets : 1º l'*Annonciation à la Vierge*, dans une salle richement décorée (f. 12 rº); — 2º la *Nativité* (f. 30 rº); — 3º l'*Annonciation aux bergers* (f. 33 vº); — 4º l'*Adoration des Mages* (f. 36 vº); — 5º la *Présentation au Temple* (f. 39 rº); — 6º la *Fuite en Égypte* (f. 42 rº); — 7º le *Couronnement de la Vierge* (f. 46 rº); — 8º *Jésus en croix entre deux larrons* (f. 49 vº); — 9º la *Descente du Saint-Esprit* (f. 51 vº); — 10º *Uri recevant le message fatal du roi David* (f. 53 vº); — 11º *Job conversant avec sa femme et ses amis* (f. 65 vº); — 12º la *Messe de s. Grégoire* (f. 161 rº).

Les miniatures marginales, de dimensions variables et faisant corps avec les bordures, représentent : 1º s. *Luc* (f. 9 rº); — 2º s. *Mathieu* (f. 9. vº); — 3º s. *Marc* (f. 10 vº); — 4º la *Vierge avec l'Enfant Jésus* (f. 11 rº); — 5º la *Visitation de sᵗᵉ Elisabeth* (f. 23 vº); — 6º *Dieu le Père* (f. 102 rº); — 7º *Jésus environné des emblèmes de la Passion* (f. 102 vº); — 8º la *Descente du Saint-Esprit* (f. 103 rº); — 9º s. *Michel pesant les âmes* (f. 113 rº); — 10º la *Vierge tenant sur ses genoux l'Enfant Jésus couvert de blessures* (f. 118 rº); — 11º la *Vierge allaitant l'Enfant Jésus dans une barque* (f. 120 vº); — 12º *Jésus mort, sur les genoux de sa mère* (f. 121 rº); — 13º s. *Jean-Baptiste* (f. 126 rº); — 14º s. *Jean l'Évangéliste* (f. 127 rº); — 15º s. *Eutrope* (f. 127 vº); — 16º s. *Étienne* (f. 128 rº); — 17º s. *Denis* (f. 128 vº); — 18º s. *Sébastien* (f. 129 rº); — 19º s. *Georges* (f. 129 vº); — 20º s. *Benoît* (ibid.); — 21º s. *François aux stigmates* (f. 130 rº); — 22º s. *Antoine* (ibid); — 23º s. *Nicolas* (f. 130 vº); — 24º s. *Martin* (f. 131 rº); — 25º s. *Joachim* (f. 131 vº); — 26º sᵗᵉ *Anne* (ibid.); — 27º sᵗᵉ AVOIE, en prison (qualifiée ici de fille du roi de Cilicie, sœur de sainte Ursule et l'une des onze mille vierges martyres), reçoit la communion des mains de la sainte Vierge (f. 132 rº); — 28º sᵗᵉ *Catherine* (f. 132 vº); — 29º sᵗᵉ *Marie-Madeleine* (f. 133 rº); — 30º sᵗᵉ *Barbe* (f. 133 vº); — 31º sᵗᵉ *Apollonie* (f. 134 rº); — 32º sᵗᵉ *Opportune* (f. 134 vº); — 33º s. *Fiacre* (f. 135 rº); — 34º s. *Mathurin* (ibid.); — 35º s. *Jacques* (f. 135 vº); — 36º *Jésus en prière au jardin des Oliviers* (f. 136 rº); — 37º le *Lavement des pieds* (ibid.); — 38º la *Cène* (ibid.); — 39° l'*Arrestation de Jésus* (f. 136 v°) ; — 40° *Jésus insulté et frappé* (f. 137 r°); — 41° *Jésus devant Anne* (f. 137 v°); — 42° *Jésus devant Caïphe* (f. 138 r°); — 43° la *Flagellation* (f. 138 v°); — 44° le *Couronnement d'épines* (f. 139 r°) ; — 45° *Jésus devant Pilate* (f. 139 v°) ; — 46° le *Porte-ment de croix* (f. 140 r°); — 47° la *Mise en croix* (ibid.); — 48° *Jésus crucifié* (f. 140 v°); — 49° la *Descente de croix* (f. 141 r°); — 50° la *Mise au tombeau* (f. 141 v°); — 51° *s. Pierre* (ibid.); — 52° *s. Paul* (f. 142 r°); — 53° *s. André* (ibid.); — 54° *s. Jacques* (f. 142 v°); — 55° *s. Barthélemy* (f. 143 r°); — 56° *s. Mathieu l'évangéliste* (f. 143 v°) ; — 57° *s. Thomas* (ibid.); — 58° *s. Philippe* (f. 144 r°); — 59° *s. Simon* (ibid.); — 60° *s. Jude* (f. 144 v°); — 61° *s. Mathias l'apôtre* (ibid.); — 62° *s. Barnabé* (f. 145 r°); — 63° *s. Marc* (f. 145 v°); — 64° *s. Luc* (f. 146 r°); — 65° la *Trinité* (f. 146 v°); — 66° *Jésus dans sa gloire* (f. 149 v°); — 67° *s. Léonard* (f. 151 v°); — 68° *s. Loup* (ibid.); — 69° *s. René*, évêque (f. 152 v°); — 70° *ss. Cosme et Damien* (f. 153 r°); — 71° *ste Marguerite* (ibid.); — 72° *s. Christophe* (f. 160 r°); — 73° *s. Lau-rent* (f. 160 v°).

Le caractère de ces peintures est tout particulier. Elles sont l'œuvre d'un imagier plutôt que d'un miniaturiste, mais assurément d'un imagier hors ligne. Si les têtes sont souvent d'une grosseur disproportionnée avec le corps, si l'expression des figures est quelquefois étrange et les attitudes bizarres, si les carnations sont maintes fois d'une intensité de coloris exagérée et poussées au bistre, on n'en est pas moins obligé d'y recon-naître des qualités réelles de composition, la science du modelé, l'énergie et parfois la vérité saisissante des têtes, le goût du pittoresque, la fidé-lité et la minutie dans le rendu des détails. Il y a dans ces peintures une naïveté charmante du mouvement. L'*Adoration des Mages, Jésus en croix, Uri devant David, Job*, et la majeure partie des miniatures marginales constituent des documents d'une rare précision pour l'histoire du cos-tume civil, religieux et militaire.

Les trois compositions du f. 136 r° forment un encadrement et la *Cène* est d'un grand intérêt pour l'iconographie. Les types des femmes sont mieux réussis, et il y en a de réellement agréables à voir. Telle la Vierge dans la *Nativité*, petit tableau d'un mérite particulier, et dont on trouvera une reproduction au catalogue illustré. Comme nous l'avons dit au début, ce manuscrit est fort important pour l'histoire de l'art français, et nous n'avons pas eu l'occasion d'en rencontrer d'analogue.

La décoration des bordures est aussi loin d'être commune. De beaux rinceaux s'y combinent avec les fleurs et les fruits les plus variés, avec des oiseaux et des animaux réels ou imaginaires, avec des chimères et des grotesques amusants. L'aspect général de l'agencement et de la colo-ration frappe à première vue par son originalité. Enfin, le volume entier est très soigné : l'écriture gothique, fine et régulière, est parsemée d'ini-tiales et de bouts de lignes enluminés.

Tout est curieux dans ce manuscrit, le texte aussi bien que l'illustra-tion. On y trouve un grand nombre de proses. Si les données fournies par la riche collection des saints représentés dans notre volume, où l'on remarque *s. Denis*, *ste Aure* ou *Avoie*, *ste Opportune*, *s. Fiacre* et *s. Mathurin*, particulièrement vénérés à Paris, conduisent à penser qu'il a été exécuté dans la capitale même, les indications hagiologiques du calendrier et de la litanie ne confirment point cette hypothèse, ou tout au moins semblent prouver que le scribe était d'une autre contrée. Ainsi on lit dans le calendrier, où ne figure pas s^{te} Geneviève, les noms peu cités de *s. Chéron*, patron de Chartres; de *s. Lifart*, né à Orléans et patron de Meung-sur-Loire; de *s. Calais*, première abbé d'Anille, dans le Maine; de *s. Euverte*, évêque d'Orléans; de *s. Solain*, évêque de Chartres et patron de Blois; de *s^{te} Foi*, patronne de Chartres, etc., etc.; au surplus, parmi les rares noms écrits en rouge, se trouvent ceux de *ss. Gervais et Protais*, patrons de la ville du Mans : particularités qui dénotent probablement que le scribe était originaire du Maine ou de l'Orléanais. Dans la litanie (f. 62) on remarque les noms de *s. Cavannus* (?), de *s. Piat*, de *s. René*, de *s. Saintin*, de *s. Gilderic* (?), de *s. Avertin*, etc.

L'encadrement de la dernière miniature, ayant pour sujet la *Messe de s. Grégoire*, est divisé en compartiments renfermant chacun une grande initiale; celles du bas réunies forment le mot Regnée.

Sur un des feuillets blancs du commencement, on lit : *Je suis à Damoiselle Jeanne de Malherbe*, 1567. Cette demoiselle était certainement de la famille du grand poète.

13. HORÆ. — In-16, de 205 ff.; miniatures, bordures et lettres ornées; velours rouge.

Manuscrit sur vélin, exécuté en Italie au xve siècle, et orné d'une miniature à pleine page, ainsi que de plusieurs initiales historiées d'une grande beauté.

Il débute par un calendrier écrit en rouge et noir, qui est suivi de l'Office de la Vierge, en tête duquel figure une gracieuse peinture ayant pour sujet la *Salutation angélique* (H. : 0,070; L. : 0,053). Elle est entourée d'un joli cadre où se jouent des enfants et des oiseaux; dans la partie inférieure est un médaillon avec ces armoiries : *d'or à un mont de cinq coupeaux de sinople, d'où sortent cinq plantes fleuries; au chef d'azur chargé d'un lambel de gueules de quatre pendants, entre lesquels il y a une fleur de lis* (?) *d'or*. Le médaillon est tenu par des anges nus.

L'initiale D de la page en regard renferme une peinture remarquablement belle, représentant la *Vierge avec l'Enfant Jésus* qui tient un oiseau. Dans l'encadrement, on voit en haut des enfants jouant avec une biche, et en bas deux anges tenant un médaillon avec un écusson ainsi armorié : *d'or à une patte d'animal* (?) *arrachée de gueules;* au chef comme ci-dessus.

Au f. 147, est collée une initiale renfermant le buste de la Mort. En dehors des initiales historiées ou enluminées en or et en couleur, il y en a une foule d'autres peintes en bleu ou en rouge, sur des fonds diaprés. L'écriture est semi-gothique.

Parmi les noms inscrits en rouge dans le calendrier, nous remarquons ceux de s^{te} *Réparate*, patronne de la ville de Correggio; de *s. Salvator*, de s^{te} *Lucie* et de *s. Ambroise*, patron de Milan. Le nom de s^{te} Réparate étant encore répété dans la litanie, il faudrait en conclure que le volume a été exécuté par ou pour quelqu'un de Correggio ou de la contrée.

14. HEURES. — In-8, de 148 ff. ; miniatures, bordures et lettres ornées ; mar. rouge, riches compart. et ornem. sur les plats, tr. dor. (*Lortic*).

Très beau et très riche manuscrit sur VÉLIN, de l'Ecole de Touraine, exécuté dans la seconde moitié du XVᵉ siècle et orné de QUINZE GRANDES MINIATURES.

Les douze premiers feuillets sont occcupés par un calendrier écrit en français, en azur, carmin et or. Il a beaucoup de lignes en blanc.

La première miniature, placée en tête des évangiles (f. 13 r°), est divisée en quatre compartiments renfermant les images de *Quatre Évangélistes*. Les sujets des autres miniatures sont : 2° l'*Annonciation à la Vierge,* dans un riche oratoire (f. 19 r°) ; — 3° la *Visitation de sainte Élisabeth* (f. 37 v°), beau paysage avec de très curieux monuments d'architecture ; — 4° la *Nativité* (f. 49 r°) ; — 5° l'*Annonciation aux bergers* (f. 54 v°), charmante composition, conçue d'une manière très pittoresque ; — 6° l'*Adoration des Mages* (f. 58 v°) ; — 7° la *Présentation de l'Enfant Jésus au Temple* (f. 60 v°) ; — 8° la *Fuite en Égypte* (f. 64 r°) ; au fond, un épisode du massacre des Innocents ; — 9° le *Couronnement de la Vierge* (f. 67 r°) ; — 10° le *Roi David pénitent ;* devant lui le prophète Nathan, debout, lu faisant des reproches ; dans le fond, est représenté le combat de David avec Goliath (f. 72 r°) ; — 11° *Jésus en croix entre deux larrons* (f. 90 r°), composition très compliquée et agencée avec art : c'est pourquoi nous en donnons une reproduction au catalogue illustré ; — 12° la *Descente du Saint-Esprit* (f. 93 r°) ; — 13° le *Jugement dernier* (f. 96 r°) ; — 14° la *Vierge avec l'Enfant Jésus assise sur le trône ;* deux anges lui posent une couronne sur la tête, et un troisième joue de la harpe ; UNE JEUNE DAME EST A GENOUX DEVANT ELLE ; elle est vêtue d'une robe rouge et d'un chaperon noir (f. 128 r°) ; — 15° *Jésus descendu de la croix* repose sur les genoux de sa mère, accompagnée des saintes femmes et de s. Jean (f. 146 r°).

Ces charmantes compositions, remarquables par la douceur des physionomies, l'harmonie des couleurs, le fini des détails et la recherche du pittoresque, sont l'œuvre d'un ou de plusieurs artistes de l'École de Touraine. Elles datent du règne de Louis XI, et sortent des mêmes mains que les belles et curieuses peintures de notre poème des *Trois Ages,* décrit dans le catalogue de 1878, n° 30.

Ce qui les rehausse encore, ce sont des encadrements comme on en voit peu. Au milieu des fleurs et des fruits qui s'étalent avec élégance sur fond or, se jouent des oiseaux, des chimères, des grotesques et des animaux fantastiques ; des rinceaux en grisaille, servant de repoussoir, complètent cet ensemble du plus bel effet. Toutes les autres pages ont des encadrements complets ou de simples bordures latérales dans le style courant de l'époque et très variés de composition, de même qu'une quantité d'initiales enluminées.

Le texte est en latin, à l'exception des *Quinze Joies Nostre Dame* et des *Sept Requestes Nostre Seigneur.*

La destinataire de ce volume, représentée dans l'avant-dernière miniature, devait être du centre de la France. En effet, dans le calen-

drier, où ne figure pas le nom de s^{te} Geneviève, on trouve celui
de s. Guillaume, archevêque de Bourges, écrit en lettres d'or, et l'indication de la fête de sa translation, ce qui a lieu aussi pour s. Martin. On
y lit aussi le nom de s. *Mauduit* ou *Mandé* (18 nov.), dont le corps se gar-
dait autrefois à Bourges; s. *Gatien*, premier évêque de Tours. Dans la
litanie on est frappé par les noms de s. *Bonet* (*Bonitus*), évêque de
Clermont, en Auvergne, et de s. *Caradeuc* (*Karadochus*), ermite du pays de
Galles.

15. HORÆ. — In-8, de 59 ff.; miniatures, bordures et lettres
ornées; velours violet, coins et fermoirs en vermeil.

Très beau manuscrit sur VÉLIN, et d'une rare richesse, exécuté en
France avant 1488.

Il est orné de DOUZE MINIATURES au calendrier, de HUIT grandes, de
QUATRE moyennes et de QUATRE petites dans le texte, et de QUATRE-
VINGT-HUIT MINIATURES marginales, dont VINGT-TROIS avec des sujets des
DANSES DE MORT. L'ensemble représente CENT SEIZE MINIATURES.

Le volume débute par le calendrier, commençant à la seconde page,
écrit en français, alternativement en carmin et en azur. Chaque page,
divisée en deux colonnes, renferme deux mois. Les peintures, enchâssées dans les encadrements, offrent les sujets traditionnels empruntés à
la vie rurale.

Les deux feuillets suivants, contenant les quatre évangiles, sont ornés,
dans le texte, de petites miniatures représentant les SYMBOLES DES ÉVANGÉ-
LISTES, eux-mêmes figurent en pied, en camaïeu or, dans la bordure latérale.

La miniature moyenne du f. 7 r° représente la VIERGE AVEC L'ENFANT
JÉSUS, et, dans la bordure, on voit un concert d'anges, en camaïeu or; une
une autre peinture latérale semblable nous montre la VIERGE et s. JEAN
(f. 8 v°).

La seconde miniature moyenne (f. 9 v°) a pour sujet ADAM et ÈVE
dans le paradis terrestre. Dans la marge latérale, le serpent enroulé autour de l'arbre fatal.

Les miniatures marginales qui décorent les cinq pages suivantes sont
d'un grand intérêt pour la symbolique chrétienne. Elles accompagnent
l'Oraison dominicale inscrite sur des phylactères dans la marge inférieure,
et représentent des figures de femmes d'une haute stature. La première
(il doit ici manquer un feuillet) est debout sur le sommet d'un four ar-
dent; elle tient un cœur d'une main et un soleil de l'autre; un aigle avec
son aire repose sur sa tête : elle nous paraît personnifier la Volonté, par
rapport aux mots : *fiat voluntas tua*. La seconde (f. 10 v°) est debout sur
un moulin à vent et porte une horloge sur sa tête; sur le phylactère, on
lit : *panem nostrum cothidianum* (sic) *da nobis hodie*. La troisième tient
une épée d'une main et des balances de l'autre; le phylactère porte : *et
dimitte nobis debita nostra*, etc. La quatrième (f. 11 v°) tient dans la
main un miroir, et un cercueil est sur sa tête; à ses pieds, des pièces
d'or s'échappent d'un sac ouvert; le phylactère porte : *et ne nos inducas*

in tentationem! La cinquième tient entre les mains un dragon; sur sa tête est posée une boîte avec un marteau; le phylactère porte : *sed libera nos a malo.*

Au bas de sept pages qui suivent sont inscrits des versets du *Credo.* A la première (f. 12 v°), une miniature moyenne représente la Visitation de sainte Élisabeth. La peinture marginale offre l'image d'un pontife. Les six autres miniatures marginales représentent : *s. Pierre,* le roi *David, s. André, s. Jacques-le-Majeur,* et deux personnages bibliques indéterminés.

Les cinq premières grandes miniatures, couvrant plus de la moitié de la page (f. 18 r°) ont pour sujets : 1° l'Adoration des Mages ; — 2° l'Annonciation aux bergers (f. 19 r°) ; — 3° la Présentation au Temple (f. 22 r°); — 4° la Vierge glorieuse assise à côté de Dieu (f. 26 v°) ; — 5° la Descente du saint Esprit (f. 30 r°). Le feuillet qui précède la quatrième offre dans les marges huit scènes de la *Passion,* quatre à chaque page. Aux deux pages qui suivent la cinquième miniature (f. 30 v° et 31 r°), le *Nouveau Testament* et l'*Ancienne Loi* sont représentés dans les bordures.

Nous arrivons maintenant aux deux peintures capitales du volume, et qui couvrent la page entière. La première représente une bataille, qui est censée être celle où Uri perdit la vie par ordre du roi David. L'armure dorée d'Uri et la housse de son cheval portent les initiales VV 'entrelacées. La bannière de sa troupe a pour armoiries *un lion* ou *un léopard passant;* le fanion attaché à la trompette de la troupe ennemie porte *une bande accompagnée de deux croissants.* On trouvera au catalogue illustré la reproduction de cette page intéressante.

Le second tableau faisant pendant est placé en regard et représente Bethsabée au bain.

Une troisième grande miniature n'est pas moins curieuse par le symbolisme dont elle offre un exemple unique. C'est l'allégorie de l'*Heure de la mort d'un pécheur* (f. 40 r°). Un homme jeune, richement vêtu, est debout au centre de la composition, les mains abaissées et croisées, dans l'attitude de la résignation. La mort s'apprête à le frapper par derrière avec un javelot, tandis que devant lui la terre s'entr'ouvre et apparaît l'Enfer symbolisé par un monstre vomissant des flammes, et attendant sa proie la gueule béante. Le démon lui présente un parchemin scellé contenant la liste de ses péchés; un serpent, symbolisant le remords, s'attaque à la poitrine du jeune homme pour lui dévorer le cœur, tandis que la Conscience, personnifiée par une vierge entièrement noire, lui compte ses fautes sur les doigts. Le bon ange, placé derrière lui, désigne de la main Dieu qui apparaît dans un nuage, tenant le glaive de la justice, mais qui paraît témoigner de son désir de faire miséricorde. Nous donnons, au catalogue illustré, une reproduction de la partie principale de cette peinture, au-dessous de laquelle il y a encore un petit paysage.

Immédiatement après celle-ci viennent les sujets marginaux des *Danses de mort,* particulièrement intéressants pour les costumes. La qualité des personnages qui y sont représentés est indiquée dans la bordure inférieure, et en voici la liste : 1° le *Saint père de Rome;* 2° le *Ampereur de Rome;* 3° le *Cardinal grec;* 4° le *Roy de Hongrie;* 5° le *Légat du pape de*

Rome; 6° le *duc de Bretaigne;* 7° le *Patriarche de Anthioche;* 8° le *Conné-*
table de France; 9° le *Archevesque de Rains;* 10° le *noble conte de Blais*
(Blois); 11° le *Evesque de Paris;* 12° le *Chevalier royal;* 13° le Abé
Saint-Benoist; 17° LE BOURGOIS DE ARAS (Arras); 15° le *Théologien;*
16° le *prudent homme Marchant;* 17° le *Chanoine régle Augustin;* 18° le *bon*
loial Gentilhomme; 19° le *gorgias homme, de eglise curé;* 20° le *vaillant*
Homme d'armes; 21° le *piteus homme Chartreus;* 22° le *Gentilhomme es-*
cuyer du roy; 23° LE BON et DÉVOT ACTEUR, en costume de bénédictin.

Le Propre des saints n'occupe que les deux derniers feuillets. Une
miniature moyenne placée en tête (f. 58 r°) a pour sujet s. *Christophe.* A la
page suivante, dans la marge extérieure, est représenté s. *Sébastien,* vêtu
d'une robe doublée d'hermine, et, au bas, figure le martyre de s. *Laurent.*
Deux miniatures, disposées de même, décorent la page qui vient après et
représentent s. *Martin* et s. *Nicolas.* Enfin, la peinture occupant la moitié
de la dernière page nous montre s. *François recevant les stigmates.*

Les autres miniatures marginales non décrites, renfermées dans des
bordures placées au bas des pages, sont purement décoratives, et ont
pour sujets des paysages au milieu desquels l'artiste a mis des grotesques
ou des scènes drolatiques empruntées au monde animal.

Les encadrements des pages à miniatures sont de caractère architectural, pour la plupart en camaïeu or. Toutes les autres pages sans exception ont, sur les côtés, des bordures d'une ornementation riche et extrêmement variée. Dans un certain nombre d'entre elles figurent des phylactères
avec des sentences, dont voici quelques échantillons : *Sans loïauté tout est*
perdu; — *Le plus humble est le mieux venu ;* — *Qui n'a suffisance ne peult*
avoir ioye, etc.

L'aspect général de ce beau manuscrit est tout particulier, et les grandes
miniatures sont certainement l'œuvre d'un artiste supérieur.

Nous avons dit qu'il a été exécuté avant 1488, et nous tirons cette déduction de ce fait que l'artiste a fait figurer dans la danse de mort un
duc de Bretagne; or, le dernier duc, François II, père d'Anne de Bretagne, est mort à cette date. Le comte de Blois désigne peut-être le futur roi
Louis XII.

Le calendrier n'est pas assez caractéristique pour qu'on puisse en dé-
duire quoi que ce soit au sujet de l'origine de ce volume. Nous y remarquons s. *Vasile,* sans doute pour Basile (30 janvier). On peut se demander
aussi pourquoi l'artiste a choisi de préférence, pour un sujet de la Danse
de mort, plutôt le bourgeois d'Arras que celui d'une autre ville.

Au commencement et à la fin du volume, se trouvent quatre feuillets
de parchemin, découpés dans un tableau des quartiers de noblesse, et
contenant les armoiries complètes, soigneusement peintes, avec couronnes,
cimiers, etc., des personnages suivants, avec leurs femmes : *Ehrard*
comte de Kehvenhuller et Régine-Rosine-Bénigne comtesse de Herberstein;
— *François-André comte de Ursin et de Rosenberg et Amélie-Thérèse com-*
tesse de Löwenstein; — *François-Adam comte de Dietrichstein-Meichsel-*
stadt et Marie-Rosine comtesse de Trautmunstorff; — *George-Sigismond*
comte de Trautmunstorff et Cécile-Renée comtesse de Wildenstein; — *Herman*
prince de Lichtenstein et Sidonie-Élisabeth comtesse de Salm-Rifferscheid; —
Ferdinand-Charles comte de Lowenstein-Wertheim et Anne-Marie comtesse

de Furstenberg; — Jean-Ernest baron de Metsch et Éléonore-Dorothée de Thumshirn; — Christophe-Guillaume de Auffsess et Anne-Sophie baronne de Schiffer. Les inscriptions sont en français, d'une main du XVIIe siècle.

16. HEURES. — Gr. in-8, de 85 ff. ; miniatures, bordures, lettres ornées; mar. rouge, compart. à fil., dos à petits fers et au pointillé, tr. dor. (*rel. du* XVIIe *s.*).

Remarquable manuscrit sur VÉLIN, exécuté en France dans le dernier quart du XVe siècle, et ayant appartenu à Pierre DE BROC, évêque d'Auxerre.

Il est orné de VINGT-QUATRE MINIATURES de dimensions variées, dont deux de la grandeur des pages. L'une de ces dernières est à six compartiments, et deux autres en offrent ensemble douze, ce qui représente en tout TRENTE-NEUF SUJETS différents.

Le volume débute par un calendrier occupant trois feuillets à deux colonnes. Le texte est en majeure partie en latin, mais vers la fin il s'y trouve un certain nombre de pièces en français. C'est d'abord une longue pièce de vers consacrée au martyre de Jésus-Christ, commençant ainsi (f. 64 v°) :

> Vrays crestiens, chantez à haulte voix
> Les banières du puissant roy des roys...

C'est ensuite une traduction en vers du *Credo* de saint Athanase :

> Quiconques veult salut avoir... (f. 75 v° à 78) ;

une traduction en vers des *Dix commandemens de la loy* (f. 79 v°) :

> Un seul Dieu de tous createur
> Tu serviras et aymeras...;

Les douze articles de la foy composées (sic) *par les douze apostres,* en prose (f. 80 v°), etc.

La plupart des miniatures, de forme presque carrée, occupent en largeur les deux tiers de la justification. Elles sont enchàssées dans le texte, toujours du côté intérieur, et n'ont pour tout encadrement qu'un listel doré.

La première représente l'*Annonciation* (f. 7 v°), peinte sur fond or. La composition est d'une grande simplicité, le type de la Vierge d'une grâce touchante, et l'expression de physionomie d'une naïveté qui charme : c'est pourquoi nous donnons, au catalogue illustré, une reproduction de cette page.

Les six miniatures suivantes ont pour sujets : 2° la *Visitation de sainte Élisabeth* (f. 14 v°); — 3° l'*Annonciation aux bergers* (f. 19 v°); — 4° l'*Adoration des Mages* (f. 21 r°); — 5° la *Présentation au Temple* (f. 22 v°); — 6° la *Fuite en Égypte* (f. 24 r°); — 7° la *Nativité de la Vierge* (f. 27 r°), composition d'un naturel charmant.

La huitième, qui occupe la page entière, représente *Bethsabée au bain*

(f. 31 v°). C'est en réalité un petit tableau de genre sans nul caractère sacré. La scène a lieu dans un jardin rempli de fleurs et clos par un mur crénelé. L'épouse d'Uri est debout dans une piscine alimentée par une belle fontaine de style gothique fleuri. Une camériste, dont la coiffure est fort intéressante pour l'histoire du costume, lui présente à genoux un plat avec un gâteau de fruits, tandis qu'une autre servante, munie d'une aiguière et d'un linge, se tient debout. Le miniaturiste n'avait certes qu'une idée imparfaite de la beauté plastique ainsi que des proportions du corps humain : les formes anguleuses de la baigneuse, représentée à un âge assez mûr, ne sont pas de nature à exciter notre admiration, et nous trouvons que l'expression du bon roi David, qui contemple cette scène intime du haut de la page en regard (9e miniature), est bien de circonstance, malgré l'intention contraire de l'artiste, car il fait la grimace plutôt qu'il ne montre le ravissement. Mais, à part ces considérations esthétiques, on est obligé de reconnaître au miniaturiste l'entente de la composition et du coloris, ainsi que la grâce jointe à une grande simplicité dans la caractéristique des physionomies. On en jugera d'ailleurs par la reproduction de cette page dans notre catalogue illustré.

Les trois miniatures qui suivent : 10° *la Vierge et s. Jean au pied de la croix* (f. 38 v°) ; — 11° la *Descente du Saint-Esprit* (f. 40 r°) ; — 12° la *Mort sur un cheval noir,* armée d'une flèche et portant sur l'épaule un cercueil (f. 41 r°), se rattachent par leurs dimensions à la première série.

Vient ensuite la seconde composition occupant la page entière et divisée en six compartiments (f. 60 v°), représentant : a. le *Portement de croix;* b. *Jésus mis en croix; c. la Flagellation ;* d. le *Couronnement d'épines* e. *Jésus en prière au Jardin des Oliviers;* f. l'*Arrestation de Jésus.* Elle est entièrement en grisaille et conçue d'une façon réellement magistrale. On en trouvera une reproduction au catalogue illustré.

Au haut de la page en regard, une petite miniature (la 14e), également en grisaille, offre la scène du *Crucifiement.*

La 15° nous montre un *Autel supportant les emblèmes de la Passion* (f. 64 v°) ; — la 16° : le *Corps de Jésus sur les genoux de sa mère* (f. 69 v°); le ciel, d'un coloris très vif, est approprié à l'intensité dramatique du sujet ; — la 17° : la *Messe de saint Grégoire* (f. 70 v°) ; — la 18°, couvrant plus de la moitié de la page : s. *Athanase* (f. 73 v°); elle précède le *Credo* composé par ce saint prélat.

Les trois suivantes, peintes sur fond bleu, et de dimensions inégales, représentent : la 19° : *Jésus enseignant l'Oraison dominicale* (f. 79 r°) ; — la 20° : l'*Annonciation à la Vierge* (ibid.) ; — la 21° : *Dieu donnant à Moïse les tables de la loi* (f. 79 v°).

La 22° et la 23°, peintes en grisaille sur fond or, et placées en guise de bordures en regard des *Douze articles de la foy* (ff. 80 v° et 81 r°), présentent douze compartiments superposés, huit d'un côté et quatre de l'autre, et nous montrent les figures des *Douze apôtres,* à mi-corps.

Enfin la dernière, qui clôt le volume (f. 85 r°) représente les *Cinq plaies de Jésus.*

L'intérêt culminant de ces peintures si variées comme mode d'exécution consiste en ce qu'elles nous offrent de parfaits et rares modèles d'un art purement français : expressif et sobre, gracieux sans affectation, original sans recherche. C'est à des sources semblables que les Pigouchet et les Simon Vostre ont dû s'inspirer pour l'illustration de leurs livres d'Heures.

Les encadrements des pages ornées de miniatures sont d'une grande simplicité et tous différents. Ce sont des listels tantôt dorés et tout unis, tantôt remplis de rinceaux, de feuillages et de fleurs, en or sur fond blanc, ou en couleurs sur fond or; tantôt, enfin, n'offrant que de modestes motifs de décoration en or sur fond de couleur ou autrement. Les initiales enluminées et les tirets diaprés garnissant les bouts de lignes sont innombrables.

Il n'est point aisé de déterminer la contrée où ce beau manuscrit a été exécuté. Le miniaturiste paraît bien parisien, quoique le calendrier ne fournisse pas de points de repère à cet égard.

Au xviie siècle, ce manuscrit a appartenu à Pierre de Broc, évêque d'Auxerre, mort en 1671, qui l'a fait relier et ajouter en tête un feuillet avec ses armoiries : *Écartelé : au 1er, de* Montmorency; *au 2e, parti : 1o d'argent à 9 (?) mouchetures d'hermines; au chef coupé d'or et de gueules; 2o de gueules à trois fleurs de lis d'or; au 3e, parti de Châteauvilain et de la Baume-Montrevel; au 4e : parti d'Avaugour et d'Aumont; sur le tout : de sable à la bande fuselée d'argent,* qui est de Broc. Ce prélat, fils de François de Broc et de Françoise de Montmorency-Fosseux, était petit-fils de Pierre de Montmorency, marquis de Thury, et de Jacqueline d'Avaugour, laquelle était fille d'une La Baume-Montrevel, comtesse de Châteauvilain, et petite-fille d'une d'Aumont de Thury. L'écusson, de grandes dimensions, est soutenu par deux anges dont l'un tient aussi la mitre, et l'autre la crosse. Au dessous, ces quatre vers en lettres d'or :

> Si d'un desir devotieux,
> Tu prens ces heures pour les dire,
> Appreste tes yeux pour y lire,
> Et ton cœur à penser aux cieux.

A la fin du siècle dernier il était la propriété d'un Jacques-Auguste Beaunier, qui l'a constaté en ces termes sur le feuillet de garde : *Pertinet ad Jacquobum-Augustum Beaunier. En* 1783.

La dorure au pointillé du dos de la reliure est digne de Le Gascon.

Très belle conservation.

17. HEURES. — In-4, de 302 ff.; miniatures, bordures et lettres ornées; mar. citron, entièrement semé de fleurs de lis, tr. jaspée (*rel. du* xviie *s.*).

Précieux manuscrit sur vélin, de l'École flamande, exécuté vers la fin du xve siècle, et orné de cinquante miniatures *en grisaille,* dont treize grandes et trente-sept petites.

Les deux premiers feuillets sont occupés par un calendrier, écrit en français, en noir et carmin, mais sans aucune décoration. Beaucoup de lignes y ont été laissées en blanc. Nous en extrayons quelques noms en raison de leur forme dialectale : s^te *Auldegond[e]*, s^te *Bride* (Brigitte),

s. *Blase* (Blaise), s. *Souplis* (Sulpice), s. *Obsible* (?), s^te *Walbine* (Balbine), s. *Oufarge* (?), s^te *Onestaisse* (Anastasie), s. *Estievène* (Étienne), s. *Bertremieux* (Barthélemy), s. *Usmer* (Omer), s. *Lienart* (Léonard), etc.

La première grande miniature représente l'ARRESTATION DE JÉSUS (f. 46 v°), scène très mouvementée, fort curieuse pour l'armement du temps.

La seconde a pour sujet LE CALVAIRE (f. 55 v°). La Madeleine entoure la croix de ses bras; la Vierge s'affaisse dans ceux de s. Jean, aux côtés duquel se tiennent deux saintes femmes. A droite de la croix, on voit des soldats et des civils. Dans le fond, silhouette d'une jolie ville.

La troisième nous fait assister à la DESCENTE DU SAINT ESPRIT (f. 63 r°), représentée d'une façon particulière. La Vierge et les apôtres se tiennent sous un portique, et l'un d'eux, placé au dehors, montre du doigt la divine colombe qui descend sur un rayon de lumière céleste.

La quatrième a pour sujet l'ANNONCIATION A LA VIERGE (f. 70 r°), composition d'une grâce charmante.

La cinquième représente la VISITATION DE SAINTE ÉLISABETH (f. 79 r°); la rencontre a lieu sur un chemin conduisant à un beau palais. Saint Joseph, la tête découverte, se tient derrière la Vierge.

La sixième a pour sujet la NATIVITÉ (f. 88 v°). La Vierge est agenouillée devant le Fils de Dieu, couché par terre, ayant à ses côtés deux anges en adoration. Saint Joseph arrive, porteur d'une lanterne.

La septième représente l'ANNONCIATION AUX BERGERS (f. 93 r°). Curieux costumes du peuple.

La huitième nous montre l'ADORATION DES MAGES (f. 97 r°).

La neuvième, la PRÉSENTATION AU TEMPLE (f. 101 r°). Le type de la Vierge est ravissant. On trouve au catalogue illustré une reproduction de cette charmante miniature.

La dixième représente la FUITE EN ÉGYPTE (f. 105 r°), d'une façon très naïve.

La onzième nous fait assister au MASSACRE DES INNOCENTS (f. 112 r°). Au second plan, on voit le roi Hérode suivi d'un nombreux cortège.

La douzième nous montre le ROI DAVID EN PRIÈRE, les mains tendues vers l'ange qui apparaît dans les airs au-dessus d'un château-fort entouré d'eau (f. 212 r°).

La treizième, enfin, a pour sujet la RÉSURRECTION DE LAZARE (f. 228 v°).

Ces miniatures sont de forme rectangulaire et légèrement cintrées (H. : 0,115 environ; L. : 0,090).

Les petites miniatures, tantôt rectangulaires, tantôt un peu cintrées et de dimensions variables (H. : 0,047 à 0,050; L. : 0,041 à 0,046), représentent : 1° s. *Jean à Pathmos* (f. 42 r°); — 2° s. *Luc* (f. 43 r°); — 3° s. *Mathieu* (f. 44 r°); — 4° s. *Marc* (f. 45 v°); — 5° *Jésus devant Caïphe* (f. 49 r°); — 6° le *Couronnement d'épines* (f. 51 r°); — 7° le *Portement de croix* (f. 51 v°); — 8° la *Crucifixion* (f. 53 r°); — 9° la *Descente de croix* (f. 54 v°); — 10° la *Trinité* (f. 266 v°); — 11° *Dieu le Père*, dans une campagne (f. 267 r°); — 12° *Dieu le Fils* sortant du tombeau et environné des emblèmes de la Passion (f. 267 v°); — 13° s. *Michel* (f. 283 v°); — 14° s. *Jean-Baptiste* (f. 284 r°); — 15° s. *Jean l'Évangéliste* (f. 284 v°); — 16° s. *Pierre* (f. 285 r°); — 17° s. *Jacques* (ibid.); — 18° s. *Étienne* (f. 285 v°); — 19° s. *Laurent* (f. 286 r°); — 20° s. *Christophe* (f. 286 v°); — 21° s. *Antoine*

(f. 287 r°); — 22° s. *Sébastien* (f. 287 v°); — 23° s. *Nicolas* (f. 288 r°); — 24° s. *Claude* (f. 288 v°); — 25° s. *Augustin* (f. 289 v°); — 26° s. *Jérôme* (f. 290 r°); — 27° s. *François* (f. 290 v°); — 28° s. *Quentin* (f. 291 r°); — 29° s. *Hubert* (f. 291 v°); — 30° la *Toussaint* (f. 292 r°); — 31° s^te *Anne* (f 293 r°); — 32° s^te *Madeleine* (f. 293 v°); — 33° s^te *Catherine* (f. 294 r°); — 34° s^te *Barbe* (f. 294 v°); — 35° s^te *Marguerite* (f. 295 r°); — 36° s^te *Apollonie* tenant sur ses genoux l'enfant Jésus avec lequel joue un jeune homme (ibid.); — 37° *Dieu le Père* (f. 301 v°).

On connaît la rareté des manuscrits en grisaille, et celui-ci a une valeur exceptionnelle au point de vue de l'art. La composition est toujours riche, et elle est mouvementée lorsque le sujet s'y prête. Les contours sont arrêtés avec netteté et vigueur, les têtes sont finement modelées, les physionomies très expressives, les attitudes bien étudiées, les draperies agencées avec art. Les figures féminines ont une grâce parfaite. Ces grisailles, nuancées d'une façon magistrale, sont rehaussées d'or avec beaucoup de mesure ; le ciel et les lointains sont exprimés en bleu, la verdure est légèrement marquée avec une couleur tendre, des tapisseries çà et là sont peintes en rouge sur fond or, le carrelage des pièces est en mosaïque. Toutes ces additions polychromes relèvent considérablement les grisailles et forment un ensemble harmonieux, que complètent de charmantes bordures. Ces dernières offrent une grande variété : tantôt ce sont de beaux rinceaux de style architectural, entremêlés de fleurs, d'insectes et d'oiseaux ; tantôt des fleurs et des fruits isolés sont combinés avec la faune et la flore; tantôt les oiseaux et les insectes occupent seuls tout l'espace. Il n'y a guère que les pages à grandes miniatures qui soient entièrement encadrées; les petites ne sont accompagnées que d'une bordure latérale dont la décoration a été parfois ingénieusement complétée au moyen de symboles afférents au sujet de la miniature. Il en est ainsi pour les quatre petites représentations des évangélistes (on remarque pour s. Mathieu trois anges jouant de différents instruments), et pour un bon nombre d'images du Propre des saints. Toutes ces bordures, également en grisaille, sont peintes avec une finesse extrême et une rare vérité. A titre de spécimen, nous donnons au catalogue illustré une reproduction de la page contenant l'effigie de s. Hubert.

A première vue on reconnaît dans cette belle illustration tous les caractères de l'art flamand, mais dans quelques grandes peintures il s'y mêle un élément étranger. Les proportions très longues des figures, la rudesse de l'expression, les plis tourmentés des vêtements accusent sinon la main, du moins une forte influence des maîtres allemands de la fin du xve siècle : on croirait voir une page de Martin Schön ou d'Israël van Meckenen. Telle est, par exemple, l'*Arrestation de Jésus,* reproduite au catalogue illustré. C'est à ce titre aussi que notre manuscrit est particulièrement intéressant.

Est-il nécessaire d'ajouter qu'il contient une grande quantité de belles initiales enluminées et que les bouts de lignes sont remplis par des tirets ornés? Le texte est écrit en gros caractères gothiques; presque toutes les rubriques ainsi que quelques oraisons sont en français. Un certain nombre de blancs réservés pour des miniatures n'on pas été remplis. Un feuillet a été arraché entre les ff. 279 et 280.

L'orthographe des noms propres, *Franchois*, *Waleri*, *Walbine*, etc., et d'autres formes spéciales au dialecte picard, telles que : *tierche* (tierce), *leichon* (leçon), *chincque* (cinq), etc., jointes au caractère flamand de l'art, démontrent suffisamment que le scribe était de la contrée faisant alors partie des États des ducs de Bourgogne. Parmi les saints plus particuliers du calendrier, on remarque : *s. Acaire*, évêque de Noyon ; *ste Aldegonde*, de Maubeuge ; *s. Waast*, patron de la ville d'Arras, etc. Le nom de *s. Gislain*, patron du Hainaut, est écrit en rouge, ce qui constitue une exception, laquelle semblerait indiquer que le volume a pu être écrit pour quelqu'un de cette province. D'ailleurs, parmi les saints représentés dans les miniatures, nous voyons *s. Quentin*, aussi un des patrons du Hainaut.

Sur le bord des deux plats de la reliure, à l'intérieur, est frappée en lettres d'or cette inscription : *Ce livre apartien* (sic) *à moy Vincent Guichart*.

La conservation de ce beau volume est parfaite.

18. HORÆ. — Gr. in-8, de 92 ff.; miniatures, bordures et lettres ornées ; damas de soie rouge.

Superbe manuscrit sur VÉLIN, exécuté en France à la fin du xve siècle.

Il est orné de NEUF GRANDES MINIATURES et de DIX-HUIT PETITES, ainsi que de remarquables bordures et encadrements.

Le volume commence par une belle et grande peinture (H. : 0,157 ; L. : 0,090) représentant *s. Jean dans l'île de Pathmos*, devant lequel se dresse la Bête apocalyptique à sept têtes couronnées. Les autres grandes miniatures (H. : 0,119 environ; L. : 0,090) ont pour sujets : 2° la *Visitation de ste Élisabeth* (f. 13 r°) ; — 3° la *Nativité* (f. 19 v°) ; — 4° l'*Annonciation aux bergers* (f. 22 r°) ; — 5° l'*Adoration des Mages* (f. 24 v°) ; — 6° la *Présentation au Temple* (f. 27 r°) ; — 7° la *Fuite en Égypte* (f. 29 v°) ; — 8° la *Vierge sur le trône à côté de Dieu le Père* (f. 34 r°) ; — 9° *David oint par Samuel* (f. 46 v°).

Cette dernière peinture, qui est rectangulaire et occupe, avec un petit cadre, la page entière (H. : 0,230 ; L. : 0,150), est un véritable tableau. La scène se passe dans une campagne accidentée. David, vêtu en berger, les mains croisées sur la poitrine, est à genoux. La belle tête de l'adolescent reflète une douce rêverie. Samuel, qui nous offre un beau type de vieillard, et qui est aussi agenouillé, verse sur la tête de l'élu du Seigneur le contenu d'une corne d'huile. Au second plan, les fils aînés d'Isaïe assistent à la consécration de leur jeune frère. On trouvera au catalogue illustré une reproduction de cette peinture.

Les petites miniatures, de forme rectangulaire (H. : 0,059 à 0,065 ; L. : 0,048 à 0,052), représentent : 1° *s. Luc* (f. 2 r°) ; — 2° *s. Mathieu* (f. 2 v°) ; — 3° *s. Marc* (f. 3 r°) ; — 4° la *Vierge assise avec l'enfant Jésus*, entre deux anges jouant et chantant (f° 4 r°) ; — 5° le *Corps de Jésus sur les genoux de sa mère*, en présence de s. Jean et de Madeleine (f. 6 r°)) ; — 6° la *Trinité* (f. 86 r°) ; — 7° *s. Michel* (f. 86 v°) ; — 8° *s. Jean-Baptiste* (f. 87 r°) ; — 9° *s. Jean l'Évangéliste* (f. 87 v°) ; — 10° *ss. Pierre et Paul* (ibid.) ; — 11° *s. Jacques* (f. 88 r°) ; — 12° *s. Christophe* (f. 88 v°) ; — 13° *s. Claude* (f. 80 r°) ; — 14° *ste Anne instruisant la Vierge* (f. 90 r°).

— 15° s^{te} *Marie-Madeleine* (f. 90 v°); — 16° s^{te} *Catherine* (f. 91 r°); — 17° s^{te} *Marguerite* (f. 91 v°); — 18° s^{te} *Barbe* (f. 92 r°).

Ce qui caractérise ces *histoires riches,* selon les termes du temps, c'est la simplicité, le naturel et la grâce des compositions, la recherche de l'expression plutôt que celle de l'effet, l'harmonie des couleurs plutôt que l'éclat. L'or prodigué dans les draperies l'est avec tant de goût et de sagesse et dans une gamme si adoucie que jamais il ne distrait l'œil de l'ensemble au profit des détails. Certaines de ces peintures rappellent le style des célèbres grandes Heures d'Anne de Bretagne, dont notre volume est contemporain.

Rarement on rencontre des manuscrits de cette époque décorés avec autant de richesse et de variété. Un grand nombre de pages sont entièrement encadrées, d'autres ont, au moins, une large bordure extérieure, et l'on peut dire qu'il n'y en a pas deux qui soient absolument identiques. Elles sont loin, au surplus, comme composition et comme coloris, de la monotonie des manuscrits ordinaires. Malheureusement il est impossible de décrire toutes ces combinaisons infinies des mêmes motifs de décoration d'où les hommes de profession auraient beaucoup à tirer. Ces bordures et encadrements sont tantôt à fond d'or, tantôt à fond de couleur, tantôt s'alternant sous formes les plus diversifiées : en bandes, en losanges, en croix, en chevrons, en ovales, en mantelures, en rubans, en sautoirs, en trèfles, en fleurs de lis, en feuilles de palmier, en écussons, etc. Les rinceaux, les branchages, les fleurs et les fruits s'y trouvent combinés avec les oiseaux, les chimères et les grotesques. Le décorateur a fait preuve d'une entente parfaite de l'opposition des nuances, et a produit ainsi des effets séduisants. Nous donnons, au catalogue illustré, à titre de spécimen, la reproduction d'une page entière (f. 87 v°).

Le texte, entièrement en latin, est écrit en grosse bâtarde, et parsemé d'une quantité d'initiales et de bouts de ligne enluminés.

En l'absence de calendrier, nous croyons pouvoir inférer, de la présence du nom de s^{te} Geneviève dans la litanie, que notre manuscrit a été exécuté à Paris même. Dans une des bordures (f. 31 r°), on lit sur un ruban : ADÈRE FILOSTENE.

Conservation parfaite.

19. HORÆ. — Pet. in-8, de 135 ff. (dont plusieurs blancs); miniatures, bordures et lettres ornées ; veau fauve, riches compart. en mosaïque, tr. dor. (*rel. moderne*).

Ravissant manuscrit sur VÉLIN, de l'école flamande, exécuté vers la fin du XV° siècle, et orné de CINQUANTE-CINQ MINIATURES, dont VINGT ET UNE GRANDES.

Le calendrier latin placé en tête, écrit en noir et carmin, n'a pour toute décoration que des initiales enluminées.

Les grandes miniatures, de forme rectangulaire, légèrement cintrées (H. : 0,070 à 0,075; L. : 0,056), représentent : 1° *s. Jean l'Évangéliste dans l'île de Pathmos* (f. 13 v°); — 2° *s. Luc* (f. 15 r°); — 3° *s. Mathieu* (f. 16 v°); — 4° *s. Marc* (f. 18 r°); — 5° *Jésus en croix* (f. 21 r°); — 6° la *Descente du Saint-Esprit* (f. 24 r°); — 7° *l'Annonciation à la Vierge* (f. 27 v°); —

8° la *Visitation de s^{te} Élisabeth* (f. 35 r°); — 9° la *Nativité* (f. 43 v°); — — 10° l'*Annonciation aux bergers* (f. 46 v°); — 11° l'*Adoration des rois Mages* (f. 49 v°); — 12° la *Présentation au Temple* (f. 52 r°); — 13° la *Fuite en Égypte* (f. 54 v°); — 14° le *Massacre des Innocents* (f. 58 v°); — 15° le *Roi David en prière* (f. 63 r°); — 16° la *Résurrection de Lazare* (f. 75 r°); — 17° un *Homme jeune, richement vêtu, en prière* (f. 87 r°); — 18° la *Vierge avec l'Enfant Jésus* (f. 94 r°); — 19° s^{te} *Marie-Madeleine en pénitence* (f. 97 r°); — 20° la *Trinité* : Dieu le Père tient sur ses genoux Jésus-Christ tout nu (f. 101 r°); — 21° la *Messe de s. Grégoire* ; le personnage représenté dans la 17° peinture se tient à genoux (f. 105 r°).

Les sujets des petites miniatures (H. : 0,033 à 0,035; L. : 0,035 à 0,037) sont : 1° la *Sainte Face;* en tête d'une *prose* consacrée à sainte Véronique (f. 106 v°); — 2° la *Résurrection de Lazare* (f. 108 v°); — 3° *Dieu le Père* (f. 109 r°); — 4° *Dieu le Fils* (f. 109 v°); — 5° le *Saint-Esprit* (f. 110 r°); — 6° s^{te} *Anne instruisant la Vierge* (f. 110 v°); — 7° s^{te} *Geneviève* (f. 112); — 8° s^{te} *Apollonie* (f. 112 v°); — 9° la *Conception de la sainte Vierge* (f. 114 v°); — 10° la *Vierge avec l'Enfant Jésus* (f. 115 r°); 11° la *Toussaint*, en grisaille (f. 116 r°); — 12° *s. Michel* (f. 116 v°); — 13° *s. Étienne* (f. 117 r°); — 14° *s. Antoine* (f. 117 v°); — 15° *s. Hubert* (f. 118 r°); — 16° le *Saint-Esprit* (f. 118 v°); — 17° *s. Sébastien* (f. 119 v°); — 18° *s. Bernard* (f. 121 v°); — 19° la *Vierge avec l'Enfant Jésus* (f. 122 v°); — 20° un *Personnage en prière dans un cimetière* (f. 128 v°); — 21° le même *Personnage en prière dans une campagne* (f. 131 r°); — 22° *s. Christophe* (f. 132 v°); — 23° s^{te} *Barbe* (f. 133 v°); — 24° *s. Claude* (f. 134 r°).

Les pages à grandes miniatures sont entourées d'encadrements entiers; celles à petits sujets n'ont de bordures que sur trois côtés, ou simplement une bande latérale. Elles sont dans le style flamand de cette époque : sur fond or mat, toute la flore décorative y a été mise à contribution avec un goût et un art parfaits. De charmantes initiales complètent cet ensemble séduisant.

Plusieurs miniaturistes ont concouru à l'exécution de ce beau livre. La majeure partie des peintures ont une valeur d'art considérable, et quelques-unes sont de purs chefs-d'œuvre. Ce qui frappe et séduit avant tout, c'est la science consommée de la composition, c'est l'entente parfaite de la mise en scène, c'est le sentiment peu commun du pittoresque. L'*Annonciation aux bergers*, avec son paysage accidenté, ses habitations rustiques, ses moutons dessinés de main de maître, forme un tableau champêtre d'une suavité pénétrante. Le *Massacre des Innocents* offre un intérêt particulier par les costumes bourguignons des soldats : chapeaux de fer, pourpoints de couleur, cottes de maille, cuirasses et couvre-hanches à lames horizontales articulées, le tout représenté avec une rare précision. L'artiste qui a peint la *Crucifixion* (f. 21) et la *Résurrection de Lazare* a fait preuve de science du nu. L'architecture joue un grand rôle comme élément décoratif, et ce n'est pas l'un des côtés le moins intéressant de notre volume. L'*Annonciation à la Vierge*, la *Présentation au Temple* et la *Messe de s. Grégoire* nous montrent de beaux intérieurs; l'architecture civile est représentée par de curieux spécimens dans la *Visitation de s^{te} Élisabeth* et dans le *Massacre des Innocents*. Le dessin n'est pas toujours très pur, ni les proportions du corps bien observées (défaut caracté-

ristique de l'École flamande), mais le fini de l'exécution est poussé aux
dernières limites, même dans les moindres détails, et rarement on voit
des paysages traités avec un soin aussi minutieux. Les têtes sont très
expressives, souvent même fort belles dans leur réalisme. Nous reparle-
rons plus bas des deux chefs-d'œuvre de la miniature qui assurent à notre
volume un rang à part.

Il a une étonnante parenté avec un manuscrit ayant appartenu à
M. Bancel, et on croirait même qu'il a été exécuté pour le même personnage, dont le portrait dans l'un et l'autre volume est d'une ressemblance frappante; en tout cas, il est certain qu'ils sortent d'un même
atelier. Ce manuscrit, que nous avons pu étudier à fond, a été décrit
dans le Catalogue de la vente (1882, nº 11) avec un luxe exagéré et dans
un style par trop hyperbolique. Il est assurément précieux à cause de
ses quarante-trois grandes miniatures à sujets intéressants; aussi s'est-il
vendu seize mille francs; mais de cette constatation, à avoir le droit de
le mettre en parallèle avec le Bréviaire du cardinal Grimani, la perle de
la bibliothèque de Saint-Marc de Venise, de l'attribuer aux mêmes artistes et d'y voir même la participation de Memling, il y a loin. Il faudrait,
en effet, à l'appui d'une semblable prétention, autre chose que des arguments tirés de certaines analogies de second ordre (si toutefois elles sont
réelles), telles que les lèvres épaisses des femmes, la couleur blonde de
leurs cheveux, la disposition de leurs mains, les yeux louches de quelques
figures, le ton de certaines couleurs, le choix des fleurs affectionnées par
Memling, etc., choses qu'on n'a pas lieu de s'étonner de rencontrer sous
le pinceau d'un élève ou d'un imitateur d'un pareil maître; il faudrait
avant tout des considérations purement esthétiques et la marque indé-
lébile du génie de Memling; il faudrait, en un mot, que l'œuvre fût
digne de lui être attribuée, ce qui n'est pas. On abuse trop du nom de
Memling à propos de tout manuscrit flamand d'une certaine beauté,
d'autant plus qu'aucun document n'est encore venu prouver qu'il a été
miniaturiste, et on semble oublier que l'École flamande était représentée
à cette époque par de nombreux artistes de grand talent.

Nous serons donc plus modeste et nous nous garderons bien d'attribuer une paternité aussi illustre à nos peintures, dont deux cependant sont
d'un artiste hors ligne, et infiniment supérieures à toutes celles du manuscrit Bancel. La démonstration en sera facile. On trouve dans le catalogue
de cette vente la reproduction de la huitième miniature, représentant la
Vierge avec l'Enfant Jésus, « d'une beauté délicate, dit la notice, et d'une
expression angélique qui porte à la rêverie, etc. ». Il ne faut vraiment pas
être difficile pour qualifier cette miniature de « merveilleuse », et déclarer
« qu'il ne se peut rien voir de plus charmant », tandis qu'en raison de
nombreuses imperfections de dessin elle ne peut être que d'un artiste
de second ordre. Quels termes d'admiration faut-il alors employer à
l'égard du même sujet de notre manuscrit (la 18ᵉ grande miniature),
traité d'une manière autrement magistrale ! Il suffira, pour s'en con-
vaincre, de rapprocher la reproduction du catalogue Bancel de celle
que nous donnons au catalogue illustré. L'éclat de jeunesse et de beauté
de la blonde Vierge est incomparable, l'attitude est pleine de grâce, le petit
Jésus est d'un modelé délicieux, et, ce qui est le propre des grands

artistes, les extrémités sont d'un dessin parfait. Qu'on compare les mains adorables de notre Vierge avec celles de l'autre peinture, qui sont à peine dignes de porter ce nom : la différence est de maître à élève. Voilà un véritable chef-d'œuvre, tel qu'on n'en rencontre que bien rarement, quel que soit d'ailleurs le nom du maître anonyme à qui on le doit. Cet artiste, nous croyons avoir, au moins ici, son portrait sous la figure de saint Luc. Tandis que les figures de trois autres évangélistes n'ont pas relativement de caractère, celle de s. Luc est d'un modelé admirable, d'un fini si parfait et d'un individualisme tellement marqué qu'elle ne saurait être qu'un portrait, et qui aurait-on représenté sous la figure du patron des peintres, sinon le principal peintre de notre manuscrit ? C'est un homme d'un âge assez avancé, habillé à la mode bourguignonne. On trouvera au catalogue illustré une reproduction de ce second chef-d'œuvre de notre volume.

Celui qui l'a commandé s'y est fait représenter jusqu'à quatre fois, et une grande miniature lui est spécialement consacrée (f. 87). On le voit en prière dans sa chambre à coucher, à côté d'un lit somptueux. C'est un beau brun, encore jeune, vêtu d'une longue robe doublée de fourrure, sous laquelle on aperçoit un vêtement écarlate. Son chapeau rejeté dans le dos est retenu sur ses épaules au moyen d'un ruban. Il offre, comme nous l'avons dit, une ressemblance frappante avec le portrait de celui pour qui a été fait le manuscrit Bancel (et qui se trouve reproduit dans le catalogue), il est vêtu de même, mais il est un peu plus jeune. Il figure une seconde fois dans notre manuscrit, encore avec le même costume, dans la *Messe de s. Grégoire*; une troisième fois en prière dans un cimetière, et enfin priant Dieu sur une route, en tête d'une oraison à l'usage de ceux qui sont en butte à des tribulations. Malheureusement rien ne permet de deviner le nom de ce grand personnage.

Le texte est entièrement latin, mais bon nombre de rubriques sont en français. L'écriture est une petite bâtarde. Les bouts de ligne sont garnis de tirets enluminés.

L'origine flamande du volume est attestée non seulement par le style des miniatures, mais aussi par les rubriques du calendrier. Bien qu'il soit loin d'être complet, on y trouve en rouge, entre autres, les noms suivants : *s. Amand,* patron des Flandres; *s. Basile,* patron de la ville de Bruges; *s. Bavon,* patron de la ville de Gand; *s. Donatien,* patron de Bruges et de Gand.

Conservation parfaite.

20. HEURES. — In-12 carré, de 146 ff.; miniatures, bordures et lettres ornées; mar. rouge, compart., tr. dor. (*rel. du* XVI° s.).

Fort joli manuscrit sur VÉLIN, exécuté en France et daté de 1492. Il est orné de VINGT-QUATRE MINIATURES au calendrier, de HUIT GRANDES et de VINGT ET UNE autres PETITES MINIATURES, ce qui fait un ensemble de CINQUANTE-TROIS sujets.

Le calendrier est en français, écrit en azur, carmin et or, et il occupe les douze premiers feuillets. Au bas de chaque mois, il y a un quatrain mnémonique, pour aider à se rappeler les noms des principaux saints de ce mois, qui sont marqués en or. Voici celui du mois d'août :

> *Pierres* et os on gettoit
> Apres *Laurens* qui bruloit.
> *Marie* lors se print à braire,
> *Barthélemy* fait *Jehan* taire.

Voici encore celui du mois d'octobre :

> *Remis* [Remy] sont Françoys en vigueur.
> *Denis* n'en est point bien asseur.
> Car *Luc* est prisonnier à Han.
> *Crespin* et *Symon* à Quen [Caen].

Chaque mois est orné, à la marge extérieure, d'une petite composition en hauteur (H. : 0,044; L. : 0,025), dont l'une représente une scène de la vie champêtre ou seigneuriale, et l'autre, le signe du zodiaque. Ces sujets sont traités d'une manière très pittoresque et offrent en quelque sorte de petits tableaux de genre.

Les huit grandes miniatures représentent : 1° l'*Arrestation de Jésus* (f. 21 r°); — 2° l'*Annonciation à la Vierge* (f. 37 r°); — 3° la *Visitation de sainte Élisabeth* (f. 45 r°); — 4° la *Nativité* (f. 53 r°); — 5° l'*Adoration des Mages* (f. 61 r°); — 6° la *Présentation au Temple* (f. 64 v°); — 7° LE CHATIMENT DU ROI DAVID (f. 80 r°); — 8° *Job et ses amis* (f. 96 r°).

La septième miniature mérite une mention spéciale à cause de son symbolisme particulier. La scène, à laquelle prennent part cinq personnages, se passe dans un enclos, qui figure probablement un cimetière. Sur le premier plan, à droite, le roi David, ayant auprès de lui sa harpe, se tient debout les mains jointes. Un personnage, représentant sans doute le prophète Nathan, lui indique du doigt un guerrier, placé à gauche, qui ne saurait être qu'Urie, et auprès duquel une femme âgée, en costume de domestique, désigne la Mort qui se tient à sa gauche et porte sur l'épaule un petit cercueil. C'est évidemment l'allégorie du châtiment de David après la séduction de Bethsabée et le meurtre d'Urie : le prophète Nathan reproche au roi d'Israël ses crimes, et lui annonce que l'enfant issu de ses relations coupables va mourir.

Ces miniatures sont de forme rectangulaire et cintrées par le haut (H. : 0,082 à 0,087; L. : 0,063).

Les petites, de dimensions variables (H. : 0,025 à 0,032; L. : 0,026 à 0,032), ont pour sujets : 1° s. *Jean* (f. 13 r°); — 2° s. *Luc* (f. 14 r°); — 3° s. *Mathieu* (f. 15 v°); — 4° s. *Marc* (f. 16 v°); — 5° la *Sainte Vierge avec l'Enfant Jésus* (f. 17 v°); — 6° UN HOMME ET UNE FEMME AGENOUILLÉS DEVANT UN AUTEL (f. 69 r°); — 7° la *Trinité* (f. 69 v°); — 8° s. *Michel* (f. 70 r°); — 9° s. *Jacques le Majeur* (f. 70 v°); — 10° s. *Barthélemy* (f. 71 r°); — 11° s. *Denis* (f. 71 v°); — 12° s. *Antoine* (f. 72 r°); — 13° s. *Sébastien* (f. 72 v°); — 14° s. *Martin* (f. 73 v°); — 15° s. *Nicolas* (f. 74 r°); — 16° s. *Projet*, évêque (f. 74 v°); — 17° ste *Marie-Madeleine* (f. 75 r°); — 18° ste *Catherine* (f. 75 v°); — 19° la *Toussaint* (f. 76 r°); — 20° s. *Claude*, auquel une femme agenouillée présente un nouveau-né (f. 129 r°); — 21° l'*Assomption de la Vierge* (f. 140 r°).

Toutes ces peintures, très bien composées et remarquables par la douceur harmonieuse des tons, sont exécutées avec beaucoup de finesse, et les principales, au moins, sortent des mêmes mains que le beau livre d'Heures de René II de Lorraine, que nous avons décrit dans notre catalogue de 1879, n° 21. La Vierge se présente à nous sous des traits absolument identiques, les paysages ont le même caractère, souvent aussi (comme au calendrier) les compositions respectives offrent peu de différence, et il n'y a guère que le coloris qui soit changé : il est ici très varié, tandis que dans l'autre volume la nuance lilas pâle prédomine dans les vêtements. Les pages ornées de miniatures sont entourées de beaux encadrements, de composition très variée et d'une grande délicatesse de pinceau. Chaque fois qu'un feuillet est ainsi décoré des deux côtés, l'ornementation des deux pages est identique et juxtaposée avec une précision mathématique, de manière à former vitrail en transparence.

Dans plusieurs bordures sont peintes ces armoiries : *d'or à trois geais au naturel; au chef d'azur*. Le geai est très souvent répété dans les encadrements, et tout nous porte à croire que ce sont des armes parlantes d'une famille Geay, pour l'un des membres de laquelle ce manuscrit a été exécuté. En effet, sur un des feuillets de garde, nous croyons lire ce nom, bien qu'il soit gratté en partie, dans une note ainsi conçue : *Mémoire que mon père Anthoine Geay est décédé à unze heures du soir le xxi° jour d'octobre mil v° iiii*xx *et quatre* (1584), *et fut enterré le mardy ensuivant en l'église Saint-Severin*. Au-dessous est enregistré le décès de la femme de cet Antoine Geay, nommée Madeleine ..... (nom gratté), survenu le 2 juillet 1596. Dans presque toutes les bordures on lit la devise : *Je l'ai*. Si nous en rapprochons ce fait que dans l'avant-dernière petite miniature on voit une femme présenter un nouveau-né à s. Claude, quoiqu'une présentation semblable ne constitue pas l'attribut de ce saint, nous croyons pouvoir en tirer la conclusion que notre manuscrit a été exécuté en commémoration de la naissance d'un enfant désiré, hypothèse que semble confirmer cette particularité que, parmi les noms peu nombreux écrits en lettres d'or au calendrier, se trouvent celui de s. *Gilles*, invoqué contre la stérilité des femmes, et celui de s*te* *Agathe*, patronne des nourrices.

Ce qui ajoute à la valeur artistique de ce charmant manuscrit, c'est qu'il porte la date précise de son exécution, inscrite sur une bande de vélin collée à l'une des pages blanches de la fin, et ainsi conçue : *Ces présentes heures furent accomplies et achevées le XV° iour du mois de décembre en l'an mil iiij*cc *iiij*xx *et xij* (1492).

Quant à la contrée dont il est originaire, les noms de s*te* *Geneviève*, de s. *Denis* et de s. *Marcel*, écrits en or au calendrier, démontrent que notre volume a été exécuté sinon à Paris, du moins pour une famille parisienne.

Conservation parfaite.

21. HORÆ. — Gr. in-8, de 116 ff.; miniatures, bordures et lettres ornées; mar. rouge, dent., tr. dor. (*anc. rel.*).

Très beau manuscrit sur VÉLIN, exécuté en France à la fin du xv° ou au commencement du xvi° siècle, et ayant appartenu au Comte d'Artois, plus tard CHARLES X.

Il est orné de QUATORZE GRANDES MINIATURES et de VINGT-DEUX PÉTITES, et décoré avec luxe.

Le calendrier placé en tête présente beaucoup de lignes laissées en blanc, et il n'a pour toute décoration que de larges bordures latérales.

Les sujets des grandes miniatures sont : 1° s. *Jean dans l'île de Pathmos* (f. 7 r°); — 2° *Jésus en prière au Jardin des Oliviers* (f. 11 v°); — 3° l'*Annonciation à la Vierge* (f. 18 r°); — 4° la *Visitation de sainte Élisabeth* (f. 29 v°); — 5° la *Nativité* (f. 36 r°); — 6° l'*Annonciation aux bergers* (f. 41 r°); — 7° l'*Adoration des rois Mages* (f. 43 v°); — 8° la *Présentation au Temple* (f. 45 v°); — 9° la *Fuite en Égypte* (f. 48 r°); — 10° le *Couronnement de la Vierge* (f. 51 v°); — 11° *Jésus en croix* (f. 56 r°); — 12° la *Descente du Saint-Esprit* (f. 58 v°); — 13° *Uri recevant un message du roi David* (f. 61 r°); — 14° *Résurrection de Lazare* (f. 72 r°).

Parmi les petites miniatures, les trois premières représentent les évangélistes *s. Luc*, *s. Mathieu* et *s. Marc* et sont placées en tête des évangiles respectifs (ff. 8 v°, 9 v° et 10 v°). Les dix-neuf autres, toutes enchâssées dans les bordures latérales, souvent à deux par page; offrent les effigies de saints et de saintes à mi-corps : *s. Michel* et *s. Jean-Baptiste* (f. 103 r°); — *s. Jean l'Évangéliste* et *ss. Pierre* et *Paul* (f. 103 v°); — *s. Jacques* (f. 104 r°); — *s. Étienne* et *s. Laurent* (f. 104 v°); — *s. Christophe* et *s. Sébastien* (f. 105 r°); — *s. Nicolas* et *s. Claude* (f. 105 v°); — *s. Antoine* et *ste Anne instruisant la Vierge* (f. 106 v°); — *ste Marie-Madeleine* (f. 107 r°); — *ste Catherine* et *ste Marguerite* (f. 107 v°); — *ste Barbe* et *ste Apollonie* (f. 108 r°); — *ste Geneviève* (f. 108 v°).

Toutes ces miniatures sont remarquables par la finesse du pinceau et la richesse du coloris. Quelques-unes des grandes peuvent certainement être qualifiées de petits chefs-d'œuvre; telles sont : l'*Annonciation à la Vierge*, *Uri devant David*, où l'on remarque d'intéressants costumes des assistants, et la *Résurrection de Lazare*, scène où figurent près de vingt personnages. La plupart ont été exécutées par les mêmes artistes qui concoururent à l'illustration de nos Heures d'Anne de Bretagne (n° 28 du catal. de 1879) et de celles de Louis XII (n° 19 du catal. de 1881).

Chaque page est décorée extérieurement d'une large bordure à fond or avec des rinceaux multicolores, des fleurs et des fruits; celles des pages ornées de grandes miniatures forment un encadrement complet. Les initiales enluminées et les bouts de ligne se comptent par centaines.

Le texte du volume est entièrement en latin, avec quelques rubriques en français. L'effigie de ste Geneviève autorise à penser qu'il a été exécuté à Paris même, ou tout au moins pour quelqu'un de la capitale. Au bas de la première page figurait un écusson d'armoiries qui a été effacé.

Sur le premier feuillet de garde se trouve cette note écrite au crayon : *Acheté à Londres en 1808 par S. A. le Prince Charles de Bourbon, comte d'Artois.*

22. DEVOTES PRIÈRES. — In-8 carré, de 27 ff.; encadrements; vélin blanc, doré en plein, tr. dor. (*rel. du* XVIIe *s.*).

Manuscrit sur VÉLIN, dédié par le calligraphe au roi LOUIS XIII.

Il porte ce titre : *Devotes prieres* || *Contenantes la Messe du* || *Sainct Esprit,*
auec les || *sept Pseaumes penitē-*||*tiaux, & quatre Orai-*||*sons suivantes.* ||
Dediez à sa Majesté. La première ligne de ce titre est en azur et les autres
en carmin. Au-dessous, une L couronnée, accompagnée de trois fleurs de
lis, le tout d'azur. Plus bas, en noir : *De la Plume de* IEHAN LE FLAMENT
1617.

Le feuillet suivant offre un frontispice avec les armes de France et de
Navarre et le chiffre du roi. Les deux pages suivantes sont en blanc, et
la troisième renferme une étoile à huit raies dont chacune est terminée
par une tête d'ange ; au milieu est inscrit le mot *Charitas.* A l'exception
des six dernières, toutes les pages sont encadrées, et il y a beaucoup de
variété dans ces cadres dessinés à la plume, dont quelques-uns, dans le
goût du xvie siècle, sont fort jolis.

Les plats du volume et le dos sont entièrement couverts d'initiales M
entrelacées, s'alternant avec des marteaux, ce qui semblerait prouver
qu'il a été donné par Louis XIII à un des membres de la grande famille
Martel.

---

23. ARISTEAS. De LXXII Interpretibus epistola, per Mathiam
Palmierum e græco in latinum versa. — In-8, de 48 ff. ; bordures et lettres ornées ; ais de bois recouverts de mar. rouge
ancien, riches compart. en or et à froid, coins en cuivre doré,
tr. dor. (*rel. du* xve *s.*).

Charmant manuscrit sur VÉLIN, exécuté en Italie dans la seconde moitié
du xve siècle.

Il débute par cet intitulé écrit en lettres d'azur : *Mathei pisani p'fa-*||
tio ad paulū secūdū || *pōtificē sūmū ī aristhei.* Le titre réel, écrit en rouge,
est ainsi conçu (f. 2 v°) : *Aristeas ad philocratē fratrem de lxxii* || *inter-*
pretibus per mathiam palmierū e Gre||*co in latinum uersus.* Le volume est
terminé par cette rubrique : *Finis aristee ad philocratem frēm de in*||*ter-*
pretacione lxxii interp̄tum p Mathi||*am palmierū pisanum e Greco in latinū*
|| *versi.*

La première page est entourée d'un superbe encadrement, en or et en
couleur, formé de gracieux entrelacs où se jouent des oiseaux. L'initiale
C faisant corps avec le cadre renferme le portrait en buste du traducteur
(H. : 0,053). Dans la bordure du bas, deux anges soutiennent une couronne
de laurier avec ces armoiries : *Bandé d'or et d'azur ; au chef d'azur cousu*
d'or et chargé d'un mont à trois coupeaux de même. La grande initiale du
premier chapitre (f. 2 v°), composée dans le style de l'encadrement, est
fort belle. Le texte est parsemé d'un bon nombre de petites lettres enluminées en or et couleur. Le volume porte en plusieurs endroits l'estampille
de la famille lucquoise Minutoli-Tegrimi. La reliure est fort curieuse.

La traduction de l'opuscule d'Aristée, dédiée au pape Paul II, a été
faite par Mathias Palmieri, de Pise, entre 1464 et 1471, et publiée d'abord
à cette dernière date avec la Bible imprimée à Rome par Sweynheym
et Pannartz, et ensuite séparément, à Naples, en 1474.

Aristée, savant juif et familier de Ptolémée Philadelphe, roi d'Égypte, vivait vers l'an 280 av. J.-C. Dans cette épitre, adressée à son frère Philocrates, il raconte l'histoire de la version de l'Ancien Testament d'hébreu en grec, dite des *Septante,* parce qu'elle aurait été faite par soixante-dix interprètes juifs, que le roi Ptolémée aurait chargé Aristée de demander au grand-prêtre Éléazar. Cette lettre, regardée comme apocryphe, a donné naissance à une longue polémique.

24. BASILIUS (S.). Contra ebrios. Sermo ad populum. E græco in latinum conversus a Jacobo Mirabella. — **SUIDAS.** Philippi cujusdam Epistola ad Theodosium, Judæorum principem, et ejusdem Theodosii responsio, etc., translatæ de græco a Fr. Philelpho. — Gr. in-8, de 48 ff.; bordures et lettres ornées; velours violet.

Beau manuscrit sur VÉLIN, exécuté en Italie, dans la seconde moitié du xve siècle, pour le cardinal Olivier CARAFFA.

Il commence par cette rubrique en lettres capitales : *Iacobi. Mirabelle. Sicv∥li . adrever^m . dominvm. ∥ Olivervim . Carrafa. ∥ Neapolitanvm. Card. ∥ Prefatio . in . magni . Ba∥silii . tradvctionem . ∥feliciter . incipit.* La page est entourée d'un riche encadrement à entrelacs, au milieu desquels on voit des perroquets et des anges ayant un rosaire au cou. Dans la bordure du bas on a ménagé un cartouche à fond bleu pointillé de blanc, qui renferme un écusson aux armes de la famille Caraffa : *de gueules à trois fasces d'argent,* surmonté du chapeau de cardinal.

Dans l'épitre dédicatoire, nous apprenons que Jacques Mirabella, Sicilien, a séjourné près de trois ans en Grèce pour y apprendre la langue classique, et qu'à son retour il a traduit, pour s'exercer, le présent opuscule de s. Basile contre l'ivresse, opuscule remarquable par l'élégance du style. Cette version est demeurée inédite.

Le second traité, qui commence au f. 35, est précédé d'une épitre dédicatoire adressée au même cardinal par Pierre Bab....., évèque de Torbia (*Petri . Bab . epī . Tropiensis . ad . R^m . Dñ . Carlem . Neapolitanm.*). Ce prélat informe le cardinal que la traduction qu'il lui envoie d'un extrait de Suidas a été faite, sur son initiative et celle de Théodore Gaza, par le célèbre François Philelphe, à Milan, et qu'elle a été conférée par eux sur un manuscrit original appartenant au cardinal Bessarion (*reverendissimus dominus Nicenus*), lequel en fit faire une transcription en lettres d'or. Cet extrait est relatif à la personne de Jésus-Christ.

Les deux derniers feuillets reproduisent la lettre apocryphe attribuée à Lentulus, ayant pour sujet la description de la personne de Jésus-Christ au physique et au moral. Elle est terminée par cette rubrique : *Hæc sola in Annalibus Ro∥manorum reperta est. ∥ Finis.*

Ce manuscrit est fort intéressant pour l'histoire des études grecques en Italie au xve siècle.

25. AUGUSTINUS (S.). Tractatus in Epistolas sancti Johannis cvangelistæ de Caritate. — In-4, de 92 ff.; mar. vert foncé, riches compart., dos orné, tr. dor. (*Niedrée*).

Très beau manuscrit sur vélin, exécuté au x° siècle, et ayant appartenu à la bibliothèque de Weissenau, en Bavière.

Il débute par cette rubrique, en partie en onciales : *Incipit tractatus sči Aug.* ‖ *ep̄i in ep'las sči Iohannis ev'-*‖*g'listę de caritate.* Le texte commence par une grande et belle initiale, peinte en rouge, vert et jaune. En voici les premiers mots : *Meminit sanctitas ur̄a eugl'm scd'm iohannē ex ordine lectionū nos solere tractare...* Ce traité consiste en dix homélies prêchées par saint Augustin à son peuple, d'après le texte de l'épître de s. Jean, dont il tire des instructions importantes sur les principaux points de doctrine et de morale, notamment sur la Charité. Il finit ainsi : *... ut credam parentibus meis maledicenti, quam tu credas Cristo predicanti.*

La belle écriture de ce volume est certainement germanique, et il est fort possible qu'il ait été exécuté dans l'ancienne abbaye bénédictine de Weissenau.

26. HOMILIÆ VARIÆ. — In-fol., de 166 ff.; miniatures, lettres ornées; ais de bois recouverts de velours, avec une plaque en cuivre repoussé et doré, et une bordure en émaux, pierres gravées et cabochons (*anc. rel.*).

Manuscrit sur vélin, du xi° au xii° siècle.

Il n'est pas complet et commence par cette rubrique : *Incip' XVIII de ei'dē* ‖ *balaam pphūa.* Il contient plusieurs livres d'homélies et s'arrête vers la fin d'une treizième, avec ces mots : *quedā r̄effabilia ᵹ facta sub psonis homi...* Plusieurs scribes ont concouru à son exécution.

En regard de la première page, on a ajouté une superbe miniature du xiv° siècle, représentant la *Crucifixion de notre Seigneur.* Au pied de la croix, la Vierge et s. Jean se tiennent debout. L'un des soldats préposés à la garde du Crucifié lui présente l'éponge imbibée de vinaigre et de fiel; un autre, qui vient d'ouvrir le flanc de Jésus avec sa lance, tombe à genoux inondé de sang divin et saisi d'effroi. Au-dessus de la croix, deux anges émergent des nuages, l'un tenant le soleil, l'autre la lune, symboles du deuil de la nature. Ce petit tableau, peint sur fond or guilloché, est entouré d'une bordure terminée aux angles par des médaillons circonscrivant des trilobes, et renflée dans le milieu de chaque côté, de manière à former un médaillon semi-circulaire, faisant également saillie, et d'où partent des appendices feuillagés qui s'étendent sur les marges. Ces demi-médaillons renferment de petites compositions connexes avec la peinture centrale; celui du haut nous montre un pélican avec sa piété, symbole de la charité du Sauveur; ceux des côtés représentent les deux larrons crucifiés; dans celui du bas, on voit un mort sortir du tombeau, personnification de l'humanité régénérée. Les deux médaillons supérieurs renferment des figures de prophètes; ceux du bas, ces armoiries : *Écartelé : aux 1 et 4, d'azur fretté d'or; aux 2 et 3, d'azur au lion d'or accompagné de rateaux de même.* Une crosse d'évêque est placée verticalement

au milieu de l'écu. Un troisième écu semblable est suspendu aux branchages du bas. Dans les listels de la bordure on lit les initiales LO entrelacées. L'ensemble de cette belle peinture, admirablement conservée, est
très éclatant, et offre un type parfait de la décoration des manuscrits du
milieu du XIV° siècle.

La reliure est d'une grande beauté et parfaitement homogène. Le
centre est occupé par une plaque en cuivre repoussé et doré, au milieu
de laquelle est fixé un haut-relief doré et émaillé, représentant un *Roi
assis sur le trône, un sceptre fleurdelisé à la main*. Aux angles, les symboles
des quatre évangélistes en cuivre repoussé. La bordure, faisant saillie, est
composée de six plaques d'émail champlevé, alternant avec des cristaux
de roche en cabochon, des pierres précieuses et des intailles enchâssées
en quinquonce au milieu de charmants ornements filigranés. On croit
pouvoir faire remonter au X° siècle l'exécution de cette somptueuse reliure,
dont on trouvera une reproduction au catalogue illustré.

De la collection L. Double.

**27. BONAVENTURE (S.). L'Aiguillon d'amour divine. (Traduc-
tion de Simon de Courcy.)— In-8 carré, de 9 ff. prél., 188 ff.
chiffrés et 5 ff. non chiff.; miniatures, bordures et lettres ornées; ais de bois recouverts de veau brun à estampages, tr.
dor., fermoirs à sangles (*rel. du* XV° *s.*).**

Très beau manuscrit sur VÉLIN, daté de 1461 et orné de SIX MINIATURES.

Il débute par une pièce intitulée : *Beaulz enseignem[en]s po[u]r b[ie]n
vivre*, commençant ainsi : *Ung angèle de paradis s'aparut à une personne de
religion et lui aprint une vie qu'il vouloit qu'elle tenit et ensuyt pour venir
seurement au royaume des cieulz*. Elle occupe trois pages pleines.

La quatrième ne contient que la rubrique du prologue de l'œuvre de
s. Bonaventure, prologue dont les premiers mots sont : *Jésus occis hon-
teusement, amèrement navrez, bénigne roy*, etc. Nous y apprenons que ce
traité mystique a été translaté du latin « du dévot Bonne Aventure », et
paraphrasé plutôt que traduit mot à mot, par le confesseur d'une grande
dame et à son usage. Ce confesseur est Simon de Courcy, cordelier, et la
dame, Marie de Berry, fille du duc Jean de Berry, successivement comtesse
de Dunois, comtesse d'Eu, et duchesse de Bourbon, morte en 1434, ce qu
appert du manuscrit de cette traduction présenté à la duchesse en 1406
et conservé à la Bibliothèque nationale (f. fr. 926). Le prologue renferme
la table des chapitres de ce traité divisé en quatre parties, dont la dernière finit ainsi : ... *hastons nous d'entrer avec eulx car la demourée est
verilleuse. Et pource dit nostre mère sainte eglise ceste oroison*. Suit une
prière en latin et cette souscription : *Cy fine laguillon damour divine. le ||
quel bonneauenture docteur seraphicq || composa premier en latin. Et
depuis || fut translate par aucun notable clerc || côme il est cy dessus
escript en francois. || Le nom de Dieu soit benis. Amen. ||*

Mil .iiij°. lxj. (1461) le xj^{me} de septembre fut acomply.
Priez ñres^r sil vous plait pour cil q^l lescript.

La première miniature, placée en tête du prologue, représente une *Dame en prière devant s. Bonaventure* en costume de cardinal, accompagné d'un lion. H. : 0,078; L. : 0,060.

La deuxième, qui figure en tête de la première partie (f. I r°), a pour sujet l'*Annonciation à la Vierge*, et nous montre la même dame agenouillée en avant de l'ange. H. : 0,075; L. : 0,090.

La troisième représente le *Couronnement de la Vierge* (f. X r°). H. : 0,066; L. : 0,090.

La quatrième, *Jésus enseignant à ses disciples l'Oraison dominicale* (f. XXI v°). H. : 0,076; L. : 0,090.

La cinquième, placée en tête de la seconde partie qui offre une théorie de la contemplation qu'on pourrait rattacher à l'Imitation de Jésus-Christ, représente l'*Élévation de l'âme à Dieu* (f. XXXIX r°). La dame sus-mentionnée, accompagnée de s. Bonaventure, est à genoux et lève dans ses mains une figure d'enfant symbolisant l'âme; en face d'elle est agenouillé un homme sous la protection de s. Étienne qui lui pose sa main droite sur la tête. Le buste de Dieu apparaît dans un nuage. H. : 0,075; L. : 0,090.

La sixième, placée en tête de la troisième partie, représente *Jésus en croix*, au pied duquel on voit la Vierge et s. Jean, ainsi que la dame et l'homme ci-dessus, dans l'attitude de la prière (f. IIIIˣˣXIII r°). H. : 0,076; L. : 0,090.

La finesse d'exécution de ces peintures est remarquable et le type de la Vierge délicieux. Si le volume ne portait pas la date de 1461, on le croirait plus vieux de trente ans, en raison de nombreux archaïsmes, entre autres dans la peinture des fonds qui sont ou à damier ou à carreaux polychromes, et dans la décoration des initiales et des bordures. Évidemment le peintre était déjà d'un certain âge, et il a conservé le style qui était en usage dans sa jeunesse.

L'*Aiguillon d'amour divine* a été aussi traduit par Jean Gerson, et c'est sa traduction qui a été imprimée à plusieurs reprises à la fin du xv° siècle.

A la fin de notre volume on trouve deux pièces en vers : *la Voie de paradis* et un *Notable dévot*, et plusieurs pièces en prose : *le Chemin de la vertu*, des *Armeures de l'âme* et *Méditacion par manière d'oroison à Ihesucrist et à sa douce mère*, terminée par cette sentence : *Summa philosophia est meditacio mortis.*

Il avait appartenu à plusieurs religieuses de l'Hôtel-Dieu de Reims, qui ont inscrit leurs noms sur les gardes.

SCIENCES, ARTS, HISTOIRE

---

28. CICERO (M.-T.). Tusculanarum Quæstionum libri V. — Gr. in-8, de 110 ff.; bordures et lettres ornées; mar. noir, compart. à froid, fleur., tr. dor. (*Hagué*).

> Très beau manuscrit sur VÉLIN, exécuté en Italie dans la première moitié du xvᵉ siècle.
>
> Il commence, sans aucun titre, par les mots : *Cum defensionum la||boribus senatorijsq' muneribus||*... L'initiale C renferme une figure de vieillard couronné de laurier et tenant un manuscrit.
>
> La page est entourée sur les trois côtés d'une belle bordure à rinceaux; dans la partie inférieure est un médaillon avec ces armoiries : *d'or à trois fasces de gueules et un lion issant de même.* Chaque livre commence par une charmante initiale en or et en couleur.
>
> Le volume finit ainsi : *Marci Tvllii Ciceronis Tvscvlana||rvm Qvestionvm finis.* || ANTONIUS TORRIGIANI *antonij || de torrigianis scripsit.*

29. INSTRUCTION D'UN JEUNE PRINCE POUR SE BIEN GOUVERNER. — LE SECRET DES SECRETZ DE ARIS-TOTE. — LES ENSEIGNEMENTS DE SAINT LOUIS, etc. — In-4, de 66 ff.; miniatures, bordures et lettres ornées; mar. olive, compart. à filets. fleurons en arabesques, tr. dor. (*rel. du* xviᵉ *s.*).

> Manuscrit sur VÉLIN, exécuté dans la seconde moitié du xvᵉ siècle, et orné de TROIS MINIATURES d'une grande beauté.
>
> Il débute par la table du premier traité : *Cy commence la table du liure intitulé || l'instruction dung jeune prince pour se || bien gouuerner enuers dieu τ le mōde ||.* Le prologue, qui explique la prétendue origine de ce traité ne manque pas d'intérêt. En voici le commencement : « Pour acquérir honneur et bonne renommée, ung vaillant chevalier des Marches de Picardie se tira jadis ès parties de Prusse et de Lyffland. Et tant y fut, qu'il lui sambla que par honneur s'en pouvoit départir; si monta en mer au port de Daurich en Prusse pour retourner en son pays. Mais sur la mer luy prist ung si grant et horrible tourment, que pour saulver luy et sa nef, couuient arriver ou royaume de Norwèghe, au port de Mal-straut, qui est ung lieu à présent désert et mal habité de gens, jà soit ce que anciennement l'en treuve ès croniques qu'ils furent si habondans en

peuple que par leur force et puissance ils conquirent le pays de Nor-
mendie. Et en ce port de Mastraut, en attendant vent prouffitable,
demoura ledit chevalier ung grant espace de temps, durant lequel il ala
un jour visiter ung petit prioré [prieuré], assez près de ce port, fondé en
l'onneur et révérence de monseigneur saint Olphe [Olaf], qui est saint fort
requis et aouré oudit royaume de Norwèghe. Or avint que en luy pour-
menant par ceste église, son clerc, qui bien scavoit la langue du pays,
regarda ou creux d'un mur où il trouva ung cayer de parchemin escript
en mauvaise lettre et effacié. Lequel cayer il leut au mieulx qu'il peut.
Et quant il l'eut leu, il dist à son maistre qu'il avoit trouvé un extrait de
croniques comme il lui sembloit, ouquel selon son avis avoit de beaulx
enseignemens. Adont le chevalier luy commanda qu'il le translatast
d'alemant en françois... » Après ce préambule, vient le récit de la naissance du livre.

En l'an 1231, au roi Ruthegheer succéda sur le trône de Norwège son
fils Ollerich, qui épousa Lutegaert (Ludgarde), fille du roi de « Pou-
laine » (Pologne). Atteint d'une « moult griefve et aspre maladie », il
chargea « un chevalier preudomme » nommé Foliant de Jonal, de rédiger,
à l'usage de Rodolphe, héritier du royaume, un traité sur la « doctrine,
manière, moyen et pratique que ung bon prince auroit à tenir pour
acquérir la grâce de nostre Sauveur Ihesu-Crist, bonne renommée et la
vraie et entière amour de ses subgetz ». De là la présente *Instruction*. Il
est superflu d'ajouter que le récit et les noms ci-dessus sont purement
imaginaires et que le traité qui nous occupe est l'œuvre originale d'un
moraliste français anonyme. Il est vrai que La Croix du Maine le met à
l'actif du célèbre Georges Chastelain, mort en 1474, et qu'il a été imprimé
en 1517, par Galliot du Pré, à la suite du *Temple de Boccace*, fait par Chastelain,
à l'imitation du livre des *Cas d'aucuns nobles malheureux*, et avant le
Chapelet des Princes qui est de Jean Bouchet; néanmoins cette paternité
n'a pas été prouvée, et on peut encore garder quelque incertitude à cet
égard.

La première miniature (f. 2 v°) reproduit la scène rappelée plus haut.
Le roi Ollerich, portant une couronne d'or sur son bonnet de nuit, est
étendu dans son lit, auprès duquel se tient son fils Rodolphe. Des personnages se pressent en foule dans sa chambre et sur le seuil de la porte.
Le moribond recommande d'écrire le livre de l'*Instruction d'un jeune
prince* à Foliant de Jonal, vêtu d'une longue robe et d'un chapel, ce qui
semblerait indiquer un religieux. Celui-ci, la main posée sur le cœur, a
l'air de témoigner sa crainte de se montrer au-dessous d'une pareille
tâche. Ce petit tableau, composé de main de maître, est peint en
grisaille, et on en trouve une reproduction au catalogue illustré. H. : 0,140;
L. : 0,113.

Dans la seconde miniature (f. 6 r°), l'auteur, vêtu cette fois d'une
longue robe de couleur bleue, offre son livre au roi Rodolphe, derrière
lequel se tiennent des courtisans. H. : 0,153; L. : 0,113.

Le dernier chapitre de ce traité de morale et de politique est consacré
à la chevalerie, dont il retrace l'origine, et il est terminé par l'histoire
sommaire de Huè de Tabarie à la cour de Saladin, et par une rapide
esquisse de son *Ordène de chevalerie*. La rubrique finale porte (f. 29 v°) :

Cy fine le liure intitulé linstruction dung ‖ ieune prince, etc. Le feuillet suivant est blanc.

Le second traité est également précédé d'une table des chapitres : *Cy commence la table du liure appellé le ‖ secret des secretz de Aristote et lenvoya ‖ au roy alixandre*. Ces chapitres sont au nombre de soixante-cinq.

On sait que ce livre des *Secrets d'Aristote* est apocryphe ; il a pourtant été traduit en latin sinon du grec, au moins de l'arabe, et l'on connaît plusieurs rédactions faites dans ces deux langues. Nous ne voulons pas répéter ici ce que nous avons dit en décrivant un autre manuscrit de la même œuvre (voir notre catalogue de 1882, n° 39) ; nous nous bornerons à constater que les premiers chapitres ne sont pas les mêmes. Dans celui-ci, nous trouvons d'abord le *Prologue d'un docteur en recommandant Aristote*, commençant ainsi : « Dieu tout puissant veuille garder nostre « roy et la gloire de ceulx qui croient en luy ». La troisième miniature répond à cette rubrique. On y voit un docteur assis dans une chaire et paraissant recommander un livre qui se trouve entre les mains de deux personnages, vêtus aussi de longues robes blanches, et coiffés de calottes noires, qui se tiennent debout devant lui. Derrière eux se trouvent deux autres personnes, en robes longues et encapuchonnées.

Le second chapitre reproduit une épître d'Alexandre à Aristote, et le troisième, la réponse de ce dernier. Le quatrième parle de la traduction de grec en calde, puis en arabe, non plus par « Iehan, fils Patrice », mais bien par « Phelippe, filz de Paaris » ; du reste, ce chapitre diffère considérablement dans les deux manuscrits. Ce n'est qu'avec le cinquième que commence le traité lui-même, traduit d'abord au xiiie siècle, et dont nous avons ici une version rajeunie. Il finit au f. 64 v°, par cette rubrique : *Cy fine le gouuernement des roys z des princes ‖ appellé le secret des secretz aristote*.

A la suite, on a ajouté les *Enseignemens que le bon roy saint Loys fist et escript de sa main et les envoia à la royne de Navarre, sa fille*, et la lettre de l'évêque de Tunis au roi Thibault de Navarre sur les derniers moments du saint roi. Ces pièces ont été publiées plusieurs fois.

Plus de cinquante pages toutes réglées sont restées inoccupées à la fin du volume.

Au point de vue de l'art, notre manuscrit est assurément des plus remarquables. Nous plaçons son exécution vers la fin du règne de Charles VII. Dans chacun des encadrements des miniatures, sont peintes quatre fois les armoiries de celui qui l'a fait faire : *de gueules à la fasce d'argent, chargée de deux roses d'or et d'une troisième en pointe, avec un oiseau de sable en chef*. L'écu du bas est tenu par deux sauvages, homme et femme. Les tapisseries qui garnissent le fond de la salle, dans les deux premières peintures, sont semées d'initiales J B réunies par une cordelière A l'exception des deux écussons de la première miniature, dans tous les autres on a substitué aux armoiries primitives, celles d'un nouveau propriétaire : *de gueules à une· fasce d'argent*. Au xviie siècle, le volume a appartenu à un Germain de Chancel, dont la signature se trouve en deux endroits. Depuis il fit partie de la bibliothèque de Claude-Bernard Rousseau, auditeur des comptes, mort en 1720, dont l'ex-libris armorié est appliqué sur le plat intérieur de la reliure. Il devint ensuite la propriété de l'abbaye de Saint-Martin de Laon, ainsi que le constate la note inscrite au bas de la première page. Enfin, en dernier lieu, il provient de Madame LA DUCHESSE DE BERRY, dont il porte la signature autographe au-dessus de l'étiquette de Rousseau, et à côté de la signature d'un certain *de Soize.*

Conservation irréprochable.

30. **COLONNA** (Egidio) ou **GILLES DE ROME**. De l'Information des princes. Traduit du latin en français par frère Jean Golain. — **ARISTOTE**. Économiques. Traduction de Laurent de Premierfait. — **SÉNÈQUE**. Le Livre des Quatre Vertus. Traduit par Jean Courtecuisse. — In-fol., de 202 ff. ; miniature et lettres ornées ; ais de bois recouv. de mar. brun estampé (*rel. du* xvᵉ *s.*).

Beau manuscrit sur VÉLIN, exécuté dans le premier quart du xvᵉ siècle.

Le livre débute par un prologue précédé de cette rubrique : *Cy commence le liure de l'informacion des princes tñs‖late de latin en francois du commandeñt du Roy ‖ de france Charles le quint par frere Jehan Joulin* (sic) *de ‖ lordre de nre dame du carme maistre en theologie.* REG‖NABIT REX ET SAPIENS ERIT ET FACIET IUDICIÕ ET IUSTICIAM IN TERRA ‖ *Jeremie xxiij°.* Le prologue commence par ces mots : *Le glorieux prophete Jeremie qui fist ‖ le liure des lamentacõns et pleurs.....* L'ouvrage est divisé ici en quatre parties. La première débute ainsi (f. 3 v°) : *Pour declarer la matiere de ce premier chapitre l'on doit considérer premièrement la dignité de la royal magesté...* Le dernier chapitre de la quatrième partie finit par ces mots (f. 160 r°) :... *laquelle nous vueille octroier le dieu misericors qui en la Trinité parfaicte vit et regne par l'infinit siecle des siecles. Amen.* Suit ce colophon : *Cy fine vn notable liure nomme le ‖ regime ou gouuernement des princes ‖ Deo gracias.*

Gilles Colonna, surnommé Gilles de Rome, occupe une grande place dans l'histoire de la philosophie du moyen âge. Un des meilleurs disciples de saint Thomas d'Aquin, il introduisit la doctrine thomiste dans les écoles de l'ordre de Saint-Augustin auquel il appartenait. Il professa à Paris, devint précepteur du futur roi Philippe le Bel, fut élu général de son ordre en 1292, et élevé ensuite à la dignité d'archevêque de Bourges. Il mourut à Avignon en 1316, mais son corps a été transporté à Paris et enseveli dans l'église des Grands-Augustins. Son ouvrage *De Regimine principum libri III,* dont nous avons ici la traduction, quoique son auteur n'y soit pas nommé, a été composé pour Louis, fils aîné de Philippe le Bel ; c'est le futur Louis X, le Hutin. Il a été publié à Augsbourg, en 1473. Deux traductions françaises en ont été faites au xivᵉ siècle : l'une par Henri de Gauchy, l'autre par Jean Golain, célèbre docteur en théologie, prieur du couvent de Notre-Dame-du-Mont-Carmel, et traducteur de plusieurs ouvrages édifiants sur la demande de Charles V. Cette dernière traduction est la nôtre, et la Bibliothèque nationale en conserve la copie présentée au roi et datée de 1379. Elle est restée inédite.

En tête de notre volume est une grande miniature (H. : 0,081 ;

L. : 0,126), finement peinte, qui reproduit la scène de présentation du livre. Le roi Charles V est assis sur un trône placé en pleine campagne, et au côté duquel se trouvent quatre courtisans ou hauts fonctionnaires. Jean Golain, accompagné de deux autres religieux, lui présente à genoux un gros livre relié en rouge.

Le second ouvrage renfermé dans notre manuscrit commence par cette rubrique (f. 161 r°) : *Cy commence vn petit liuret appelle yconomiques qui* ‖ *fait mencion de ethiques et de politiques que aristote* ‖ *prince des philosophes fist et compila pour le grant* ‖ *alixandre roy de macedoine. lequel liuret a este de nou*‖*uel translate de latin en francois par discrete personne* ‖ *Laurens du premier fait.* En tête est un court prologue commençant par : « *Après le livre de politiques composé par Aristote...* ». La rubrique finale porte (f. 188 v°) : *Cy fine le liure dyconomiques.* Cette traduction a été exécutée dans les premières années du xv° siècle par Laurent de Premierfait, le translateur de Cicéron, de Boccace, etc. Elle n'a pas été imprimée non plus, et les manuscrits en sont fort rares.

Le troisième ouvrage, séparé du précédent par deux feuillets blancs, commence par cette rubrique (f. 191 r°) : *Seneque des quatre vertus translate en francoys.* ‖ *Le prologue du translateur.* Ce prologue est une épître dédicatoire adressée : « A treshault et trespuissant prince Jehan, filz du roy de France, duc de Berry et d'Auvergne, comte de Poitou, d'Estampes, de Boulongne et d'Auvergne. » C'est un des frères du roi Charles V.

Le prologue commence ainsi : « Combien mon très redoubté seigneur que je soie tousjours très voulentiers de vous, à mon petit povoir, obéir et servir... »; le prologue de l'auteur : « Quatre manières de vertus nous sont par moult de sages démonstrées... », et le texte lui-même : « Quiconques veulz ensuir prudente, lors vivras tu droitement... ». L'opuscule est terminé par cette rubrique : « *Explicit le liure Seneque des quatre* ‖ *vertus translate en françois par* ‖ JEHAN COURTECUISSE. *lan* M.CCCC *t* iij. » Suit le monogramme du scribe. Ce Jean Courtecuisse était docteur des écoles de Paris, orateur de l'Université et chancelier par intérim à la place du fameux Gerson. Il mourut évêque de Genève en 1425. Sa traduction du Sénèque, dont les manuscrits sont extrêmement rares, est accompagnée d'une glose marginale. L'opuscule de Sénèque avait déjà été traduit par Jean Trousseau, à Bourges, en 1372, et aussi par Laurent de Premierfait.

La reliure du volume est en mauvais état, et c'est dommage, car ses estampages sont curieux.

31. **RUFFO** (Giordano). Libro de la Menescalcia. — Pet. in-4, de 80 ff.; ais de bois recouverts de peau de truie ornée en or et argent, clous en cuivre sur les plats et fermoirs cis. (*rel. ital. du* xv° *s.*).

Curieux manuscrit italien sur VÉLIN, écrit dans la ville de Trani (royaume de Naples) en 1396.

Il commence ainsi : *Al nome di dio Amen. Io* JANNACI DE NOLARO ‖ NICOLA DE JANNACI DE JOUENAOZO: *Condessiso t iclinato al*‖*le prechieri de vno mio unico desideráte auere lu libro de la* || *menescalcia. Conposto p lectera dalo dicto misser* Jordano. || *translatátu ĩ latino volgaro. oĩ [omni] fatiga z labore post posito z lassa*||*to. procurai allu sua uolere ĩ uolgaro lu dicto libro declarar̃.* || *Quádo li Anni dñj correano Milli. Trecento. Nouáta sco (1396) Nel* || *Mese de Marcio, de la quarta Indicione. z lassato llo lecterale* || *del sopra dicto libro lu vulgaro ĩcomencia cossi.*

Ce traité de la Connaissance du cheval, ou de maréchalerie, comme on disait jadis, est divisé en six parties consacrées à la procréation et à la naissance du cheval, à la manière de le dompter, à son éducation, à sa connaissance anatomique et esthétique, à ses infirmités et maladies et à leur traitement. La partie pathologique est divisée en cinquante-neuf chapitres décrivant autant de maladies, avec le remède respectif à la suite. Viennent après, les remèdes contre les infirmités naturelles et les règles pour apprécier la beauté d'un cheval.

La souscription qui termine cette partie (f. 78 v°) nous fait connaître le nom complet de l'auteur du livre original, que le préambule ne désigne que par son prénom. Il s'appelait Giordano Ruffo, Calabrais de naissance, et il était chef des écuries du célèbre empereur Frédéric II, par conséquent entre 1210 et 1250 (*Questa presente Opera composse Missere* Jordano Ru||fu *de Calabria lu quale foy famigho delu Inperatore* || Frederico...). Plus bas, on lit : *Qui scripsit scribat* || *Semper cum domi*||*no uiua. Amen.* Le nom de ce scribe nous est révélé dans un colophon final, précédé d'une page de dessins de mors de chevaux, au nombre de dix-huit, et de deux recettes. Ce scribe, « un petit prêtre », qui s'appelait Pascarello de Carducio, nous fait connaître que le présent manuscrit a été exécuté pour un « gentil cavaliere », messire Jacques de la Croce (*Quisto libro sie scripto illa cita de* || *Trani a nome de uno gentil* || *caualieri lu quale a nome mess.* || *Jacobo de la croce. scripto per ma*||*ne de uno piczulo preuiti de la* || *dicta tierra. lu quale a nome pre [padre]* || *Pascarello de Carducio.* || *Finitu e quistu libru. sit laus* || *et gloria cristo*).

Ce manuscrit avait appartenu à J.-B. Huzard, membre de l'Institut. L'expert chargé de la rédaction du catalogue de vente de sa bibliothèque n'a consacré à notre volume qu'une note de huit lignes (n° 3502), mais nous y trouvons un détail utile à être rappelé. Sur la garde de vélin appliquée à la reliure, il y avait une mention constatant que ce livre a passé des mains de Jacques de la Croce dans celles de son gendre Morello, en 1434 (*Io Morello scolaro tolse per moiere delotia fiola che fu del caualero mescr Jacomo dula Croce corando Mcccc°xxxiiij° die xxiij del mes de nouem bre*). Cette note a disparu, les gardes ayant été renouvelées.

L'ouvrage de Giordano Ruffo, appelé aussi Rusto, est peut-être le plus ancien traité d'hippiatrique qui ait été composé au moyen âge. Le texte latin original n'en a été publié qu'en 1818, à Padoue. Il a néanmoins joui d'une longue célébrité grâce à des traductions italiennes. La nôtre paraît être la plus ancienne de toutes, et elle est restée inédite. Celle de Gabriel Bruno ou Bruni a été imprimée à Venise en 1492, et réimprimée en 1554 et 1563. Une autre traduction en a été publiée à Bologne et à Venise en 1561. Il doit y avoir un grand rapport entre ce traité et celui de Lorenzo Rusio, Napolitain, qui était peut-être de la même famille que notre Giordano Ruffo ou Rusto. Ce traité, composé en latin sous le titre de *Hippia-*

tria, sive Marescalia, a vu le jour plusieurs fois, d'abord, en original, au xvᵉ siècle, sans indication de lieu ni date; puis à Paris, chez Wechel, en 1531 et 1532; il en a été fait ensuite une traduction française (*La Mares-chalerie* de Laurens Ruse), publiée à Paris en 1533, 1541, 1563, 1583 et 1610; enfin une traduction italienne en a paru à Venise en 1543, 1548 et 1559. Le *Manuel* de Brunet ne cite même pas ce Lorenzo Rusio.

Notre manuscrit conserve même aujourd'hui un intérêt particulier, ne fût-ce qu'au point de vue philologique, pour l'étude du dialecte napolitain du xivᵉ siècle dans lequel il est écrit.

La reliure, de style oriental, offre l'aspect de damasquinures, et elle est d'une conservation parfaite.

32. ÉLÉMENS DE GÉOMÉTRIE. GÉOMÉTRIE PRATIQUE. — 2 vol. in-4 de 1 f. et 272 pp., et 1 f. et 314 pp.; en-têtes et culs-de-lampe; mar. rouge, fil., tr. dor. (*rel. du* xviiiᵉ *s.*).

Manuscrit du xviiiᵉ siècle, sur papier, portant sur les plats de la reliure les armes de PHILIPPE D'ORLÉANS, régent de France.

Le premier volume est divisé en six livres et le second en sept. Ils sont d'une fort belle écriture et ornés de charmants en-têtes, culs-de-lampe et vignettes peints au lavis.

En dehors des armes, le premier volume porte au dos le chiffre couronné du régent (PP), et le second, des fleurs de lis.

33. MARTINO. Dell' Arte coquinaria. — In-8, de 5 ff. prél. et 106 pp. chiffrées; veau fauve, riches compart. en mosaïque, tr. dor. (*Hagué*).

Manuscrit sur vélin, d'une écriture cursive du xvᵉ siècle.

Il commence par une table de matières. Le texte est précédé de ce titre, écrit en capitales, en bleu, rouge, vert et violet : *Libro de arte co||-quinaria edito || per lo egregio || e peritissimo|| maestro Marti||no coqvo del Rᵐᵒ|| S. Cardinale de || Aqvileia.* La grande initiale P qui suit est enluminée avec beaucoup de goût, et au bas de la page est peint un médaillon avec un écusson en blanc. Les recettes culinaires sont au nombre de plusieurs centaines.

Nous n'avons aucun renseignement sur « l'éminent et très expert maître Martin », chef de la cuisine du cardinal d'Aquilée, qui paraît être le célèbre cardinal Grimani.

34. HISTOIRE ANCIENNE, sacrée et prophane (depuis l'apparition de N.-S. à Josué jusqu'à la fondation de Rome). — 2 vol. gr. in-fol., à 2 col., de 237 et 198 ff.; miniatures, bordures et lettres ornées; mar. rouge, dent., tr. dor. (*rel. du* xviiᵉ *s.*).

Superbe manuscrit sur vélin, exécuté en France entre 1462 et 1477, pour TANNEGUY DU CHASTEL, grand écuyer de France, et orné de QUATRE GRANDES MINIATURES, dont deux à quatre et une à deux compartiments, ce qui forme onze sujets.

Bien que la reliure porte au dos : tome Ier, ce volume n'est que le second ou peut-être même le troisième d'une compilation fort répandue au xive et au xve siècle. Il commence, en effet, par cette table des matières : *Cy commence la table des rubriches || du sixiesme livre*. Ce livre est divisé en trente-six chapitres. La rubrique du premier est : *Comment nostre seigneur s'apparut à Josué et des commandemens qu'il luy fist. Et des espies que Josué envoya en la terre de promission.* Voici le début de ce chapitre (f. 2 r°) : « Le commencement de cestui VIe livre se prent à Josué, le premier juge des Hebrieux après Moyse. Et, selon que dit Comestor en l'Histoire scolastique, le livre de Josué prent son nom de l'autteur, lequel Josué fut appellé Jhesus... » En tête est une grande miniature à quatre compartiments, représentant les principaux épisodes de la VIE DE JOSUÉ (H. : 0,203 ; L. : 0,193) : 1° l'*Apparition de Dieu à Josué;* — 2° *Envoi d'espions à Jéricho;* — 3° *Josué en conseil avec les chefs des tribus;* — 4° le *Passage du Jourdain.*

Le septième livre est divisé en cinquante-huit chapitres, dont le premier porte cette rubrique (f. 69 r°) : « Dont descendit Layus, roi de Thèbes, et comment il ordonna son fils Edipus estre exposé à mort. » La miniature, à quatre compartiments (H. : 0,215 ; L. : 0,191), placée en tête, retrace les principales scènes du début de cette célèbre tragédie antique : 1° *Laïus, roi de Thèbes,* à genoux devant la statue d'Apollon dans le temple de Delphes; — 2° la *Naissance d'OEdipe;* la reine Jocaste est au lit; le roi son époux fait remettre le nouveau-né au berger Forbantus pour le tuer; — 3° le *Berger attache OEdipe par les pieds à un arbre;* — 4° le *Berger de Polybus, roi de Corinthe, détache OEdipe et le remet à son maître.*

Le huitième livre est divisé en cent quarante-deux chapitres, dont le premier donne « le commencement de l'istoire de Troyes, selon Guido de la Colompne [Egidio Colonna, dit Gilles de Rome], dont sont ditz les Mirmidonois ». La miniature qui figure en tête de ce livre (f. 109 v°) (H. : 0,225 ; L. : 0,190) représente plusieurs scènes de la *Vie de Jason* réunies en un même sujet. On le voit luttant avec les monstres qui gardent la Toison d'or dans l'île de Colchos, et Médée le contemplant du haut d'une tour; sur le premier plan, Jason, suivi du roi Pelée, père d'Achille, attaque les Troyens qui débouchent de leur ville. On trouvera au catalogue illustré une reproduction de cette curieuse peinture.

Le neuvième livre, par lequel débute notre second volume, commence par cette rubrique : *Ci cõmence le IXe livre du || premier volume de cest œure || ou premier chappitre du q̃l est || cõtenu cõmët eneas et les sciens || se mirẽt sur mer et ap's lõg voyage || et plusr^s dang͞rs arriũent ẽ carta||ge.* En tête est une grande miniature (H. : 0,209 ; L. : 0,187), divisée verticalement en deux compartiments, dont le premier représente la *Reine Didon assistant à l'arrivée d'Enéas avec ses vaisseaux,* et le second, les *Carthaginois sortant de leur ville pour recevoir les nouveaux venus.*

Toutes ces miniatures ne sont pas, il est vrai, d'un grand artiste, mais elles sont fort intéressantes pour les costumes, l'architecture des nombreux monuments et les modèles de navires au xve siècle.

Le dixième livre, qui n'est précédé d'aucune peinture, commence par l'histoire du prophète Samuel (f. 31 r°) et le volume finit ainsi (f. 198 r°) : « Nous ferons fin ycy à ce X° livre et par conséquent à ce premier volume contenant dix livres, et pour venir à l'onzième livre de notre œuvre qui fera le commencement du second volume, ouquel commencement sera traicté de la fondation et construction de cette cité faitte par Remus et Romulus. »

Les pages à miniatures sont entourées d'une large bordure à rinceaux et à fleurs, renfermant dans le bas deux écussons armoriés. Celui de gauche porte : *Fascé de gueules et d'or de six pièces ; à la bordure fascée de l'un en l'autre.* Ces armoiries sont celles de Tanneguy du Chastel, neveu du célèbre capitaine de ce nom, et fils d'Olivier du Chastel, sénéchal de Saintonge, et de Jeanne de Plœuc. Il était grand écuyer de France, conseiller et chambellan de Louis XI. En sa qualité de cadet, il transposa les émaux du blason de sa famille (qui sont : *Fascé d'or et de gueules de six pièces*) et y ajouta une bordure. A droite se trouve un écu en losange : *Parti de* du Chastel *et de* Malestroit, qui est : *de gueules à neuf besants d'or,* 3, 3, 3. Ces armoiries sont celles de sa femme, Jeanne de Raguenel, vicomtesse de la Bellière et de Combour, qu'il avait épousée en 1462. La famille de Raguenel, qui finit en cette dame et en sa sœur, avait été substituée au XV° siècle aux armes de Malestroit, par suite d'une alliance avec l'héritière de cette maison. En dehors des armoiries, les bordures de notre manuscrit montrent aussi les initiales des prénoms des deux époux, T J entrelacées.

Tanneguy du Chastel, qui mourut en 1472, fut non seulement un des hommes publics marquants, mais aussi un grand ami des lettres. Il possédait de fort beaux manuscrits, dont plusieurs ont été recueillis par notre Bibliothèque nationale (voir L. Delisle, *Cabinet des manuscrits,* t. II, p. 353).

Le présent manuscrit provient en dernier lieu de la Belgique, et il a figuré dans la deuxième partie de la vente d'Astorga (1870), n° 39, où on l'a présenté à tort comme ayant été exécuté pour Jeanne d'Harcourt, fille de Jean VII, comte d'Harcourt-Aumale, et de Marie d'Alençon.

35. CARTA EXECUTORIA DE HIDALGUIA... (Arrêt de maintenue de noblesse en faveur de Alonso de Lepe Carvajal, de Puerto de Santa Maria, rendu, sous l'autorité de Philippe II, roi d'Espagne, à Grenade, le 22 mars 1594). — In-fol., de 78 ff., miniatures et lettres ornées; velours rouge.

Fort beau manuscrit sur VÉLIN, orné de TROIS PEINTURES à pleine page, d'une petite MINIATURE-PORTRAIT, et de QUINZE GRANDES INITIALES ENLUMINÉES.

Le volume s'ouvre par une peinture couvrant la seconde page entière, et représentant la VIERGE GLORIEUSE, avec l'Enfant Jésus, ayant un croissant à ses pieds. Don Alonso de Carvajal et sa femme, en grande tenue, prient à genoux. La composition est renfermée dans un encadrement dont le bas est à rinceaux sur fond or ; dans la partie supérieure des montants, on a ménagé quatre niches, deux de chaque côté, avec les effigies en pied de s. Pierre, s. Paul, s. Christophe et s. Jacques le Majeur.

La page en regard représente JÉSUS EN CROIX, au pied de laquelle la Vierge et s. Jean se tiennent debout. L'encadrement qui entoure le sujet est pareil au précédent.

Cés deux compositions offrent assurément ce que l'art du miniaturiste a produit de mieux en Espagne au déclin du xviᵉ siècle.

La page suivante est occupée par un écusson aux armes de Carvajal, enchâssé dans un beau cartouche, le tout placé dans un cadre à fleurs et à oiseaux.

Chacune des preuves testimoniales sur lesquelles s'appuient ces arrêts porte en tête une grande initiale en camaïeu or sur fonds de couleurs variées. La dernière renferme le portrait du roi PHILIPPE II, à mi-corps. Don Alonzo de Carvajal, fils de Don Juan de Carvajal et de Doña Francisca Gaëtan de Cuenca, appartenait à l'une des plus vieilles familles d'Espagne et qui a fourni de nombreuses illustrations.

IMPRIMÉS

IMPRIMÉS

THÉOLOGIE

I. ÉCRITURE SAINTE.

36. (Biblia sacra.) Incipit epl'a sācti Hieronymi ad paulinum ‖ pbr̄m de ōib' diuine historie libris Capl'ʒ. I. (Avant la table :) *Biblia ĩpressa Venetiis ‖ opera atqʒ impēsa Nico‖lai Jenson Gallici. ‖ M.cccc.lxxix.* (1479). Pet. in-fol., goth., à 2 col.; parch.

> Seconde édition de la Bible due aux presses de notre Jenson.
> Bel exemplaire. L'initiale de la première page est peinte en or et en couleurs. Au bas de cette même page se trouve un écusson armorié, en couleurs, et cette curieuse attestation de la parfaite orthodoxie de cette édition, attestation émanant d'un vicaire de la sainte Inquisition : « *Vicˢ. sčtissæ Inquisᵘⁱˢ concedit hunc librum utpote, qui nullum habeat errorem vel suspicionem ex impressore, quare de omnibus legendus conceditur. In cuius fidem manum propriam apposui.* Pɪsᴀᴜʀɪ.

37. La Bible qvi est tovte la Saincte Escriture : contenant le Vieil et le Nouueau Testament. Autrement La Vieille et nouvelle Alliance. Auec arguments sur chacun liure, figures, cartes tant chorographiques qu'autres. (*Genève.*) *De l'imprimerie de François Estienne, M.D.LXVII* (1567). 3 part. en 1 vol. in-8, figures sur bois; mar. brun, ornem. en or et à froid, anc. tr. cis. et dor.

> Version protestante d'Olivetan, revue par Calvin.
> Très jolie et rare édition, imprimée en caractères presque microscopiques, et ornée de charmantes figures sur bois. Dans la dernière partie

se trouvent insérés les psaumes mis en rimes françaises par Th. de Bèze
et Clément Marot, avec la musique notée.

Bel exemplaire, réglé, conforme à la description du Manuel, moins le
Calendrier historial qui n'appartient pas à ce livre, mais a été publié à
part sous la même date, avec un titre indépendant (voir d'ailleurs Brunet,
au mot Calendrier, et ci-dessous, le n° 144). Au centre des plats se trouvent enchâssés de beaux médaillons avec l'effigie du roi HENRI II, en
relief, provenant d'une ancienne reliure.

38. ESTIENNE (Rob.). Ad Censuras theologorum parisiensium,
quibus Biblia a Roberto Stephano typographo Regio excusa
calumniose notarunt ; ciusdem Roberti Stephani responsio.
Oliua Roberti Stephani, 1552. In-8 ; mar. La Vallière, fil., tr.
dor. (*Lortic*).

Éloquente apologie du savant éditeur, pour la défense de ses éditions
grecques et latines de la Bible contre les censures et persécutions de la
Sorbonne. Bel exemplaire, sauf une piq. de vers dans la marge du bas.

39. Le Pseaultier de David, contenant cent cinquante Pseaumes,
avec les cantiques : ausquels les accens requis et necessaires
pour bien prononcer chacun mot, sont diligemment observez.
*A Paris, chez Jamet Mettayer Imprimeur du Roy deuant le
College de Laon. M.D.LXXXVI* (1586). In-4, gros caract., en
rouge et noir; mar. olive, doré en plein, tr. dor. (*Clovis Ève?*).

Au titre une vignette, et au verso du 6° f. prélim. une grande figure
sur cuivre.
Reliure de toute beauté, au chiffre (GG) couronné de GASTON DE
FRANCE, duc d'Orléans, frère de Louis XIII. On sait combien sont rares
les belles reliures provenant des bibliothèques de ce prince. On trouvera
au Catalogue illustré la reproduction de celle-ci, qui a été légèrement
restaurée par Duru.

40. JÉSUS SIRACIDE. Le Livre de ‖ l'Ecclesiastiqve, ‖ avtre-
ment appellé, ‖ la Sapience de Iesvs, ‖ fils de Syrach. ‖ Liure
tresutile pour l'Instruction d'vn ‖ chacun. ‖ *A Anvers, de
l'Imprimerie de Christophle Plantin, M.D.LXIIII* (1564). Pet.
in-8, de 181 ff. ch. ; vélin blanc (*anc. rel.*).

Volume de toute rareté, non cité au *Manuel*. Il est imprimé en caractères dits de *civilité*.
Exemplaire grand de marges, mais un peu taché d'eau.

41. Novum instrumentū omne, diligenter ab Erasmo Roterodamo
recognitum, & emendatum, nō solum ad græcam ueritatem,

uerum etiam ad multorum utriusq; linguæ codicum... Apud inclytam germaniæ Basilæam... (Au rº du dern. f. :) *Basileæ in ædibus Ioannis Frobenij Hammelburgensis mense Februario. Anno M.D.XVI (1516).* In-fol. ; peau de truie estampée (*rel. du temps*).

Première et rare édition du Nouveau Testament, en grec, avec la traduction d'Érasme, dédiée au pape Léon X. Elle est ornée de beaux encadrements gravés sur bois, dont l'un porte le monogramme V G entrelacés (Urse Graf?).

Très bel exemplaire, dans sa première reliure. Charmant ex-libris d'*Andreas Beham der Elter* (le Vieux), gravé en taille-douce et daté de 1595.

42. ERASMUS. Declarationes Des. Erasmi Roterodami ad Censuras Lutetiæ vulgatas sub nomine Facultatis Theologiæ parisiensis. *Antverpiæ, apud Martinum Cæsarem,* 1532. In-8 ; mar. rouge, fil., tr. dor.

Réponse aux théologiens de la Sorbonne. Édition rare.

43. Nouveau Testament (en grec). *Amsterdami, apud Guilielmum Blaeu,* 1633. Pet. in-16 ; front. gr. ; mar. rouge, comp. à fil., tr. dor. (*anc. rel.*).

Jolie impression en caractères très fins. Charmante reliure à petits fers.

44. (Nouveau Testament, en grec. *Paris, Imprimerie royale,* 1642.) In-fol. ; front. et vign. en taille-douce ; mar. rouge, compart. à fil., tr. dor. (*rel. du temps*).

Très belle reliure aux armes et au chiffre d'Emmanuel-Joseph Vignerot, comte DE RICHELIEU, abbé de Marmoutiers et prieur de Saint-Martin-des-Champs, petit-neveu du cardinal. Malheureusement, à l'époque révolutionnaire, on a partout gratté la couronne. Au bas du titre gravé on lit la signature de RACINE.

45. Novum Testamentum, ex Regiis aliisque optimis editionibus cum curâ expressum (en grec). *Amstelodami, ex officinâ Elzeviriana,* 1670. — Les Pseaumes de David, mis en rime Françoise par Clément Marot et Théodore de Bèze. *Se vendent à Charenton, par P. Des-Hayes et A. Cellier, demeurans à Paris, ruë de la Harpe,...* 1655. En 1 vol. in-12 ; mar. rouge, compart. à fil., fermoirs en argent cis., tr. dor.; dans un étui (*rel. du temps*).

> Le Nouveau Testament est de la troisième édition elzévirienne de ce format, reproduisant ligne pour ligne les deux précédentes, de 1656 et de 1662. Les Psaumes de David sont imprimés en très petits caractères, avec musique notée.
>
> Très joli exemplaire, réglé, revêtu d'une excellente reliure.

46. (Epistles and Gospels after the use of Salisbury.) Here ‖ begynneth the Py-‖stles and Gospels/ ‖ of euery sonday ‖ and holy Daye in ‖ the yere. ‖ M.D.XXXVIII (1538). *S. l.* Pet. in-8, goth., de lxxiiij ff. ch. et 2 ff. n. ch.; mar. orange, fil., tr. dor. (*rel. angl.*).

> Ce petit volume, imprimé à Londres par W. Copland, se rattache au *Prymer of Salysbury use,* sorti des presses du même typographe et à la même date. La table est précédée, en effet, de ce titre : *This is the table wherin ye shall vnderstäde in what lefe ye shall fynde the Pystels ɀ Gospels after the vse of Salysbury...* Au revers du titre, deux gravures sur bois représentant s. Jean à Pathmos.
>
> Ce rare volume provient de la bibliothèque G. Offor, brûlée presque totalement à Londres en 1865. M. Offor y a ajouté le calque d'un portrait de Copland, d'après une gravure sur bois, et y a mis deux notes.
>
> D'après l'indication imprimée au dos de la reliure, cette traduction d'épîtres et évangiles serait du célèbre réformateur William Tindale.

47. The New Testament of our Lord and Sauiour Iesus Christ.... *Imprinted at London by Bonham Norton and Iohn Bill...,* 1621. In-24, allongé; vélin blanc.

> Édition fort rare.

48. HUGO DE SANCTO CARO. Sacrorum Bibliorum vulgatæ editionis Concordantiæ, auctore Hugone, cardinali, ordinis Prædicatorum... recensitæ atque emendatæ : primùm à Francisco Luca, Theologo et Decano Audomaropolitano : deinde correctorum Parisiensium, necnon et Plantinianorum industria... *Lugduni, sumptibus Antonii Jullieron,* 1649. In-4, à 3 col.; mar. rouge, riches compart., dos à petits fers, tr. dor. (*rel. du temps*).

> Riche reliure, digne de Le Gascon.

49. LE ROUX (l'abbé). Concorde des quatre évangélistes, représentant l'histoire de N. S. Jésus-Christ selon l'ordre chrono-

logique... Par M^r le Roux, Curé d'Andeville, dans le diocèse de Chartres. Aux dépend de l'auteur. *A Paris, chez Jean Anisson,* 1699. In-8, avec la carte de la Terre-Sainte ; mar. vert foncé, fil., dos orné, tr. dor. (*rel. du temps*).

Exemplaire de dédicace, aux armes de la marquise DE MAINTENON.

II. LITURGIE.

50. Missale Romanum nouiter impressum : ‖ cu₃ qbusdã missis de nouo additis mul‖tum deuotis : adiunctisq₃ figuris ‖ pul-cherrimis ī capite missarũ ‖ festiuitatum solenniũ : vt ‖ patebit inspicienti. (A la fin :) *Accipite optimi sacerdotes missale... emendatũ per fratrẽ Petrum Arriuabenũ... Impressum Vene- tiis per nobile₃ virum Lucantoniũ de giunta Florentinũ Anno. M.ccccj* (1501) *xij. kal'. Decembris.* In-8, goth., à 2 col., impr. en rouge et en noir, plain-chant noté ; vélin bl.

Première édition du Missel romain donnée par Giunta, fort rare et non citée au *Manuel.* Elle renferme 17 grandes gravures sur bois et de nom- breuses petites. Les grandes sont au verso des feuillets, et la page en regard est ornée d'un encadrement historié.

51. Missale Romanũ multis frigiis / ima‖ginibus / ac diuine scrip- ture ₡ sa‖crorũ doctorũ auctoritatibus ‖ ad festiuitatũ cõgruen-‖ tiam decoratum : ‖ nuprimeq₃ i‖pressu₃. (A la fin :) *Accipite optimi sacerdotes Missale.... per venerabilẽ patrem fratrẽ Alber- tum castelanũ vinetũ decoratũ. Impẽsisq₃ Lucantonij de gĩuta florẽtini... Anno... M.ccccc.vi.* (1506). *v. idus ianuarij : in alma venetiarũ vrbe impressum...* In-4, goth., à 2 col., impr. rouge et noire, plain-chant noté ; vél. blanc.

Seconde édition de ce missel, ornée d'un très grand nombre de gra- vures sur bois. Elle est très rare.

52. (Missale secundum consuetudinem Herbipolensis ecclesiæ.) (Au v° de l'antépénultième f., coté cclxx :) *Explicit missale s'm cõsue-‖tudinẽ herbipolẽ. Impres-‖sum expẽsis egregij et cõmẽ-‖ dabilis mercatoris Georgij ‖ monerij habitatoris ciuita-‖tis Her- bipolẽ. Anno salu-‖tis xpiane. M. quingẽtesimo ‖ nono* (1509). Gr. in-fol., goth., à 2 col., impr. rouge et noire ; peau de truie estampée (*rel. du temps*).

Missel à l'usage de l'église de WURTZBOURG. On en a détaché, pour le présent exemplaire, la partie nécessaire à la célébration de la messe. Le volume commence par un calendrier, suivi d'un feuillet de table et de deux feuillets relatifs à la cérémonie du baptême. Ensuite se trouve intercalé un feuillet imprimé en plus petits caractères, et contenant un privilège de Laurent, évêque de Wurtzbourg « et *Franciæ orientalis dux* », en faveur de Georges Keyser, imprimeur des missels, à la date du 11 juillet 1497. Au verso de ce feuillet, les armes de l'évêque gravées sur bois et coloriées.

Le Canon de la messe, composé de dix feuillets, est imprimé sur VÉLIN. Le verso du premier feuillet est entièrement occupé par une belle gravure sur bois représentant Jésus en croix entre la Vierge et s. Jean debout. Elle est entourée d'un beau cadre allégorique, dont les montants présentent des vases d'où sortent des ceps de vigne, au milieu desquels on voit deux anges, l'un portant un roseau avec l'éponge imbibée de vinaigre, et l'autre, une lance. Dans la bordure du bas, deux chérubins tiennent le Saint Suaire, au-dessus duquel on lit la date 1509. Cette belle composition, soigneusement coloriée, est, sinon de DURER lui-même, tout au moins d'après lui, et, à notre connaissance, elle n'a pas encore été signalée.

Ce volume est dans sa première reliure, dont les estampages sont fort curieux. Au centre des plats se trouvent les effigies de s. Kilian et de s. Burckhard, patrons de Wurtzbourg.

53. Pontificale romanum Clementis PP. VIII. jussu restitutum, Urbani item VIII. auctoritate recognitum. Novis locupletatum figuris, mendisque expurgatum. Sanctiss. Pontificis Alexandri VII. faustis auspiciis, in lucem iterum prodit. *Romæ, ex officina Philippi de Rubeis*, *M.DC.LXIII* (1663). In-fol., impr. rouge et noire, fig.; mar. rouge, riches compart. et ornem. en or et argent, tr. dor. (*rel. du temps*).

Belle édition, ornée d'un très grand nombre de grandes vignettes en taille-douce d'après Ant. Tempesta, et d'autres. Elle est pourvue d'un privilège du roi Louis XIV, à la date de 1655, signé : *Soubeyran*.

Exemplaire revêtu d'une splendide reliure en mosaïque et au pointillé, digne de Le Gascon. Les armoiries d'un prélat frappées au centre des plats ont malheureusement été grattées.

54. Cathecvminorvm ‖ et benedictionis ‖ Salis, & aquæ libellus iuxta ‖ ritum Cenetensis ‖ Ecclesiæ ‖ sancti Ticiani ‖ eiusdem Pro-‖tectoris. M.D.XXXXVI. (Au rº du dern. f. :) *Impressit Venetiis ‖ Ioannes Patavi-‖nvs in vico san‖cti Moysis.* M.D.XXXXVI (1546). Pet. in-8, de 20 ff. n. ch.; parch.

Livre fort rare, imprimé en rouge et noir, à l'usage de l'église de Ceneda, dans la Vénétie. Au verso du titre, une gravure sur bois.

Exemplaire sur VÉLIN.

55. (Heures à l'usage de Rome.) (Au rº du dern. f. :) *Ces presentes heures a lusage de Ro*‖*me ont este Imprimees par Philippe py*‖*gouchet Libraire de luniuersite de Paris* ‖ *demourant en ladicte universite en la Rue* ‖ *de la harpe deuant sainct cosme.* S. d. (alman. de 1488 à 1508). Pet. in-8, goth., de 100 ff. non ch.; damas rouge, tr. dor. et cis.

L'une des premières éditions données par Pigouchet, et de toute rareté. Le caractère de cette édition est moins gros que celui de la précédente (voir Brunet, nº 1). Il y a dans le calendrier un quatrain français pour chaque mois. Le volume contient 15 grandes figures, non compris le frontispice. Elles ont fait partie de l'édition précédente. Les sujets que présentent les bordures sont à peu près les mêmes.

Exemplaire sur vélin, incomplet de ff. E¹, E³, E⁷, E⁸. Quelques figures ont été coloriées assez maladroitement.

56. Ces presentes heures a lusaige de Rōme *furēt ache*‖*uez le. iiii . iour de Nouēbre. Lan M.CCCC. iiii. xx. et* ‖ *xvii.* (1497) *pour Simon Vostre Libraire demourant a la rue* ‖ *neuue nostre dame a lenseigne sainct Iehan leuāgeliste.* (Au-dessus, la marque de Philippe Pigouchet.) Pet. in-4, goth., de 68 ff.; veau jaspé (*anc. rel.*).

Cette rare édition renferme 15 grandes planches. Les sujets que présentent les encadrements sont variés et en général fort jolis. La Danse des morts compte 51 sujets.

C'est l'édition mentionnée en tête dans le *Supplément* au Manuel, sous la date fausse de 1487.

Exemplaire de toute beauté, sur vélin, avec les capitales peintes en or et en couleurs, mais sans être colorié. Haut.: 215 mill.

57. Ces presentes heures a lusaige de **PARIS** sōt ‖ au long sans riēs requerir : auec les miracles no-‖stre dame / ꝗ les figures de lapocalipse / ꝗ de l'an-‖tique / ꝗ des triumphes de Cesar. (Au-dessus, la marque de Simon Vostre.) S. d. (almanach de 1508 à 1528). In-4, goth., de 104 ff., sign. a-k, ā, ĕ, i, õ, par 8, excepté c de 4 ff., et k, õ, par 6; mar. rouge, compart. à fil., tr. dor. (*anc. rel.*).

Édition NON DÉCRITE, avec le même titre que celle mentionnée par Brunet au nº 75, d'après l'exemplaire de la bibl. Sainte-Geneviève, mais qui ne compte que 90 ff. Elle est ornée de vingt grandes planches et de bordures à chaque page.

Superbe exemplaire sur vélin, non colorié.

58. Ces presentes heures a lusaige de **PARIS** toutes ‖ au long

sans reqrir : auec les figures ȝ signes de lapo‖calipse : la vie
de thobie ȝ de iudic, les accidēs de lhõ‖mc, le triumphe de
Cesar, les miracles nostre dame : ‖ *ont este faictes a Paris pour*
Symõ Vostre libraire ‖ *demourat en la rue neufue a lèseigne.*
s. iehã leuãgel. (Sur le titre, le nom de S. Vostre; au verso :
almanach de 1515 à 1530.) In-8, goth.; veau fauve, compart.
à fr., tr. dor. (*Hague*).

Édition fort rare, ornée de dix-huit grandes planches, les mêmes que
dans l'édition à l'usage d'Amiens dont le calendrier commence en 1513.
Les bordures sont aussi à peu près les mêmes. La table se termine par
les mots *Oraison du Saint Sépulcre*.

A. Bernard y a constaté trois sortes de gravures : 1° de vieux bois
gothiques de S. Vostre, dont la Danse des morts à fond criblé; 2° onze
grands sujets qu'il attribue au célèbre Jean Perréal; 3° trois sujets signés
du G., ou du G et de l'F.

59. (Heures à l'usage de Rome.) A la louenge de dieu de sa tres-
saincte ȝ ‖ glorieuse mere, et a lodification de tous bõs ‖
catholiques *furent commencees ces preseles* ‖ *heures par le com-*
mandement du roy nostre ‖ *sire pour Anthoine verard libraire*
demourãt ‖ *a paris sur le pont nostre dãe...* (Au-dessus de ce
titre, deux stances, l'une de cinq vers commençant par : *Iesus*
soit en ma teste, etc., et l'autre de quatre vers : *Qui du tout son*
cueur, etc.) S. d. (almanach de 1488 à 1508.) In-4, goth., de
116 ff.; mar. La Vallière, riches compart. à fr., doublé de
mar. rouge, dent., tr. dor. (*Lortic*).

« Voir pour ces précieuses Heures, dites *Grandes Heures de Verard,* la
notice du *Manuel* de M. Brunet, t. V, col. 1600-1602, où elles sont minu-
tieusement décrites. On se bornera donc à dire ici qu'elles contiennent
15 grandes planches sans compter l'homme anatomique. Les bordures
très larges sont composées de sujets presque au trait, au-dessous de chacun desquels est une légende tantôt en latin, tantôt en français. Toutes ces
gravures sont de la même main et du style le plus archaïque qu'on ait
rencontré dans les Heures de Paris. » (Didot, *Cat. rais.,* n° 798.)

Exemplaire sur papier, avec toutes les gravures couvertes d'un enlu-
minage du temps. Hauteur : 227 millimètres seulement. On y a ajouté à
la fin un feuillet en fac-similé reproduisant le colophon de l'édition de
1490, mais qui ne fait pas partie de celle-ci.

60. Hore beate virgȳs marie sed'm vsum ‖ Rõanũ sine req̃re : cũ
p̃patõe misse ȝ xv. ‖ psalmis ĩ officio feriali dicendis. (Au v°
du dern. f. :) *Ces presentes heures a lusaige de Ro‖me furent*
acheuees le xxvi. iour de Se‖ptèbre Lan Mil CCCC. iiiixx. xviii.

(1498) ‖ *Par Thyelmã Keruer Libraire demou‖rant a Paris sus le pont sainct michel a* ‖ *lenseigne de la Licorne.* In-8, goth., de 111 ff. (le cah. *e* n'a que 7 ff. et doit être incomplet); bas. racine, fil.

« Ces Heures sont ornées de 54 figures, 15 grandes et 39 petites. Elles sont imprimées avec le petit caractère employé par les imprimeurs Jean Philippe et Étienne Janot. Ce livre offre des intentions d'archaïsme, et les 5 gravures représentant *Dieu le père* (du cah. b.), et la grande planche suivante, représentant *le Christ au mont des Oliviers*, sont des imitations des figures semblables que l'on voit au livre d'Heures de Pigouchet (almanach de 1488 à 1508). Les petites compositions servant à l'encadrement des pages que Th. Kerver a fait graver se retrouvent les mêmes dans la plupart de ses éditions des Heures, et particulièrement dans ses Heures *ad usum romanum* (almanach de 1497 à 1520). » (Didot, *Cat. rais.*, n° 815.)

Brunet ne mentionne cette édition (n° 162) que d'après la *Bibliotheca Spenceriana.*

Exemplaire sur VÉLIN, non colorié.

61. Hore diue virginis Marie scdm verum vsum Roma‖num... (Au v° du dern. f. :) *Finit officiu beate Marie v'ginis scdm vsu;* ‖ *Romanu... Impssa Parisiis anno dñi Millesimo qngetesimo quarto.* (1504) *vi. Kalendas Augusti. Opera* ‖ *Thielmani Keruer...* Pet. in-8, lettres rondes; cart. en parch.

« Cette édition est ornée de dix-huit grandes planches, de plusieurs petites et d'encadrements. On y trouve quatre planches qui n'ont pas été employées dans l'édition de 1505. Ces Heures sont fort bien imprimées en caractères romains que Kerver déclare être *siens*, et peuvent servir de type pour reconnaître les gravures appartenant à Thielman Kerver. » (Didot, *Cat. rais.*, n° 821.)

Exemplaire sur VÉLIN, non colorié.

62. Hore deipare virginis Marie secundu vsum Roma‖num / plerisq; biblie figuris atq; chorea lettri circumu‖nite / nouisq; effigiebus adornate / vt in septe psalmis ‖ penitentialib' / in vigiliis defunctoru / & in horis scte ‖ crucis / in horis quoq; scti spus videre licebit. 1520. (A la fin :) *Finiunt hore. . Exarate quidem Parisiis / arte industrii bibliographi Thielmäni Keruer. preclare vniuersitatis parisiane librarii iurati in vico sancti Iacobi / ad signum vnicornis commorantis. Anno domini Mil . cccccxx . die . xxiiii . mensis Novembris.* In-8, lettres rondes; mar. bleu, fil., tr. dor. (*rel. angl.*).

Édition fort rare, imprimée en rouge et noir et ornée de quarante-sept grandes planches, dont certaines sont des copies de la Passion d'Albert

Dürer, et de bordures très variées, dans lesquelles il y a de nombreux sujets de Danses de mort.

Magnifique exemplaire sur VÉLIN, non colorié, avec initiales et tirets enluminés.

63. **Hore diue virginis Marie secūdum vsū ‖ Romanū cū aliis multis folio sequenti nota‖tis vnacum figuris Apocalipsis & multis fi‖guris Biblie nouiter insertis.** (Au rº du dern. f. :) *Finit officium beate marie... Parisius nouiter impressum. Opera Egidij Hardouyn Commorantis in confinio pontis Nostre domine ante ecclesiam sācti Dionisij de carcere ad intersigniū Rose. Et Germani Hardouyn cōmorantis ante palatium ad intersignium diue Margarete.* S. d. (alman. de 1513 à 1530). In-8, de 108 ff., lettres rondes; mar. noir, dent., sujets sur les plats, tr. dor. (*anc. rel.*).

Gillet Hardouyn a laissé ici, en partie, de côté ses arabesques et ses petites compositions militaires ; plusieurs figures sont nouvelles.

Exemplaire sur VÉLIN, le seul cité au *Manuel*. Un certain nombre des 15 grandes figures ont été très maladroitement enluminées.

64. **Hore diuine virginis Marie / secundum ‖ vsum Romanum : cum alijs multis folio se‖quēti notatis / vna cum figuris Apocalipsis ‖ et destructio Hierusalem / et multis figuris ‖ Biblie insertis** (au-dessus de la marque de G. Hardouyn). (A la fin :) *Finit officium beate Marie virginis... nouiter impressum opera Germani Hardouyn / commorantis ante Palatium regis : ad intersinium* (sic) *diue Margarete.* S. d. (alman. de 1518 à 1532). Gr. in-8, de 84 ff., sign. A-L ; mar. noir, riches compart. à fil., tr. dor. (*Hayué*).

Édition fort rare, à peine citée au *Manuel* d'après Dibdin. Elle est ornée de quinze grandes figures et de bordures historiées.

Exemplaire sur VÉLIN, très grand de marges, non colorié, avec des initiales et des tirets enluminés. Quelques taches.

65. **Hore diuine virginis Marie / secundum ‖ vsum Romanum...** (Au vº du dern. f. :)... *Parisius / nouiter impressum. Opera Germani Hardouyn / cōmorantis ante Palatium : ad intersigniū diue Margarete.* S. d. (alman. de 1520 à 1532). In-8, de 96 ff., lettres rondes ; mar. brun, ornem. et tr. dor. (*rel. du* XVIᵉ *s.*).

Édition ornée de vingt et une grandes figures et de bordures historiées.

Exemplaire sur VÉLIN avec toutes les figures couvertes par des miniatures originales. Les encadrements sont restés en noir.

66. (Heures à l'usage de QUIMPER-CORENTIN.) *S. l. n. d.*
Pet. in-8, goth.; mar. noir, riches comp., tr. dor. (*rel. du*
XVIe s.).

Livre précieux, qui a échappé aux recherches de M. Brunet. Il se
compose de trois parties : la première compte 36 ff. non chiffrés, sign.
aa-dd par 8, *ee* de 4 (le titre et le f. 36 manquent dans le présent exempl.).
Cette partie contient le calendrier, plusieurs pièces en français, en vers
et en prose; les quatre évangiles, la Passion et les heures de la Passion.
La seconde partie compte 72 ff. chiffrés, sign. *a-i*; la troisième, 65 ff.
ch. et 3 ff. non ch., sign. A-H par 8, I de 4 ff. Le volume est terminé par
une table des matières où nous apprenons qu'au revers du titre il y avait
un almanach pour seize ans. Le titre a été enlevé avant 1627, la signature
de Conrad d'Einsiedeln, propriétaire du volume à cette date, se trouvant
écrite au bas de la première page.

Ce qui indique que ces Heures sont à l'usage de Quimper-Corentin,
c'est le mot *Corisop* (*Corisopitum*) qui se trouve en regard de presque toutes
les signatures des cahiers. Au surplus, la table est précédée d'un indica-
teur de fêtes, avec cette rubrique : *Festa immobilia in curia officialatus*
CORISOPITENSIS *observata.*

« Les compositions sont au nombre de 62. Toutes les figures sont sans
aucune analogie avec celles des livres d'Heures de Paris de la même
époque, excepté les 12 grands sujets représentant les occupations des
mois, qui sont des copies des Heures à l'usage de Notre-Dame d'Angers,
imprimées par Thielman Kerver en 1530. J'ignore si les 50 autres compositions sont originales. Cependant les caractères employés dans ce
volume sont ceux des premières Heures de Pigouchet. » (Didot, *Cat.*
rais., n° 881.)

Dans la vignette du f. 62 v°, 2e partie, relative à la légende d'un
chanoine de Paris, on lit le nom *Bruno* sur la robe du premier personnage à gauche, qui est le nom de ce personnage même. Plusieurs gravures ont le caractère germanique; celle de s. Michel (f. 30, 3e part.)
porte au bas le monogramme composé des lettres P D V (Pierre de
Vingle ?); elle se trouve dans des Heures imprimées par Nic. Higman
pour Simon Vostre.

Exemplaire sur VÉLIN, probablement unique. C'est le même que celui
décrit dans le *Supplément* au *Manuel*, d'après le catalogue Tross. M. Deschamps se trompe en disant qu'il a été acquis pour la Bibliothèque nationale. Il met en avant l'hypothèse que ces Heures ont peut-être été imprimées à Nantes, en 1518.

67. Las Horas ‖ De nuestra Señora ‖ segun el vso ‖ Roma‖no.
En Lyon, Por los Herederos de Iacobo Iunty. 1560. (Au v° du
dern. f. :) *Las presentes Horas fueron impressas en Lyon de*
Francia, en casa de Pedro Fradin, M.D.LX. Pet. in-16; veau
brun (*anc. rel.*).

Charmant volume, imprimé en caractères italiques, en rouge et noir,

et orné de douze vignettes au calendrier, de vingt grandes gravures sur
bois, très fines et très jolies, entourées de cadres style Renaissance ; d'une
gravure moyenne (*Trinité*), non encadrée, et de vingt-deux petites gravures. Ces vignettes avaient déjà paru dans des heures latines, publiées
par les mêmes éditeurs en 1558.

Très bel exemplaire, sur papier.

68. Heures à l'usai‖ge de SAINCT MALO, toutes au lõg sãs rien
reque‖rir. Auec les suffraiges, z plusieurs belles Hy‖stoires,
z oraisons tant en latin quen francoys. *On les vend à Rennes,
pres la porte Sainct Michel, par pierre le Bret, Libraire.* MDLX.
(A la fin :) *Cy finent ces presentes Heures... Nouuellemẽt imprimees à Rennes par Pierre le Bret...* MDLX (1560). Pet. in-8,
goth.; velours rouge, tr. dor.

Volume introuvable et qui a échappé aux recherches de MM. Brunet
et Deschamps.

Il se compose de deux parties : la première compte 2 ff. n. ch. et
xciiij ff. ch. (sign. aa-mm) ; la seconde, 64 ff. n. ch. (sign. A-H). Sur le
titre, une vignette d'un beau style, représentant s. Pierre ; c'est probablement la marque de Pierre le Bret.

Les gravures sont au nombre de cinquante-sept, y compris celles du
calendrier, mais sans compter plusieurs petites. La plupart portent les
initiales P. L. B., qui indiquent, tout au moins, qu'elles ont été faites spécialement pour Pierre le Bret. En effet, elles ne paraissent pas avoir été
employées dans d'autres livres d'heures. Elles sont d'un style un peu rude
et d'une exécution grossoyée. D'autres sont d'un travail plus fin, et sans
les initiales ci-dessus, mais celles-là non plus ne reparaissent nulle part
ailleurs.

Ces gravures sont d'ordinaire accompagnées de quatrains en vers français. On y trouve d'autres pièces en vers : *les Jours de la semaine mora-
lisez;* plusieurs hymnes à la Vierge, le *Chapelet* de Jésus et de la Vierge,
des Oraisons en couplets, etc. ; et, en prose, des enseignements d'après
Gerson, Jehan Quentin, docteur en théologie, etc.

Exemplaire sur VÉLIN, peut-être unique, mais malheureusement incomplet du feuillet lxxxiii (1re partie). Il provient de la bibliothèque de M. Cor-
bière, ancien ministre.

69. Horæ in ‖ laudem beatis‖simæ virginis Mariæ ad ‖ usum Ro‖
manum. ‖ *Venetijs in ædibus he‖redum Aldi Manutii Ro‖mani,
& Andreę Asulani ‖ soceri, mense Octobri* M‖DXXIX (1529),
*cum privilegio se‖renissimę Reipublicę Vene‖tę, Doge A. Gritti,
Clemen‖te VII & Carolo V Imp.* In-16, lettres rondes, de 158 ff.
et 2 ff. pour l'index ; velours rose ; dans un étui

Ce précieux livre d'heures était resté complètement inconnu avant l'apparition du présent exemplaire, auquel M. Didot a consacré une longue notice dans son *Catalogue raisonné* (n° 890).

Il est imprimé en rouge et noir. Au milieu du titre, il y a un écusson d'armoiries. Le calendrier est précédé d'une instruction pour supputer les diverses époques de l'année, rédigée par Alde l'Ancien.

On y trouve quatorze charmantes compositions gravées sur bois, et entourées d'encadrements d'une grande élégance ; elles sont ici recouvertes d'un coloriage exécuté avec le plus grand soin.

Exemplaire sur vélin, peut-être unique, mais incomplet des ff. 86 à 89, qui précèdent immédiatement les sept psaumes pénitentiaux.

III. SAINTS PÈRES. — THÉOLOGIENS.

70. **JUSTINUS (S.).** S. Justini philosophi et martyris Opera (en grec). *Lvtetiae, ex offic. Rob. Stephani, M.D.LI.* (1551). In-fol. ; veau brun, riches compart. et ornem., tr. cis. et dor. (*plats anc.*).

> Première édition, imprimée avec les beaux caractères de Garamond. Charmants en-têtes et initiales.
>
> Très bel exemplaire.

71. **EUSEBII** Pamphili Euangelicæ præparationis Lib. XV (en grec). *Lutetiæ, ex officina Rob. Stephani, typographi Regii, Regiis typis,* M.D.XLIIII (1544). — Eusebii Pamphili Euangelicæ demonstrationis Lib. X. *Ibid.,* M.D.XLV (1545). (A la fin :) *Excvdebat Robertvs Stephanvs Typographvs Regivs Lutetiæ Parisiorvm. An. M.D.XLVI* (1546). *Cal. April.* — En 1 vol. in-fol. ; peau de truie estampée, fermoirs en cuivre.

> Première édition et premiers livres imprimés avec les caractères grecs gravés par Garamond, dits *grecs du roi.* C'est un des chefs-d'œuvre typographiques de Rob. Estienne.
>
> Très bel exemplaire dans sa première et curieuse reliure, à l'effigie et aux armes d'AUGUSTE, DUC DE SAXE, un des plus marquants souverains de ce pays, mort en 1586. Le duc le donna en 1578 à Renier Bachov d'Echt, bourgmestre de Leipzig, banni ensuite de cette ville pour ses doctrines calvinistes.

72. **BASILIUS (S.).** (De Legendis libris secularibus.) Leonardi Arretini ad collucium salutatum ‖ præfatio in magni Basilii librum incipit fęli‖citer. (A la fin :) *Magnus Basili' de poetaɣ oratoɣ 'histori‖orumqꝫ ac ph'orum legendis libris vlmę ‖ impres-*

sus : ↋ per Martinum Brenningariu ‖ *(quo facilius intelligatur)*
rubricis titulisq₃ ‖ *interstinctus : fęliciter finit.* S. d. In-4, de
15 ff. n. ch. ; mar. La Vallière, fil. à fr., tr. dor. *(Hardy)*.

> Livre fort rare, imprimé à Ulm au xv⁰ siècle.
> Exemplaire grand de marges, mais avec qq. raccommodages.

73. **TERTULIEN.** Apologétique de Tertulien... avec des notes
pour l'éclaircissement des faits et des matières (trad. par
J.-B. Vassoult). *Paris, Jacques Collombat,* 1714. In-4 ; mar.
rouge, dent., tr. dor. *(rel. du temps)*.

> Ouvrage bien imprimé et orné du portrait de Louis XIV, par S. Tho-
> massin, d'après H. Rigaud, d'une vignette en taille-douce par P. Le
> Pautre, etc.
> Exemplaire en grand papier, et à la reliure aux armes de PHILIPPE
> D'ORLÉANS, régent.

74. **AMBROSIUS (S.).** D. Ambrosii Mediolanensis episcopi de
Officiis Libri tres. Cvm libris tribvs civsdem argvmenti
M. T. Ciceronis, respondentibus ē regione paginis collati.
Mogvntiae, excudeb. Ioannes Albinvs, Anno M. DCII (1602).
In-8 ; mar. vert.

> Exemplaire aux troisièmes armes et au chiffre de DE THOU.

75. **PROSPER (S.).** Sancti Prosperi presbyteri Aquitanici adversus inimicos gratiæ dei libellus, in quo & de gratia, & libero
arbitrio sententia diui Aurelii Augustini defenditur. Epistola
Aurelii Carthaginiensis episcopi contra Pelagianos. Romanorum pontificum authoritas de gratia dei pro Prospero adversus
Pelagianos. (A la fin :) *Excusum Moguntiæ in ædibus Joannis
Schœffer, mense septembri, anno* 1524. In-4, de 52 ff. ; veau
antiqué, comp. à froid, coins et tr. dor. *(Hagué)*.

> Joli encadrement au titre, et, au recto du dernier f., au-dessous du
> colophon, une belle marque de l'imprimeur.
> Cette édition n'est pas mentionnée au *Manuel,* et elle méritait de l'être,
> en raison de son importance pour l'histoire des origines de l'imprimerie.
> C'est un des rares volumes imprimés par Jean Schœffer, où il attribue
> l'invention de la typographie à son père et à son aïeul. Dans un avis au
> lecteur, placé à la fin, on lit, entre autres : « C'est ainsi que pour ne point
> dégénérer de mon aïeul maternel, Jean Fust, et de mon très cher père,
> Pierre Schœffer, tous deux citoyens de Mayence, *qui les premiers de tous
> inventèrent et mirent en œuvre la chalcographie* dans cette ville,... que je me
> suis efforcé, autant que je l'ai pu, de faire avancer cet art. »

76. GRÉGOIRE (S.). Les Morales de S. Grégoire Pape sur le Livre de Iob. Divisées en **XXXV** livres, compris en vi parties. Traduites en françois (par le sieur de Laval). *Paris, Pierre le Petit*, 1866, 1867, 1869. 3 vol. in-4; mar. rouge, comp. à fil., tr. dor. (*rel. du temps*).

Magnifique exemplaire réglé, orné d'un portr. gravé par K. Audran, d'après F. Chauveau.

77. LAPIDE (Joh. de). Resolutoriũ dubioꝛ circa celebrationẽ mis‖sarum occurentiũ. per venerabilẽ patrẽ dñꝫ ‖ Johannẽ de lapide doctorem. Theologum ‖ parisiensem. ordinis Cartusien-sis, ex Sacroꝛ ‖ canonum probatorumꝗ doctorum senten-‖tiis diligenter collectum. (Au 1° du dern. f. :) *Imõssum petragori-sensis per magistrũ Johannẽ carant. Anno domi‖ni. Millesimo. cccc.xcviij.* (1498). *Finit feliciter*. In-8, goth., de 24 ff. n. ch., sign. a-d par 6. — **MENALDUS DE ROSARIIS.** Reuerendi fratris menaldi de rosarijs theo‖logi parisiensis doctoris cla-rissimi carmelite ‖ de penitentijs et remissionibus egregium ‖ opusculum grauiores difficultates se‖cundum modernorum argentissi-‖mas disquisitiones clarissime ‖ complectens. curã animaꝛ ‖ habẽtibus ac confessio‖nes audiẽtibus sum‖me neces-sarium. (Au r° du dern. f. :) *Impresse petragore per magistrum. Iohannẽ ‖ carent. Anno dñi millesmo* (sic) *quingentesimo secũdo* (1502) ‖ *die vero. xv. mensis maij. Finit feliciter*. In-8, goth., de 38 ff. n. ch., sign. a de 8 ff., b à f par 6. — En 1 vol.; demi-rel., dos et coins de mar. vert.

Premiers livres imprimés à PÉRIGUEUX, inconnus à Brunet et à M. Deschamps, qui hésite même à admettre Jean Carant comme proto-typographe de cette ville, et, comme produit des presses locales, les *Constitutiones synodales*, de Cahors, imprimées par le même en 1503, et dont la bibliothèque Sainte-Geneviève possède un exemplaire.

Au-dessous du titre du premier opuscule est une grande gravure sur bois, à huit compartiments, représentant des scènes de la vie de la Vierge. Le grand titre, les intitulés des chapitres et les titres courants sont en caractères assez gros; le texte est imprimé avec des caractères assez menus.

Ce traité a eu maintes éditions au xv° siècle. Son auteur, Johannes de Lapide, n'est autre que Jean de la Pierre, de son vrai nom Jean Heynlin, originaire de Stein (ce qui signifie *pierre* en allemand), près Bâle, prieur de Sorbonne, ensuite chartreux.

C'est lui qui fut le promoteur de l'introduction de l'imprimerie dans la ville de Paris, qu'il installa à la Sorbonne même.

L'auteur du second traité, Menauld de Roziers, était un carme de Bordeaux, et prédicateur célèbre. Son épître dédicatoire au prieur de Citeaux, confesseur du roi, est datée *Ex Vasconia carmelitana provincialis*, du 1er janvier d'une année indéterminée. A la suite se trouve une lettre de recommandation adressée par frère Jean du Puys (*de Podio*) à Bernard de Casamajor, carmélite à Paris, et une *Expositio decretalis*, prononcée par Menauld de Roziers, le 2 avril 1405, à la Faculté de droit d'Orléans, et touchant à la confession.

Ce précieux volume provient de la bibliothèque Peignot (1852). On n'en connaît pas d'autre exemplaire.

78. **GUERRICUS.** Sermones antiqui, eruditionis et consolationis pleni, auctore Domĩo Guerrico Abbate Igniacensi, per Ioannem de Gaigny... nuper in lucem editi... *Parisiis, apud Gernasium Cheuallioniũ, sub signo diui Christophori commorantem,* 1539. In-8; mar. brun, comp., tr. dor. (*rel. du temps*).

Première édition des sermons de Guerric, abbé d'Igny dans la première moitié du xiie siècle, découverts par Jean de Gaigny ou de Gagni, recteur de Sorbonne, puis premier aumônier et prédicateur de François Ier.

Jolie reliure française du xvie siècle. Exemplaire réglé, avec la signature de Ballesdens sur le titre.

79. **BARELETA** (Gabr.). Sermões fratris Ga‖brielis Barelete Sacre pagine ‖ professoris divi ordinis ‖ fratrum Predica‖torum... (A la fin, avant la table:) *Sermones... impensis... Ioãnis Rynman de oringau in officina industrij Henrici Gran : in oppido imperiali hagenau ciuis impressi. decimo die Mēsis Octobri. Anno salutis nostre. M. D. xviiij.* (1518)... In-4, goth., à 2 col., cxcix ff. ch. et table; mar. rouge, fil., tr. dor. (*anc. rel.*).

Édition fort rare, imprimée à Haguenau. Curieux encadrement au titre.

Gabriel Barlet, fameux prédicateur dominicain du xve s., ainsi nommé du lieu de sa naissance (Barleta), bourg dans le Napolitain, a rempli ses sermons de quolibets et de plaisanteries plus propres à scandaliser qu'à édifier les fidèles.

Très bel exemplaire, bien relié. Au dos est collée une Tour, frappée en or sur un morceau de cuir. Note autographe de Mercier de Saint-Léger.

80. **MAILLARDUS** (O.). Quadragesimale opus de‖clamatum parisiorum vrbe ecclesia sancti ‖ Johannis in grauia : per venerabilem pa‖trem sacre scripture interpretem diuini verbi pre‖conem eximium : fratrem Oliuerium Maillardi or‖dinis fratrum minorum. Parisius sub eodẽ recol‖lectum : ac nouissime magno labore correctum im‖pressiꝗ traditum. *Anno.*

M.CCCCC.xv. (Marque de Jean Petit). (Au r° du f. clxxiiii, avant la table :) *Finis... sermonum quadragesimaliuȝ per... patrem Oliueriñ Maillardi ordinis minorum paris' Anno. M.CCCC.xcviij declamatorum... Opera Michaelis Lesclencher impensis vero honesti viri Johãnis Petit bibliopole Parisieñ. ĩpssoȝ. Anno M.CCCCC.xvj.* (1516). *De vero. xxv. Mẽsis Maij.* Pet. in-8, goth., à 2 col., de clxxiiii ff. ch. et 4 ff. de tables. — Diuini eloquii preconis celeber‖rimi fratris Oliuerii Maillar-‖di ordinis minorum profes‖soris. Sermones de ad‖uẽtu declamati Pa‖risius in ecclesia ‖ sancti Joan‖nis in gra‖uia. (Marque de J. Petit.) Prostant in edibus Joãnis petit. (Au v° du f. cxvj :) *Finis fructuosorũ sermonum... Impẽ‖sis vero Johãnis petit parisieñ. bibliopole. Anno domini. M.CCCCC.xv.* (1515). *penultima Nouembris.* Pet. in-8, goth., à 2 col., de cxvj ff. ch. et 5 ff. de table. — (Sermones quadragesimales, quos is ciuitate Nanetensi publice predicauit.) (A la fin de la table :) *Sermonum quadragesimaliuȝ Maillardi nuper impẽsis Johannis parui Parisiensis bibliopole impressioni traditorum. Finis.* Pet. in-8, goth., à 2 col., de 102 ff. ch. et 2 ff. n. ch. — En 1 vol.; mar. La Vallière, fil. à fr., milieu, tr. dor. (*Lortic*).

Édition rare des sermons du fameux cordelier Olivier Maillard, prédicateur de Charles VIII. La troisième partie, renfermant les sermons prêchés à Nantes, est dépourvue de titre.

Très bel exemplaire, presque non rogné.

81. MAILLARDUS (O.). Diuini eloquij ‖ preconis celeberrimi fratris ‖ Oliuerij Maillardi ordis‖minoru pfessoris., Ser-‖mones dñicales, vna ‖ cũ aliꝗbus aliis ser‖monibus val‖de vtilibus. (Marque de J. Petit.) *Venũdãtur prhisiis ĩ edi‖bus Johannis petit sub lilio ‖ aureo.* (Au r° du dern. f. :) ... *Parisius impẽsis Johannis petit bibliopole Parrisiensis. Anno domini Millesimo quingentesimo decimo quĩto* (1515), *pridie kalendas Decembris.* Pet. in-8, goth., à 2 col., de 108 ff. ch. et 84 ff. n. ch. — Summariũ quoddã sermonum ‖ de Sanctis per totũ anni circulũ... hactenus nusꝗ impresso ȝ Reuerẽ‖di patris fratris Oliuerii maillar‖di... Anno. m.cccc.xvi / exactissime reuisum ȝ impressum. (Marque de J. Petit.) *Venũdantur in vico sancti Jacobi a Joãne petit sub intersignio Lilii.* (Au r° du dern. f. :) ... *Impensis honesti viri Johãnis petit Parisienis bibliopole ... Anno domini millesimo quingentesimo decimo sexto* (1516). *Die v°o vigesima prima Februarij.* Pet. in-8, goth., à 2 col. de 151 ff. ch.

Ensemble 2 vol.; mar. rouge, large dent., tr. dor. (*Padeloup*).

Sermons différents des précédents.

Exemplaire revêtu d'une charmante reliure, parfaitement conservée. Il provient de la bibliothèque Solar, et contient une note autographe de Mercier de Saint-Léger.

82. RAULIN (Joannes). Collacio habita in ‖ publico conuētu clu‖-niacēsiū ordinis sanc‖ti benedicti per pre‖stantissimū sacre pa‖gine professorem ma‖gistrum Joannē rau‖lin parisiensém. Nūc ‖ vero professum monachum ciusdē monasterii de p‖fecta religionis plantatione incremento et instau=‖ratione. Carmen saphicum enee siluii ‖ alias pij pape in passionē cristi. (A la fin :) *Tractatus Impressus Parisius per magistrū ‖ Guidonem Mercatorem commorante* (sic) *in Bel‖louisu. Anno domini* 1499. *Die decima sexta no‖uembris.* Pet. in-8, goth., de 20 ff.; mar. La Vallière, fil. à fr., tr. dor. (*Duru*).

Petit volume fort curieux, extrêmement rare et non cité au *Manuel*.

Au verso du titre, une gravure sur bois, représentant Adam et Ève. En tête des vers d'Eneas Silvius, une autre gravure : Jésus en croix. La dernière page ne porte que la marque de l'imprimeur Guy Marchand.

Avant le texte, se trouve une épître de Sébastien Brant à Christophe de Utenheim, chanoine de Bâle, épître qui donne des renseignements sur l'origine de cet opuscule et sur son auteur, né à Toul, célèbre théologien et prédicateur, directeur du collège de Navarre, et enfin moine bénédictin de Cluny. La réputation de Raulin, comme prédicateur, est égale à celle de Barlette, de Maillard et de Menot. Rabelais fit entrer dans le *Panta-gruel* un des contes dont ses sermons sont émaillés. A la suite du texte de sa conférence sur la réforme et le relèvement de cet ordre, tenue à un couvent capitulaire, on lit deux distiques de Brant et plusieurs épitres apocryphes relatives à Jésus-Christ.

La première édition avait paru à Bâle, en 1498.

Magnifique exemplaire, très pur et presque non rogné.

83. BOSSUET. Recueïl d'oraisons funèbres composées par messire Jacques-Benigne Bossuet. *Paris, veuve Sébastien Mabre-Cramoisy,* 1689. In-12, veau racine, fil. (*anc. rel.*).

Première édition des six grandes oraisons funèbres réunies.

84. BOSSUET. Sermon presché à l'ouverture de l'Assemblée générale du clergé de France, le 9 nov. 1681, à la messe solennelle du Saint-Esprit. *Paris, Federic Leonard,* 1682. In-4, de 74 pp.; cuir de Russie, fil. tr. dor. (*Petit*).

Édition originale.

Exemplaire d'envoi : *Pour Monsieur le comte d'Auvergne* de la main de

BOSSUET. On y a ajouté quatre pages d'exercices d'un écolier, probablement du Grand Dauphin, avec des corrections de Bossuet.

85. MASSILLON. Sermons de M. Massillon, évêque de Cler-
mont, ci-devant Prêtre de l'Oratoire, l'un des quarante de
l'Académie françoise. Petit carême. *Paris, J.-Th. Hérissant et
les frères Estienne,* 1754. In-8; mar. rouge, fil., tr. dor. (*anc.
rel.*).

Exemplaire aux armes de la dauphine MARIE-JOSÈPHE DE SAXE,
mère de Louis XVI, et fille d'Auguste II, roi de Pologne.

86. GERSON (?). (Joannis Gerson cangellarii (*sic*) parisiensis De
imitatione Christi...) (A la fin :) *Venetiis per Bernardinū bena-
liū.* S. d. (v. 1488). In-4, goth., à 2 col., de 2 ff. prél. (table)
et 48 ff. non ch.; vél. blanc.

Édition non citée. Elle est, comme on voit, au nom de Gerson.

87. RETZA (Franc. de). Comestorium vitiorum. (Au vᵒ du f. 281,
avant la table :) *Hic Codex egregius Comestorij viciorum ‖ Sacre
theologie professoris eximij Franci-‖sci de Retza ordininis predi-
catorum finit fe‖liciter. Nuremberge. Anno ꝛc̃.lxx.* (1470)
patro=‖naꝝ formaꝝqꝫ cōcordia et ꝑporcōe impssus. Gr. in-fol.,
goth., à 2 col.; mar. brun estampé, coins et fermoirs en cuivre (*rel. du temps*).

Précieux et rare volume, qui est le premier livre avec date certaine
imprimé à Nuremberg par Jean Sensenschmidt, peut-être de concert avec
Henri Keffer, élève de Gutenberg.

Superbe exemplaire, dans sa première reliure, avec un titre point
ajouté, et de belles initiales enluminées. Il provient des doubles de la
bibl. de Lubeck, et c'est celui qui a servi à M. Deschamps pour sa description dans le *Dictionnaire de géographie.*

JURISPRUDENCE

88. **BECCARIA** (Ces.). Dei Delitti e delle pene. Nuova edizione, corretta ed accresciuta. *Nella stamperia di Fr. Amb. Didot, Parigi, a spese di Gio. Cl. Molini, librajo,* 1780. In-8; mar. rouge, fil. et tr. dor.

> Exemplaire sur VÉLIN de cet ouvrage célèbre.

89. **BALDUS**. Consuetudines feudorum. (A la fin :) *Hic feudox usus liber una cū apparatu. suis rub-cacionibus peroptime distinctus per venerabilem... Argentinēsis ciuitatis... dūm Heniricū Eggesteyn artis impressorie pitissimū... Anno M. CCCC. lxxij.* (1472) *xvij. kl. Octobris.* In-fol., goth., à 2 col., de 46 lig., 38 ff. non chiff. ; demi-rel. mar. br.

> Édition non citée et l'une des premières.

90. Traitez et advis de qvelqves Gentils-Hommes François, sur les Duels et Pages de Bataille. Asseavoir, de Messire Oliuier de la Marche, de Messire Iean de Villiers Sʳ de Lisleadam, de Messire Hardouin de la Iaille : Et autres escrits sur le mesme suiet non encor' imprimez. *Paris, Iean Richer,* 1586. In-8; veau fauve, fil.

> Volume fort rare et non cité.

91. Code de la librairie et imprimerie de Paris..... *Paris, aux dépens de la Cōmmunauté,* 1774. In-8; mar. vert, fil., tr. dor. (*rel. du temps*).

> Exemplaire en papier fin, ayant appartenu à M. LENOIR, lieutenant général de police, dont il porte les armes.

92. Les Covstvmes dv dvché et bailliage de Chartres, Pays Chartrain, Perche-Govet, Baronnies et Chastellenies d'Alluye, Brou, Mōtmiral, Authun, et la Bazoche-Goüet, estans audict Perche-Goüet, dictes les Cinq Baronnies. Auec les Commentaires, Apostilles, et Annotations de M. Charles dv Movlin..., feu M. Gilles Tvlove... Et de M. Nicolas Frerot... à présent

Bailly de Gallardon... *Paris, Franç. Huby,* 1604. In-4; demi-rel. mar. rouge, tête dor.

Édition fort rare, dédiée à Henri Hurault, comte de Cheverny, fils du chancelier de ce nom.

93. **Les Trois coustumes voisines de Chasteavnevf, Chartres, et Dreux,** avec les notes de M. Ch. Dv Movlin : et annotations du sieur Dv Lorens, président Bailly-Viconte dudit Chasteauneuf. *Imprimé à Chartres et se vend à Paris, chez la veuve Clousier,* 1679. — Les Covstumes de Chartres, pays chartrain et Percho Govet avec les notes de M. Ch. Dv Movlin : et annotations du sieur Du Lorens, président Bailly-Viconte de Chasteau-neuf. *Chartres, Michel Georges,* 1645. — Les Covstumes de Bailliage et Comté de Dreux, avec les notes, etc. *Chartres, Michel Georges,* 1645. — En 1 vol. in-4; veau br.

Bel exemplaire, qui faisait partie de la bibliothèque du célèbre REGNARD, dont il porte la signature. C'est un des rares livres de jurisprudence que le célèbre poëte fut obligé d'avoir pour exercer sa charge de bailli de Dourdan.

On remarque aussi, parmi les pièces préliminaires, une poésie de Rotrou, adressée à Du Lorens, que nous ne croyons pas avoir été reproduite ailleurs.

94. **Les Taux que prendront** ‖ les gens de Iustice au pays de Daulphiné, pour leur ‖ uaccations & labeurs, tant en Parlement, Bail-‖liages, Seneschaulcees, que aultres inferieu‖res iurisditiõs, Ordõnez par le Roy ‖ Daulphin sur laduis de la Court ‖ de Parlemõt du Daulphiné. ‖ Publiez à Grenoble le ‖ iiii. de Nouembre, ‖ M.D.XLI (1541). *Imprimé à Vienne par Mathias Bonhomme, demeurant pres la Table ronde. Auec priuileige.* (A la fin :) *Les Taux des proces du pais de Daulphine, furent acheuez de imprimer a Vienne par Mathias Bonhôme le .xxiiij. de Decëbre M.D.xli* (1541). In-4, de 16 pp.; mar. La Vallière, jans., tr. dor. (*Lortic*).

Édition fort rare et non citée.

95. **LE VICOMTE** (Fréd.). Apologia Frede‖rici le Viconte. (Au v° du f. 46 :) *Apologie Frederici le Viconte Aduocati ‖ Rothomagi commorantis cõsuetudinarium ‖ esse iuristam finis que impressa extitit non cõ‖temnendis caracteribus opera atq̃ impensa ‖ Magistri Martini Morin fidelissimi bibliopo‖le atq̃ cultissimi pressoris ĩ edibus suis e regio‖ne diui Laudi Rotho-*

magi. caracteribus certe ‖ quos nec antea normanna pressura experta ‖ fuit. Anno domini millesimo quingentesimo ‖ septimo (1507) *mense octobri.* Pet. in-8 carré, de 47 ff. non ch.; mar. rouge, jans., tr. dor. (*Lortic*).

M. Frère (*Bibliographe normand*) a signalé le premier cette plaquette de toute rareté qui, comme on le voit, est le premier volume imprimé en caractères ronds par des presses normandes.

Au verso du titre est une épître dédicatoire à Antoine Bouhier (Bohierus), abbé de Fécamp et président du parlement de Normandie, auquel est aussi adressée une péroraison finale, suivie d'une épître aux juristes, ses confrères. Le volume est pourvu d'un répertoire de matières qui occupe onze pages. La page en regard du colophon offre des distiques de l'auteur à son propre livre. Le verso est blanc.

96. **CORAS** (Jean de). Arrest mémorable dv Parlement de Tholose. Contenant vne Histoire prodigieuse d'vn supposé mary, aduenuë de nostre temps; enrichie de cent et onze belles et doctes annotations, par M. Iean de Coras. *Paris, Galliot du Pré,* 1572. In-8, front. gr. sur bois. — Paraphrase svr l'edict des mariages clandestinement contractez par les enfans de famille contre le gré et consentement de leurs pères et mères. Par M. Iean de Coras. *A Paris, Galliot du Pré,* 1572. In-8; front. gr. sur bois. — En 2 vol.; veau fauve, ornem. sur les plats.

L'arrêt a été rendu en 1560 contre Arnaud du Thil, dit Pansette, se supposant Martin Guerre.

97. Pragmatica sanctio vna cū repertorio īgeniose se‖cundū alphabeticū ordinē cōpilato ad glosarū materias ‖ facilius inueniendas. (Marque de J. Petit.) (Au vᵒ du f. ccv, avant la table :) *Finiunt decreta Basiliensia necnō Bituricensia... Impressaq͝ Parisius per Philippum pigouchet : impensis Johannis parui bibliopole Parisiensis... M .cccciij* (1503) *die vero p̄ma Aprilis. ante pascha.* (Au vᵒ du dern. f.., au-dessous de la marque de Pigouchet :) *Venduntur Parisius in vico sancti Jacobi ‖ in habitaculo Johānis parui librarii Parisieñ...* In-8, goth.; demirel. mar. rouge, tr. dor.

Édition extrêmement rare. Le répertoire alphabétique ajouté à la fin est de Pierre Cambafort, licencié ès lois.

Très bel exemplaire, avec la signature *Johannis Macé et amicorum,* de qui aussi sont les notes manuscrites marginales.

SCIENCES ET ARTS

I. SCIENCES PHILOSOPHIQUES ET POLITIQUES.

98. (DU HAMEL, J.-B.) Philosophia vetus et nova ad usum Scholæ accommodata, iu regia Burgundia olim pertractata. *Parisiis, apud Steph. Michallet,* 1681. 6 vol. in-12; mar. rouge, fil., tr. dor. (*rel. du temps*).

> Ouvrage composé par l'ordre de Colbert.
> Exemplaire de dédicace, aux armes et au chiffre de Jacques-Nicolas Colbert, fils du grand ministre, archevêque de Rouen. Charmante reliure, très fraîche.

99. MAJOLI (Laur.). Epiphyllides in dialecticis. *S. l. n. d.* In-4, de 54 ff. non chiff. — De cõuersione propositionũ cuiuscũq; generis secũdum peripateticos. (A la fin :) *Venetiis in domo Aldi Romani mense Julio, M.iii.D* (1497). In-4, de 72 ff. non ch. — Quaestio Auerrois in librum priorum traducta per Heliam hebraeum. In-4, de 31 ff. n. ch. plus 1 f. pour le registre des réclames, commun aux trois ouvrages. — En 1 vol. in-4 ; chagr. violet, doublé de mar. rouge, compart., tr. dor. (*Girardet*).

> Volume extrêmement rare, précieux pour la collection des Aldes.
> Laurent Majoli, professeur de philosophie à Ferrare, était probablement frère du bibliophile Thomas Majoli.

100. SEXTI Philosophi Pyrrhoniarum hypotypωsεων libri III,... Græcè nunquam, Latinè nunc primùm editi, Interprete Henrico Stephano. *Anno M.D.LXII* (1562) (*Genève.*) *Excudeb. idem Henricus Stephanus, illustris viri Hvldrici Fvggeri typographus.* In-8 ; mar. vert, fil. à fr., tr. dor. (*Lortic*).

> Première édition, dédiée à Henri de Mesmes. Très joli exemplaire.

101. **IAMBLICHUS de** Mysteriis Ægyptiorum, Chaldæorum, Assyriorum. Proclus in Platonicum Alcibiadem de anima, atq; demone. Proclus de sacrificio, et magia,... etc., etc. *Venetiis in aedibus Aldi, et Andreae soceri mense novembri M.D.XVI* (1516). In-fol.; dos mar. rouge, plats veau rouge.

Seconde édition, plus complète que la première.

102. **CICÉRON.** Les Qvestions tusculanes de Marc Tulle Ciceron : Nouuellement traduictes de Latin en Francoys,·Par Estienne Dolet. *A Lyon, chès Sulpice Sabon, pour Antoine Constantin,* 1549. Pet. in-8 ; veau antiqué, fil. à froid, ornem. et tr. dor.

Édition rare. On y trouve beaucoup de morceaux en vers.

103. **GEORGII** Diaconi et Pachymeri epitome logicæ Aristotelis (en grec). *Parisiis, apud Vascosanum...* 1548. In-4, de 71 ff.; mar. rouge, fil. à fr. (*Lortic*).

Volume très rare. Exemplaire relié sur brochure.

104. **FLAMINIUS (M. Ant.).** Paraphrasis in duodecimum Aristotelis librum de prima philosophia. *Lutetiæ Paris., per Nicolaum Divitem,* 1547. In-8, de 59 ff.; vélin blanc.

Opuscule fort rare. Exemplaire aux premières armes et au chiffre de Jacques-Auguste DE THOU.

105. **SENÈQUE (L. A.)** Les cuures de Seneque. ‖ Translateez de latin en francoys par maistre laurens de premier fait. (Au vᵉ du dern. f. :) *Imprimees a paris pour Anthoine verard marchant et libraire Demourant a paris en la rue Sainct Jacques pres petit pont...* S. d. Pet. in-fol., goth., à 2 col.; mar. rouge, fil., bordure à fr., tr. dor. (*Lortic*).

Édition extrêmement rare, qui doit avoir paru entre l'année 1500 et le 20 septembre 1503, période pendant laquelle Vérard est resté à cette adresse.
Très bel exemplaire.

106. **SYDRACH.** Sidrach le grāt‖philosophe Fô‖taine de toutes‖ sciences, cōte=‖nant mille. nonante et quatre demandes et les solutiōs dicelles. Comme il appert par la table ‖ cy apres mise. Imprime nouuellemēt a Paris... (A la fin :) ... *nouuellement imprime a paris / par la veufue feu Iehan trepperel / et Iehan iehannot Imprimeur et libraire iure en luniuersite de Paris. De-*

mourant en la rue neufue nostre dame. A lenseigne de lescu de
France. S. d. (entre 1511 et 1520). In-4, goth., à 2 col., fig. s.
b. ; mar. vert, fil. à fr., tr. dor. (*Capé*).

Ouvrage peu connu, dont l'original est attribué au juif Sydrach, mais
qu'on croit avoir été composé vers la fin du xiii° siècle par un médecin
arabe converti au christianisme. Il fallait vraiment une imagination bien
fertile pour rédiger mille quatorze questions et autant de réponses, les
unes ineptes, d'autres sangrenues, d'autres, enfin, plus que scabreuses.
On ne saurait se faire idée d'un pareil salmigondis où, par-ci par-là, on
relève quelques idées et quelques passages remarquables; son succès a
pourtant été immense.

Édition fort rare. Bel exemplaire, sauf le titre qui est un peu plus
court dans le bas et a une marge rapportée.

107. **BOETIUS** (An. M. T. S.). De Consolatione philosophiæ libri
quinque : recensuit, emendavit, edidit Johan. Eremita (Debure
Saint-Fauxbin). *Parisiis, Lamy,* 1783. 3 vol. in-12, fig.; mar.
vert, fil., tr. dor. (*Derome*).

Délicieux exemplaire.

108. **THYARD** (P. de). Solitaire premier, ov dialogve de la
fvrevr poétiqve. Par Pontus de Tyard, Seigneur de Bissy.
Seconde Édition, augmentée. *A Paris, Chéz Galiot du Pré....*
S. d. In-4, caract. ital.; mar. rouge, comp., tr. dor. (*Lortic*).

Volume rare. Joli encadrement au titre. La dédicace à *Catherine de
Cleremont, contesse de Ruiz,* est datée du 1er avril 1575.
Très bel exemplaire. Deux marges rapportées au titre.

108 *bis.* **THYARD** (P. de). Solitaire second, ou prose de la musique. *Lion, Jan de Tournes,* 1555. In-4, car. ital.; mar. rouge,
comp., tr. dor. (*Lortic*).

Première édition connue. Au verso du titre, renfermé dans un cadre
délicieux, est le portrait de l'auteur à l'âge de trente-un ans, gravé sur
bois. C'est un des plus anciens travaux modernes sur la théorie musicale,
tiré des musiciens grecs.
Magnifique exemplaire.

109. **LA ROCHEFOUCAULD** (Fr. de). Réflexions ou sentences
morales. Sixième édition augmentée. *Paris, Claude Barbin,*
1693. In-12; mar. bleu, fil. et tr. dor. (*Lortic*).

Édition posthume. Très bel exemplaire.

110. LA BRUYÈRE. Les Caractères de Théophraste et de La
Bruyère avec des notes par M. Coste. Nouvelle édition. *Paris,
Hochereau*, 1765. In-4 ; mar. rouge, fil., tr. dor. (*anc. rel.*).

Exemplaire sur *papier de Hollande*, avec un beau portrait de La
Bruyère, gravé par Cathelin. Charmantes vignettes d'après H. Gravelot.

111. AMELOT DE LA HOUSSAYE. Réflexions, sentences et
maximes morales mises en nouvel ordre, avec des notes politiques et historiques, par M. Amelot de la Houssaye. *Paris,
Étienne Ganeau*, 1714. In-12, front. gravé; mar. rouge, fil. et
tr. dor. (*Lortic*).

Ouvrage rare du célèbre publiciste. Très joli exemplaire.

112. ARC (le chev. d'). Mes Loisirs. Nouvelle édition revue, corrigée et augmentée. *A Paris, chez Desaint et Saillant, et
Vincent,* 1756. In-8 ; mar. rouge, fil., tr. dor. (*anc. rel.*).

Le nom de l'auteur de ce recueil de maximes se trouve à la fin de
l'épître dédicatoire au comte d'Argenson, ministre de la guerre. Il finit à
la page 230 et est suivi de deux opuscules : l'*Apologie du genre humain* et
l'*Esprit philosophique*, pourvus chacun d'un faux-titre.
Exemplaire aux armes du DUC DE PENTHIÈVRE.

113. SABATIER DE CASTRES. Dictionnaire des passions, des
vertus et des vices, ou Recueil des meilleurs morceaux de
morale pratique, publié par Sabatier de Castres. *Paris*, 1769.
2 vol. in-8 ; mar. rouge, fil., tr. dor. (*anc. rel.*).

Exemplaire aux armes de la COMTESSE D'ARTOIS.

---

114. RODERICUS SANCIUS. (Speculum humane vite... editus
a Rodorico zamorensi episcopo.) (A la fin, avant la table :)
*Impressum parisius anno dñi M.cccc.lxxv (1475), die prima ‖
mensis Augusti per Martinū Crantz. Vdalricū gering. ‖ et
Michaelem friburger.* In-4, semi-goth. ; cart. à dos de vél.

Une des éditions les plus rares, due à l'association des trois proto-
typographes de Paris.

115. RODERICUS SANCIUS. (Speculum humane vite... editus
a Rodorico Zamorēsi et postea Calagaritano hispano eiusdē
sanctitatis in castro suo sancti Angeli castellano.) (A la fin, six

vers commençant ainsi : *Edidit hoc linque clarissima norma
.atine* et finissant par ces mots : *Eloquii it superos gloria parta
uiri.*) *S. l. n. d.* (1475). Pet. in-fol., à 2 col., de 116 ff. ; mar.
rouge, fil., tr. dor. (*anc. rel.*).

Édition faite par Pierre de Keysere (Cæsaris) et Jean Stoll, fondateurs
de la seconde imprimerie parisienne, dont les produits sont de toute
rareté.

Exemplaire du duc de La Vallière, presque à toutes marges, mais avec
qq. piq. de vers.

116. MORUS (Th.). Libellus vere aureus nec minvs salvtaris
quam festiuus de optimo reip. statu deq; noua Insula Vtopia,
authore clarissimo viro Thoma Moro... cura M. Petri Ægidii
Antuerpiésis. *Et arte Theodori Martini Alustensis, Typographi
almæ Louaniensium Academiæ nunc primum accuratissime
editus.* S. d. (1516). In-4 ; veau fauve, dos de veau noir.

Première édition de cet ouvrage célèbre. Au verso du titre, une grande
gravure représentant l'île de l'Utopie. C'est une des rares impressions de
Thierry Martens, typographe de Louvain.

117. CASTIGLIONE (B.). Balthasaris Castilionis comitis libri IV
de Curiali sive aulico ex italico in latinum conversi, interprete
B. Clerke, recensuit Sam. Drake. *Cantabrigiæ, Typis acade-
micis,* 1713. In-8 ; mar. rouge, comp., à fil., orn., tr. dor. (*rel.
du temps*).

Traduction latine du célèbre livre du *Courtisan.*

Exemplaire en grand papier de Hollande, revêtu d'une magnifique
reliure, faite par un artiste anglais qui commença ce genre de décoration
des plats des volumes sous le roi Charles II.

118. GUEVARA (Ant.). Libro llamado Menosprecio de Corte y
Alabança de aldea, compuesto por el illustre señor don Antonio de Guevara... de nouueau mis en francois par L. T. L.
(Louis Truquet Lyonnois), auquel auons adiousté l'Italien...
Pour plus grand enrichissement de cest œuure, y ont esté
adioustés les vers francois des Euesques de Meaux & de Cambray, & les latins de N. de Clemēges, docteur en Théologie,
sur la grande disparité de la vie rustique auec celle de cour.
(*Genève.*) *M.D.XCI* (1591), Jean de Tournes. In-16, à 2 col. ;
mar. rouge, fil. à fr., tr. dor. (*Hardy*).

Édition fort rare, en trois langues. Le texte espagnol est en romain,
le français, en caractères dits *de civilité,* et l'italien, en italique.

Très joli exemplaire.

119. GUEVARA (Ant.). Mespris de la cour et louange de la vie rustique, composé premierement en espagnol, par D. Ant. de Guevare, évesque de Mondognedo, et depuis traduit en italien, françois et allemand. (*Genève.*) *Par Jean de Tournes,* 1605. In-16; mar. rouge, fil., tr. dor. (*Thompson*).

> Imprimé en quatre langues; la traduction française est en caractères de *civilité.* Rare.
> Très joli exemplaire, aux armes du marquis de Morante.

II. SCIENCES PHYSIQUES, NATURELLES ET MÉDICALES.

120. MEIGRET (L.). Discours de Louis Meigret touchant la creation du monde et d'un seul createur par raisons naturelles. *Paris, André Wechel,* 1554. In-8; mar. rouge, comp.

> Fort rare.

121. PASCAL (Blaise). Traitez de l'Éqvilibre des liqvevrs, et de la pesantevr de la masse de l'air..., par Monsieur Pascal. *Paris, Gvillavme Desprez,* 1663. In-12, avec pl. sur cuivre; mar. La Vallière, fil. à fr., tr. dor. (*Lortic*).

> Première et rare édition. Exemplaire du président Crozat.

122. PRIEZAC (Sal. de). L'Histoire des Éléphans, par Salomon de Priezac sieur de Sauguës. *Paris, Charles Sercy,* 1650. Pet. in-12; front. gr.; mar. rouge, riches compart., tr. dor. (*Simier*).

> Volume recherché et très rare. Exemplaire de Ch. NODIER.

123. DAIGUE (E.). Singvlier ‖ Traicte / Contenãt la propriete des Tor‖tues / Escargotz / Grenoilles / &c. Ar‖tichaultz, Compose par Estien‖ne Daigue Escuyer / Seigñr ‖ de Beaulnais en Berry. *On le vend par Galliot du Pre... Et par maistre Pierre Vidoue.* (*Paris,* 1530.) Pet. in-4; mar. vert, fil. et tr. dor. (*anc. rel.*).

> Rare. Bel exemplaire.

124. Libri de Re rustica M. CATONIS lib. I. M. Terentii VARRONIS libri III. L. Iunii Moderati COLUMELLÆ lib. XII. PALLADII

lib. XIIII. *Venetiis, in aedibus Aldi et Andreæ soceri mense maio* M.D.XIIII. In-4 ; parch.

Première édition aldine, imprimée avec les caractères d'écriture cursive. On y trouve une très curieuse épître du célèbre Fra Giocondo au pape Léon X, traduite par M. Didot, dans son *Alde Manuce,* pp. 372-373.

125. PALLADII Rvtilii Tavri Æmiliani, viri illvstris, de re rvstica libri XIIII. *Parisiis, ex offic. Rob. Steph.* M.D.XLIII (1543). — Petri VICTORII explicationes svarvm In Catonem, Varronem, Colvmellam castigationvm. *Parisiis, ex offic. Rob. Stephani. M.D.XLIII* (1543). — En 1 vol. in-8 ; veau fauve, fil. et tr. dor.

Très bel exemplaire.

126. ESTIENNE (Ch.). Praedivm rvsticvm, etc. *Lvtetiæ, apud Carol. Stephanum, M.D.LIIII* (1554). In-8 ; mar. La Vallière, compart. à fil. à fr., ornem. et tr. dor. (*Lortic*).

Texte original de sa célèbre *Maison rustique.* Très bel exemplaire.

127. (MAUPERTUIS, M. de.) Dissertation physique à l'occasion du Nègre blanc. *Leyde,* 1744. In-8 ; veau rac., fil., tr. dor. (*anc. rel.*).

Exemplaire aux armes du duc D'AUMONT, pair de France, possesseur d'une bibliothèque célèbre.
On y a ajouté le portrait du prétendu nègre blanc.

128. PORTA (J.-B.). Io. Baptistæ Portæ neapolitani de humana physiognomonia libri IIII ad Aloysium card. Estensem. *Vici Æquensis, apud Ios. Cacchium,* 1586. In-fol. ; mar. rouge, fil. à fr., tr. dor. (*Duru*).

Première édition de cet ouvrage célèbre. Elle contient un grand nombre de figures sur cuivre représentant les types humains en rapport avec ceux des animaux. C'est un des premiers livres imprimés à Vico-Equense ou Vico di Sorrente, dans le royaume de Naples. Beaux portraits de l'auteur et du cardinal Aloïs d'Este, gravés en taille-douce.

129. CUREAU DE LA CHAMBRE (M.). Novæ Methodi pro explanandis Hippocrate et Aristotele specimen, clarissimis scholæ parisiensis medicis, Marinus Curæus de La Chambre.

Parisiis, apud P. Rocolet, 1655. In-4 ; mar. rouge, riches comp., tr. dor. (*anc. rel.*).

A la suite des Aphorismes d'Hippocrate, vient la Physique d'Aristote, en grec et en latin, suivie d'une traduction française non terminée.

Exemplaire offert à Becdelièvre, premier président du Parlement de Paris, par la Faculté de médecine. La reliure est à ses armes, et elle est digne de Le Gascon.

130. De Conseruanda bona valetvdine, scholæ Salernitanæ opusculum : Cum Arnoldi Nouicomensis, Medici et Philosophi celeberrimi, breuibus et luculentis Enarrationibus. Accuratiùs iam et emendatiùs edita per Ioannem Curionem et Iacobum Crellium... (A la fin :) *Franc. Apud Chr. Egenolphum.* M.D.LIII (1553). In-8 ; mar. rouge, fil., tr. dor. (*Trautz-Bauzonnet*).

Livre fort rare et non cité, orné d'un grand nombre de curieuses figures sur bois, dont quelques-unes doivent être de Schäufelein.

Magnifique exemplaire, de la bibl. Yemeniz.

131. LESSIUS (L.) et CORNARO (L.). Le Vray Regime de vivre povr la Conservation de la santé du Corps & et de l'Ame, & du parfait vsage du Jugement, de la Memoire, & de tous les sens iusqu'à vne extreme vieillesse, sans l'vsage d'aucune medecine... composé en Latin par le R. P. Leonard Lessivs. Ensemble vn traitté de Lovis Cornaro... sur le mesme sujet. Le tout traduit en François par Sebastien Hardy, Parisien. Reueu, corrigé & augmenté d'annotations en marge, & de la vie admirable dudit Cornaro, & des tesmoignages des Auteurs qui en ont parlé. *Paris, Gervais Clovsier,* 1646. In-8 ; mar. rouge, comp. à fil., ornem. tr. dor. (*rel. du temps*).

Rare et non cité.

132. MACER FLORIDUS. De ‖ viribus herbaƶ. *S. l. n. d.* Pet. in-4, goth., de 52 ff., dont le dern. est blanc ; mar. rouge, coins et milieu, tr. dor. (*Capé*).

Description en vers des plantes et de leur application dans la thérapeutique.

Édition de la fin du xvᵉ siècle, citée par Brunet d'après Hain, et rarissime. Elle est ornée de nombreuses figures sur bois. Au-dessous du titre une grande gravure qui est répétée aussi au verso.

Magnifique exemplaire, très pur.

133. Ortus Sanitatis ‖ De herbis ꝝ plantis ‖ De Animalibus ꝝ rep-

tilibus ‖ De Auibus ꝝ volatilibus ‖ De Piscibus ꝝ natatilibus ‖
De Lapidibus ꝝ in terre venis nascētibus ‖ De Urinis ꝝ earum
speciebus ‖ Tabula medicinalis Cum directorio ‖ generali per
omnes tractatus. *S. l. n. d.* In-fol., goth., à 2 col. ; fig. s. bois ;
ais de bois recouv. de cuir de Cordoue.

> Véritable encyclopédie d'histoire naturelle et de médecine, ornée de
> plusieurs centaines de curieuses gravures sur bois.
> Édition fort rare, décrite par Hain au n° 8942. Très bel exemplaire,
> ayant appartenu au xvi° siècle à l'église cathédrale de Gorinchem, en
> Hollande.

134. QUESNAY (Fr.). Traité de la suppuration, par M. Quesnay,
médecin consultant du Roy. *Paris, chez d'Houry père,* 1749.
In-8 ; mar. rouge, fil. et tr. dor. (*anc. rel.*).

> L'auteur de ce volume n'est autre que le célèbre médecin de Louis XV
> et de Mᵐᵉ de Pompadour, et le fondateur de la science, alors nouvelle,
> qu'il nomma *économie politique.*
> Exemplaire de dédicace, aux armes du maréchal DE NOAILLES.

135. PRÆFECTI (Jacobi), Netini, philosophi et medici siculi, de
Diversorum Vini generum natura liber, cum indice copiosis-
simo. *Venetiis, Jord. Zilleti,* 1559. Pet. in-8 ; veau fauve (*anc.
rel.*).

> Plus de cent espèces de vins sont décrites dans cet ouvrage, sous forme
> de dialogues.

136. BACCIUS (A.). De Naturali Vinorum Historia de vinis
Italiæ et de conuiuiis antiquorum libri septem Andreæ Baccii ;
accessit de factitiis ac cerevisiis de q. Rheni, Galliæ, Hispaniæ
et de totius Europæ vinis et de omni vinorum usu compen-
diaria tractatio. *Romæ,* 1596. (Au v° de l'av.-dern. f. :) *Romæ.
Ex Typographia Nicolai Mutij.* M.D.XCVII (1597). In-fol. ;
titre gravé ; veau fauve, fil., tr. dor. (*anc. rel.*).

> Livre aussi rare que recherché, consacré à tout ce qui est relatif aux
> vins. Portrait de l'auteur sur le titre.
> Exemplaire aux armes du comte D'HOYM. Titre doublé.

III. SCIENCES MATHÉMATIQUES ET MILITAIRES.

137. THEODOSIJ Tripolitæ sphæricorvm, libri tres, nvnqvam antehac græce excusi. Iidem latinè redditi per Ioannem Penam Regium mathematicum... *Parisiis, apud Andream Wechelum...,* 1558. In-4; chagrin vert, comp. à fil., tr. dor. (*Frabuly*).

> Première édition, fort rare, dédiée au cardinal Charles de Lorraine. Les caractères grecs sont presque microscopiques et fort jolis.

138. CLAVIUS (Chr.). Christophori Clavii Bamb. (Bambergensis) ex Societate Jesu, in Sphæram Joannis de Sacro Bosco commentarius... *Coloniæ Allobrogum, Apud G. Crispinum,* 1608. In-4; fig. sur bois; mar. rouge, riches compart., tr. dor. (*anc. rel.*).

> Très jolie reliure, parsemée de fleurs de lis d'or, et aux armes de la DUCHESSE DE LONGUEVILLE.

139. REGIOMONTANUS (Joh.). Avreus liber (Calendarium). (*Venise.*) 1476. Gr. in-4; fig. sur bois; vélin blanc.

> Calendrier dû au célèbre astronome allemand Jean Muller, dit *Regiomontanus.*
>
> Édition remarquable, dit Brunet, par son frontispice, qui porte la date de l'impression et les noms des imprimeurs, chose inusitée jusqu'alors. Ce frontispice, imprimé dans un cartouche gravé sur bois, contient 12 vers latins au bas desquels on lit la date et ces trois lignes :
>
> > *Bernardus pictor de Augusta*
> > *Petrus loslein de Langencru*
> > *Erhardus ratdoll de Augusta.*

140. APIANUS (P.). Astronomicum Cæsareum. (A la fin :) *Factum et actum Ingolstadii in ædibus nostris, anno a Christo nato sesquimilesimo quadragesimo (1540) mense maio.* Gr. infol., de 59 ff. non ch. ; fig. sur bois; cart.

> Les figures sur bois de ce livre rare sont mobiles et coloriées avec soin. Elles ont été inventées par l'auteur, qui était en même temps imprimeur; l'exécution en a été confiée à l'habile Michel Ostendorfer, dont on admire surtout les grandes initiales historiées.
>
> Au verso du frontispice gravé, on trouve le privilège de Charles-Quint

donné à Ratisbonne le 3 juillet 1532, au bas duquel on voit les armes doubles de ce souverain. L'ouvrage est divisé en deux parties. La seconde intitulée : *Meteoroscopion planum Apiani* commence au f. 49. Au recto du dernier feuillet, les armes de l'auteur.

Exemplaire Yemeniz.

141. GIRARD (Alb.). Tables des sinvs, tangentes & secantes, selon le raid de 100,000 parties. Avec un traicté succinct de la Trigonometrie tant des triangles, plans, que Sphericques... par Albert Girard, Samielois. *A La Haye, chez Iacob Elzevir, l'An M.D.CXXVI* (1626). Pet. in-12 ; mar. rouge, fil. à fr., tr. dor. (*Thompson*).

> Première édition d'un des volumes rares de la collection des Elzeviers. Le nom de Jacob Elzevier ne figure que sur les quatre éditions de ce livre, qui sortent des presses elzeviriennes de Leyde.
>
> Très joli exemplaire.

142. Compotus. (Titre de départ :) Liber qui compotus inscribitur : vna cū figu‖ris et manibus necessariis tam in suis locis‖ q; in fine libri positis. Incipit feliciter. (Au vᵒ de l'av.-dern. f. :) *Liber compoti cum commento finit feliciter impressus Lugduni p ‖ Johãnē de Prato. Anno domini. M.cccc.lxxx viii* (1488) *die x. Februarii.* In-4, de 38 ff. ; cart.

> Édition originale du compotus qui a servi de texte aux composts si usités au xvᵉ siècle. L'impression de ce livre, due à Jean du Pré de Lyon, est remarquable par la beauté des deux caractères et la netteté du tirage.

143. DUPUY (Nic.). Petit compost en francoys. ‖ *On les vent a Paris deuãt le college des lombars ‖ a lymaige sainct Iehan baptiste par M. N. de la barre.* (A la fin :) *Imprime a Paris nouuellemēt par M. N. de la barre dem̃. a lymaige..... le viii iour de Mars Lan de la natiuite nostre Seigneur mil v. c. et. xvi* (1516). Pet. in-8, goth. ; mar. rouge, fil., tr. dor. (*Duru*).

> Ce petit volume d'une grande rareté provient de la collection de M. Brunet qui l'a décrit dans son *Manuel* (t. II, col. 207). Au verso du titre on trouve trois épigrammes latines. Dans la première, cet opuscule se recommande lui-même au lecteur; dans la seconde, le compilateur fait hommage de son travail à son frère utérin : *Ad virum elegantem dominum Johannem Decuria alias Constant ;* dans la troisième, le compilateur *Nicolaus Bonaspes Trecensis* explique son pseudonyme par sa devise *Spes mea Jesus Maria.* Le vrai nom de ce Nicolas *de Bonne Espérance*, originaire de Troyes, est *Dupuy.* C'est le même qui publia aussi plusieurs éditions de *Proverbia Gallicana.* Une souscription au recto du dernier feuillet nous ap-

prend que cet opuscule fut *compille au college sainct Michel de cenat pre les carmes z de la place maubert a Paris, 1516.* M. Brunet a hésité s'il devait considérer ce Nicolas *Bonaspes* comme auteur ou comme éditeur de ce volume, bien qu'il ne soit pas permis de faire erreur à cet égard. En effet, la souscription finale nous apprend tout d'abord que ce n'est pas une œuvre originale, mais bien une compilation, et ensuite le compilateur Nicolas Dupuy, dans l'épigramme adressée à son frère utérin, déclare positivement que ce travail est dû à lui-même : *Compotus nostro tersusque auctusque labore, effluit a manibus... meis.* Nous trouvons, en outre, comme dernière preuve, au recto du dernier feuillet, la recommandation suivante, avec l'allusion au pseudonyme et à la devise du compilateur : *Prie le compilateur que lon ne reimprime ce liure present qu'il ne soyt bien reueu, corrige z augmenter* (sic) *en lhonneur de Jesus z de Marie, auquelz est toute son esperance.*

Sur le titre se trouve la marque de l'imprimeur, et, au verso du dernier feuillet, une vignette sur bois, représentant les saintes femmes embaumant le corps de Jésus-Christ.

144. Calendrier historial. Auquel auons adiousté une facile declaration du Nombre d'or... (*Genève.*) *Par François Estienne.* M. D. *LXVIII* (1567). In-8, de 8 ff.; cart.

Plaquette de toute rareté qui a échappé aux recherches de Renouard. Chaque mois est orné d'une gravure sur bois, copiée, peut-être, sur celles de l'édition antérieure, de Jean de Tournes.

145. BARREME (F.). Le Livre nécessaire à toute sorte de conditions de F. Barrême corrigé de 55 Erreurs d'impression et augmenté de 460 tarifs par le Sr Barrême... *Paris, Vve Macé,* 1708. In-12; front. gr.; mar. rouge, fil. et tr. d'or. (*rel. du temps*).

Belle reliure aux armes de Louis PHÉLYPEAUX, comte DE PONTCHARTRAIN, chancelier de France et bibliophile célèbre.

146. HERTENSTEIN (Fr. ab). Architectonica militaris, Defensiua Oppvgnata, ac defensa, Lvcernæ. Avspiciis Theodorici Bægk soc : Jesv, Math. Profess: Ordina : responsis Erasmi Francisci ab Hertenstein. Anno. M. DC. XXXV (1635). (A la fin :) *Lvcernæ Helvetiorvm, typis Joannis Hederle. Anno Domini, M. DC. XXXV* (1635). In-4; front. gravé et fig.; mar. brun, ornem. argentés et dorés (*rel. du temps*).

Volume rare, imprimé à Lucerne. Les termes techniques de génie militaire sont donnés en latin, en allemand et en français.
Très curieuse reliure.

147. BIRINGUCCIO (V.). Pirotechnica. Li diece libri della piro-
technia, nelli quali si tratta non solo la diuersita delle minere,
ma ancho quanto si ricerca alla prattica di esse : di quanto
s'appartiene all' arte della fusione ouer getto de metalli e
d'ogni altra cosa a questa somigliante. Composti per il S. Van-
nuccio Biringuccio, nobile Senese. (A la fin :) *In Venegia, per
Giouan Padoano, a instantia di Curtio di Nauo,* 1550. In-4 ;
vélin blanc.

Seconde édition de ce traité de métallurgie des plus curieux et fort
rare. Il contient de nombreuses gravures sur bois représentant les opéra-
tions pratiques.

BEAUX-ARTS

I. ARTS DU DESSIN.

148. ANDROUET DU CERCEAU. Le premier [et le second] volume des plus excellents Bastiments de France. Auquel sont designez les plans de quinze [trente] Bastiments, et de leur contenu : ensemble les eleuations et singularitez d'un chascun. Par Iacques Androuet du Cerceau, architecte. *A Paris, pour ledit Iaques Androuet du Cerceau*, 1576-1579. 2 t. en 1 vol. infol.; mar. rouge, tr. dor. (*Duru*).

Édition originale de cet ouvrage célèbre, le plus important du grand architecte. Il nous conserve les plans, vues et détails de trente palais, châteaux, etc., tels qu'ils existaient alors. Ils ont été depuis ou entièrement démolis ou ont reçu de nouvelles constructions qui en modifient l'aspect. Les planches sont à l'eau-forte et ont été gravées par Androuet lui-même. Les dessins de Charleval sont de son fils Baptiste Androuet.

Magnifique exemplaire, bien complet, provenant des doubles de M⁹ʳ le duc d'Aumale. La composition de ce livre n'a pas été clairement indiquée ni par M. Brunet ni par M. Destailleur (dans l'article duquel il s'est glissé des fautes typographiques), par la raison que le lecteur n'a pas été suffisamment édifié sur la valeur du mot planches. Elles sont presque toujours doubles, la plupart avec un seul sujet, mais c'est des exceptions que vient la confusion. Nous allons donner à notre tour la liste des planches ou plutôt des feuilles, en prévenant que nous les comptons toujours entières, c'est-à-dire doubles, qu'il y ait un ou plusieurs sujets sur chaque feuille.

Tome Iᵉʳ : Ancy-le-Franc, 3 pl.; Boulogne-Madrid, 8 pl.; Chambord, 3 pl.; Creil, 1 pl.; Coussy, 4 pl.; Follenbray, 2 pl.; Gaillon, 6 pl.; Louvre, 9 pl.; Moune, 2 pl.; Montargis, 4 pl.; Muette, 1 pl.; Saint-Germain, 4 pl.; 4 pl.; Valery, 5 pl.; Verneuil, 8 pl.; Vincennes, 2 pl. Total, 62 feuilles doubles, avec 75 sujets.

Tome II : Amboise, 3 pl.; Anet, 6 pl.; Blois, 5 pl.; Beauregard, 3 pl.; Bury, 3 pl.; Challuau, 2 pl.; Chantilly, 7 pl.; Charleval, 4 pl.; Chenonceaux, 3 pl.; Dampierre, 4 pl.; Ecouen, 5 pl.; Fontainebleau, 7 pl.; Saint-Maur, 3 pl.; Tuileries, 3 pl.; Villiers-Coterets, 3 pl. Total, 61 feuilles doubles, avec 73 sujets.

149. PERELLE (Les). Veües des plus beaux bâtimens de France. *A Paris, chez N. Langlois.* In-fol. obl. ; demi-rel., dos et coins mar. rouge.

Précieux recueil composé de deux cent soixante-et-onze vues en deux cent quarante et une feuilles ou planches, dessinées et gravées en taille-douce par les Perelle, père et fils, à la fin du XVIIᵉ siècle. Les dix-sept dernières planches, précédées d'un faux-titre, offrent les *Veües de Rome et des environs*, plus une vue de Venise et une de l'Escurial.

150. THOMASSIN (S.). Recueil des figures, groupes, thermes, fontaines, vases et autres ornemens, tels qu'ils se voyent a présent dans le chateau et parc de Versailles, gravé d'apres les originaux par Simon Thomassin, graveur du Roy. *Paris, chez ledit Thomassin,* 1694. In-8 ; veau brun (*anc. rel.*).

Première édition.

151. AMICO (Bern.). Trattato delle Piante et Immagini de' Sacri Edifizi di Terra Santa, disegnate in Jerusalemme... dal R. P. F. Bernardino Amico... Stampate in Roma e di nuouo ristampate dallistesso Autore in più piccola forma aggiuntoui la strada dolorosa, et altre figure. *In Firenza, appresso Pietro Cecconcelli,* 1620. (A la fin :) *In Firenze, M. DC. XIX* (1619). *Per il Cecconcelli.* Pet. in-fol., fig.; dem.-rel. mar. bleu.

Seconde édition, fort rare et précieuse en ce que parmi ses 47 planches, il y en a 35 qui ont été gravées par CALLOT, pendant qu'il était élève de Remigio Canta Gallina, à Florence.

152. JOMBERT (Ch.-Ant.). Méthode pour apprendre le dessin... Enrichie de cent planches représentant différentes parties du Corps Humain, d'après Raphaël, etc. *Paris, Imprimerie de l'Auteur,* 1755. In-4; veau fauve, fil., tr. dor. (*anc. rel.*).

Ouvrage rare et curieux. La plupart des planches ont été gravées par Cochin père et fils; d'autres, par Aveline, Perelle, etc. Il s'y trouve deux paysages d'après Boucher.

Les plats de la reliure portent les initiales M A surmontées de la couronne royale.

153. RAPHAËL. Loggie di Rafaele nel Vaticano. (*Rome,* 1772-1774.) 3 part. en 2 vol. très gr. in-fol.; cart. en toile.

Reproduction des célèbres Loges du Vatican, chef-d'œuvre de décoration de Raphaël, gravée par Volpato et Ottaviani.

Exemplaire bien complet, comprenant : les *Arabesques* (dix-huit plan-

ches), les *Voûtes* (treize planches) et les *Stucs* (douze planches), et d'autant
plus précieux que c'est un des rarissimes exemplaires dont toutes les
planches sont admirablement coloriées et donnent une image parfaite des
originaux.

154. SANDRART (Joach. de). Academia nobilissimæ artis pictoriæ. Sive de veris & genuinis hujusdem proprietatibus, etc...
Noribergæ, literis Christ. Sigism. Frobergii,... 1683. In-fol.,
figures sur cuivre; veau fauve.

> Ouvrage important pour l'histoire de l'art, contenant 51 grandes et
> 14 petites figures sur cuivre et 1 petite sur bois.

155. MARCENAY DE GHUY. Idée de la gravure... *Paris, de
l'imprim. de D'Houry,* 1744. Gr. in-fol.; fig. sur cuivre;
demi-rel. basane.

> Cet ouvrage comprend un catalogue raisonné d'une cinquantaine de
> pièces de l'œuvre gravé de Marcenay. A la suite, se trouvent dix-huit
> planches avec quarante-neuf estampes de cet artiste, tantôt tirées sur les
> feuilles mêmes, tantôt provenant de tirages isolés, et remontées ici au
> format. On n'y trouve que 39 des estampes décrites au catalogue, mais dix
> en plus de la série postérieure. On y remarque les portraits, *avant la lettre,*
> du marquis de Mirabeau et du marquis de Puy-Ségur. Plusieurs belles
> planches d'après Rembrandt.

II. MUSIQUE.

156. Premier (à treiziesme) Recueil de chansons composées à
quatre parties par bons & excellents musiciens. Imprimées en
quatre volumes. Bassus. *A Paris, de l'impr. d'Adrian le Roy et
Rob. Balard, impr. du Roy...,* 1554-1559. Pet. in-4 obl.; veau
fauve, fil. tr. dor. *(rel. du temps).*

> Recueil curieux et rare. Exemplaire avec témoins. Une piqûre dans la
> marge du bas. Dos refait.

157. Recueil d'airs sérieux et à boire de différents autheurs. Pour
l'année 1695. *A Paris, chez Christophe Ballard,* 1695. — Le
même. Pour l'année 1696. *Ibid.,* 1696. 2 t. en 1 vol. in-4
obl.; vél. blanc.

> Recueil fort rare, qui avait été publié par fascicules mensuels. Très
> bel exemplaire.

158. COLLASSE et LULLY. Ballet des Saisons mis en musique
par Monsieur Collasse, Maistre de Musique de la Chapelle et de
la Chambre du Roy. Seconde édition, augmentée de toute la
musique de feu Monsieur de Lully qui manquoit dans la première. *A Paris, chez Christophe Ballard,* 1700. In-fol. obl.;
veau brun (*anc. rel.*).

Très bel exemplaire.

159. GRÉTRY et DESFORGES. L'Épreuve villageoise. Opéra
bouffon en deux actes en vers, par M. Desforges, représenté
pour la première fois par les Comédiens Italiens ordinaires du
Roy, le jeudi 24 juin 1784. Dédié à Mme de la Ferté. Mis en
musique par M. Grétry... Gravé par Huguet... (*Paris.*) *Imprimé
par Basset.* In-fol.; mar. rouge, fil., tr. jasp. (*rel. du temps*).

Précieux volume à cause d'une étiquette collée sur le plat supérieur,
avec cette inscription frappée en lettres d'or : *Ce livre appartient à* S. A. S.
Madame la Princesse DE LAMBALLE.

LIVRES A FIGURES

I. LIVRES A FIGURES SUR MÉTAL.

160. ANTONIO [BETTINI] DA SIENA. Inconmincia ellibro intitulato Monte sancto didio Composto damesser Antonio da
Siena Reuerendissimo ueschouo difuligno della congregatione
de poueri Jesuati. (A la fin :) *Finito elmõte sčo didio pme Nicolo
dilorèzo dellamagna. Florentie. X. die mensis septembris anno
Domini. M.CCCCLXXVII* (1477). Gr. in-4; fig.; ais de bois,
dos en mar. brun.

« Volume très rare, dit Brunet, et recherché parce qu'il est *le premier
livre connu où l'on trouve des planches en taille-douce.* » On en attribue les
dessins à Sandro Botticelli et la gravure à Baccio Baldini. Ces planches,
ainsi que celles du Dante, du même imprimeur (1481), exécutées incon-
testablement par les mêmes artistes, constituent de précieux documents
pour l'histoire de l'origine de la gravure en creux.

Exemplaire avec les trois planches, dont les deux premières en parfait
état et avec des marges, tandis que la troisième est coloriée et remontée.
Le texte du volume entier est remmargé en haut et sur le côté. Belles
initiales enluminées.

161. APULÉE. L'Amour de Cupido et de Psiché mere de volupté
prise des cinq et sixiesme liures de la métamorphose de lucius
Apuleius philosophe nouuellement historiée et exposée en
vers françois. *Leonar Galter fec. et excu. (Paris*, 1586.) In-8;
mar. rouge, fil., tr. dor., doublé de tabis (*anc. rel.*).

Trente-deux planches remontées. C'est la suite complète de la Psyché
de Raphaël, gravée par les élèves de Marc-Antoine, que Gaultier a libre-
ment copiée avec sa finesse ordinaire de burin.

Exemplaire du duc de La Vallière, rare en pareille condition.

162. ARIAS MONTANUS. Humanæ salutis Monumenta B. Ariæ
Montani studio constructa et decantata. *Antverp. ex prototypo-*

graphia regia, Christoph. Plantinus, 1571. In-8; mar. rouge, fil., tr. dor. (*anc. rel.*).

Volume rare, orné de 71 belles figures par Abraham de Bruyn, Pierre Hus, Pierre van der Borcht, Jérôme Wierix et Crispin de Pas.
Magnifique exemplaire.

163. Passio domini nostri Iesu Christi. *Hieronymus Wierx inuenit, incidit, excudit cum gratia et privilegio. Buschere.* In-8; chagrin olive, fil., tr. dor.

Titre gravé et 18 vignettes au burin d'une extrême finesse et superbes d'épreuve. Recueil d'une rareté extrême.

164. NATALIS (Hier.). Evangeliæ historiæ imagines,... auctore Hieronymo Natali Societatis Jesu theologo. *Antuerpiæ Anno Dñi M.D.XCIII* (1593). In-fol.; veau fauve (*anc. rel.*).

Volume orné de 153 belles planches gravées par les Wierix et autres.

164 *bis.* NATALIS (Hier.). Adnotationes et meditationes in evangelia quæ in sacro sancto missæ sacrificio toto anno leguntur, auctore Hieronymo Natali. *Antuerpiæ excudebat Martinus Nutius, anno Domini CIⓄ.IⒹ. XC. V.* (1595.) In-fol.; veau fauve, fil. (*anc. rel.*).

Volume orné d'un grand nombre de planches gravées par les Wierix et autres. Très bel exemplaire réglé.

165. (Passion de N. S. Jésus-Christ.) In-4; vél. blanc, fil., tr. dor. (*rel. angl.*).

Douze planches remmargées sans aucun texte. Elles sont signées *Ioann. Sadler excud. Marc : Gerardi : figur.*
Épreuves fort belles et paraissant de premier état. Suite fort rare.

166. DAVID (J.). Paradisus sponsi et sponsæ in quo messis myrrhæ et aromatum ex instrumentis ac mysteriis Passionis Christi colligenda et Pancarpium marianum septemplici titulorum serie distinctum. Auctore P. Ioanne David. S. J. S. *Antverpiæ, ex officina plantiniana, apud Balthasarem et Ioannem Moretos fratres,* 1618. In-8; vél. bl.

Volume orné de belles gravures par Théodore Galle.

167. Le Tableau de la Croix représenté dans les ceremonies de la

Ste Messe, ensemble le tresor de la deuotion aux souffrances de N. S. I. C. le tout enrichi de belles figures. *Paris, Mazot,* 1651. In-8; mar. rouge, comp. à fil., tr. dor. (*Duru*).

Volume curieux et rare, entièrement gravé, orné d'un portrait de Charles de Laubespine, marquis de Chasteauneuf, garde des sceaux, gravé par Geijn, et de cent planches gravées par Collin, etc.

II. LIVRES A FIGURES SUR BOIS.

Allemagne et Suisse.

168. **DAMASCENUS** (J.). Hie vahet an eyn gar loblich vnnd ‖ heylsam allen christglaubigen cro‖nica. Sagend von eynem heyligen ‖ kunig mit namen Iosaphat... (A la fin :) *Eyn ende hatt das buch der christenlichen lere die ‖ hystori Iosaphat vnd Barlaam genannt...* (*Augspurg, Günther Zainer*). In-fol. ; demirel. dos et coins de veau fauve.

Roman ou plutôt légende romanesque de Barlaam et Josaphat. Première édition, imprimée avec le caractère que Gunther Zainer a employé à l'édition princeps de l'*Imitation de Jésus-Christ.* « Comme ce caractère n'est pas fatigué, je crois que l'on pourrait faire remonter vers 1470 et peut-être à la première année de l'exercice de Zainer, 1468, l'impression de ce volume, qui n'a pas dû être de beaucoup postérieure à la version latine. Les gravures sur bois, au nombre de 64, dans le style des xylographes, sont beaucoup plus archaïques que celles de l'*Esope* et du *Guldin Spil*, daté de 1472; elles sont légèrement coloriées. » (Didot, *Cat. rais.*, n° 6.)

169. **INGOLD.** Hie hebt sich das buch an / das man nent dz guldin‖spil... (A la fin :) *Getrückt von ginthero zeiner geborn ausz reutlingen‖an dem achten tag sant Iacobs des merern / als man‖zalt von geburt cristi M°. cccc°. lxxii°. iar* (1472). Pet. in-fol., goth. ; vél. bl.

« Le Guldin Spil, ou Miroir d'or, est un livre d'un goût fort singulier. Voir au texte de l'*Essai*, article *Cartes à jouer*, le passage intéressant contenu au f. 36 sur l'époque de l'introduction de ce jeu en Allemagne. Il contient 12 grav. sur bois des plus curieuses, représentant les jeux d'échecs, de trictrac, de dés et de cartes, la danse, le tir et la musique. Elles sont du meilleur style des xylographes graveurs de cartes, et un peu moins archaïques que celles du livre précédent. » (Didot, *Cat. rais.*, n° 7.)

Très bel exemplaire de ce livre rarissime. Figures coloriées.

170. **RODERICUS SANCIUS.** Das büchlin genannt der spiegel

des menschlichen lebens (trad. par H. Steinhöwell). S. l. n. d.
(*Augsbourg, Gunther Zainer, vers* 1475). Pet. in-fol., goth.;
demi-rel. en bois, dos de veau fauve, ferm.

Livre fort rare. Les gravures, au nombre de 55, ont le même caractère
que celles du *Gudin Spil* ci-dessus. Elles sont naïves et présentent une
sorte de galerie des diverses professions et des conditions sociales au
xv⁰ siècle.

Bel exemplaire, avec figures coloriées, provenant des doubles de la
bibliothèque de Munich. Sur l'une des gardes est collée une note relatant
que ce volume a été donné en 1478 à un moine d'Undensdorff.

171. CICERO (M. T.). Des hochberümpten Marci Tullii Ciceronis
büchlein võ dem Alter durch Iohann Neüber usz dẽ latein iñ
Teutsch gebracht. (A la fin :) *Getruckt in der kayserlichen stat
Augspurg in Kosten uñ verlegung Sigismundi Gryñ...* 1522.
In-fol., de 22 ff. ; demi-rel. mar. vert

« Cette traduction du traité de la Vieillesse contient 5 grandes gravures
attribuées par Passavant (t. III, page 227) à Schäufelein et en premières
épreuves. Elles servirent ensuite au *Der Teutsch Cicero*, imprimé également
à Augsbourg, et passèrent ensuite à Francfort dans le fonds d'Egenolff.
Le frontispice est très remarquable et paraît dessiné par Urse Graf. » (Didot,
Cat. rais., n° 23.)

171 *bis.* CICERO (M. T.). Officia M. T. C. Ain Büch So Marcus Tul-
lius Cicero der Romer, zu seynem Sune Marco, inn Latein ge-
schriben, Wölchs auff begere, Herren Iohansen vonn Schwar-
tzenbergs ꝛc. verteütschet. (A la fin :) *Gedruckt inn... Augspurg
durch Heinrichen Steiner...* 1535. In-fol.; veau fauve, fil., tr.
dor.

Les 104 pl. de cette traduction sont dues à Hans Burgmair et quelques-unes à Hans Schäufelein. Le portrait du traducteur, Jean de Schwart-
zenberg, placé au commencement, est d'une belle exécution. Il a été dessiné par ALBERT DURER.

Bel exemplaire.

172. CANISIUS (P.), de la Soc. de Jésus. (Catéchisme mis en
figures, et traduit en grec. *Augsbourg*, 1613.) (A la fin, en
grec :) *Imprimé à Augsbourg, par Christophe Mango, en* 1613.
(Plus bas :) *Venduntur Augustæ à Iohanne Krugero bibliopola.*
In-8; mar. rouge, fil. à fr., fleur., tr. dor. (*Lortic*).

Ce catéchisme rare, qui a été imprimé en plusieurs langues par le
même éditeur, en quelques années, contient, dans cette édition en grec
104 jolies figures, de style plutôt italien que germanique.

173. BELLARMINO (R.). Dottrina christiana del Illmo et R^mo Card. Rob. Bellarmino. Figura d'imagini. (A la fin :) *In 'Augusta, appresso Christophoro Mango,* 1614. In-8; mar. La Vallière, comp., tr. dor. (*Lortic*).

Catéchisme célèbre. « Quatre-vingt-cinq figures ornent cette édition; ce sont en partie les mêmes que dans le numéro précédent. Elles sont bien composées dans la manière italienne, et sobres de travail. Le graveur a employé dans leur exécution un procédé original qui consiste en longues tailles donnant l'effet de teintes plates. » (Didot, *Cat. rais.,* n° 33.)

174. JORGE (M.). Doutrina Christam de padre Marcos Iorge da Companhia de Iesu representada por Imagens. (A la fin :) *Em Augusta, por Christoual Mangio,* 1616. In-8; mar. vert, fil. à fr., tr. dor. (*Thompson*).

Cent six figures semblables à celles des deux numéros précédents ornent ce catéchisme en portugais, qui est fort rare.

175. JOSEPHUS (Flavius). Flavii Josephi viri Iudæi de impera trice ratione, deque inclyto septem fratrum Macabæorum, ac fortissimæ eorum matris diuæ Salomonæ martyrio liber, a D. Erasmo Roterodamo diligenter recognitus ac emendatus... (A la fin :) *Apud inclytam Germaniæ Coloniam Io. Soter imprimebat,* 1521. In-4; mar. rouge, jans., tr. dor. (*Hardy*).

Cet opuscule fort rare contient 11 grandes gravures sur bois représentant le supplice des Machabées. Elles sont archaïques, mais non dépourvues d'expression.

176. Neuwe Biblische Figuren / desz Alten und Neuwen Testaments / geordnet vnd gestellt durch den fürtrefflichen vnd Kunstreichen Iohan Bockspergern von Saltzburg / den jüngern / vnd nachgerissen mit sonderm fleisz durch den Kunstverstendigen vnd wolerfahrnen Iosz Amman von Zürych... (A la fin :) *Getruckt zu Franckfurt am Mayn durch Georg Raben / Sigmund Feyerabend / vnd Weygand Hanen Erben. M.D.LXIX* (1569). In-4, obl.; mar. La Vallière, jans., tr. dor. (*Belz-Niedrée*).

Deuxième édition de cette belle suite de 130 gravures de Jean Bocksperger le jeune et de Jost Amman. Bel exemplaire.

177. Technæ aulicæ ex apologo astutissimæ vulpeculæ latino et germanico carmine tam breuiter delineatæ, quàm elegantis-

simis iconibus ad viuum expressæ. *Francofurti, ex officina typograp. Nicolæi Bassæi,* 1588. Pet. in-8 ; demi-rel.

Édition fort rare, ornée de 76 gravures, fines et spirituelles, retraçant l'histoire célèbre du *Reincke Fuchs* (Roman du Renard). Ce sont en partie les mêmes que celles de l'édition de 1575. Quelques-unes portent la marque de J. Amman ; d'autres, celle de Virgile Solis. Elles sont accompagnées d'une courte explication en vers latins et allemands, et imprimées d'un seul côté.

Très bel exemplaire, parfait de tirage.

178. Alberti Dureri Noriberg. German. Icones sacræ. In historiam salutis humanæ per Redemptorem nostrum Iesum Christum instauratæ... Nunc primùm è tenebris in lucem editæ. (*Francfort,* 1604.) In-4 ; mar. vert, fil. à fr., tr. dor. (*Thompson*).

Trente-huit jolies gravures sur bois, annoncées dans le titre comme étant d'Albert Dürer, mais qui sont en réalité d'Albert Altdorfer, dont elles portent la marque. Impression presque en entier d'un seul côté.

Très bel exemplaire de ce livre rare.

179. WELLER (H.). Der zwey und dressigst Psalm. Vom Leiden und Aufferstehung Christi... (A la fin :) *Gedruckt zu Leipzig durch Valentin Babst,* 1549. In-8, goth. ; veau fauve, comp. à fil., tr. dor.

Livre rare. Toutes les pages sont entourées d'encadrements assez bien exécutés dans la manière à fond criblé.

180. LUCIANI samosatensis saturnalia... Des. Erasmo Roterod. interprete. *Basileæ, apud Io. Frob. an. M.D.XXI* (1521). Infol. ; mar. rouge, comp., tr. dor. (*anc. rel.*).

En tête le beau frontispice de la calomnie d'Apelles signé d'Ambroise Holbein, et daté de 1517. Au second feuillet encadrement de Holbein. Piq. de vers.

181. Antithesis Christi et antichristi, videlicet Papæ, id est, exemplorum, factorum, vitæ et doctrinæ utriusque ex aduerso collata comparatio, versibus et figuris venustissimis illustrata. Recens aucta et recognita (studio Sim. Rosarii). *Genevæ Apud Eustathium Vignon,* 1578. In-8 ; mar. rouge, dent., tr. dor. (*anc. rel.*).

Pamphlet calviniste contre le pape et la messe. Trente-six jolies vignettes sur bois au trait, dont la plupart sont imitées du *Passional* de Lucas Cranach. On y trouve aussi une vie de la papesse Jeanne.

Très bel exemplaire, avec l'ex-libris de Charles NODIER.

Belgique.

182. La Sainctc Bible || en francois, translatee selon || la pure ꝛ entiere traduction de Sainct Hierome || derechief conferee ꝛ entierement reuisitee se||lon les plus anciens ꝛ plus correctz ex||emplaires... *En Anuers, pour Antoine de La Haye, demourant au Pan de nostre Dame. An. M.D. ꝛ xli* (1541). 2 part. en 1 vol. in-fol., goth.; veau antiqué, compart. à fil.

Quatrième édition de la version de Le Fevre d'Étaples, qui est la première traduction complète des saintes Écritures. Elle est ornée d'un grand nombre de figures; celles du Nouveau Testament, très remarquables, sont dues à Levinus de Witte.

183. Novvm Testamentum per D. Erasmum Roterodamum nouissimè recognitum. Additis picturis totius noui Testamenti quibus miracula & visiones exprimuntur. *Væneunt Antuerpiæ sub intersignio Rubri Castri.* S. d. In-12 allongé; veau fauve, fil., tr. dor.

« Cette jolie édition paraît imprimée par Plantin. Au verso du 1ᵉʳ f. une approbation de Léon X adressée *dilecto filio Erasmo.* Suite de 111 vignettes dont quelques-unes se répètent. La plupart de celles des évangiles sont finement gravées et bien tirées. » (Didot, *Cat. rais.*, nº 236 *bis.*)

184. DAMHOUDÈRE (J.). Praxis rerum criminalium elegantissimis iconibus ad materiam accommodis illustrata. Authore D. Iodoco Damhouderio Brugensi. *Antverpiæ, apud Ioannem Bellerum,* 1554. In-4; demi-rel. veau vert.

Volume orné de 56 gravures sur bois, très expressives et très curieuses, par Gérard de Jode. Elles représentent les différentes circonstances de l'accomplissement des crimes, et les tortures et le châtiment des coupables. Plusieurs planches sont libres.

185. DAMHOUDÈRE (J.). Pvpillorvm patrocinivm, legvm et praxeos stvdiosis, non minvs vtile qvam necessarium, iconibus materiæ subiectæ conuenientibus illustratum.... *Antverpiæ, apud Ioannem Bellerum. M.D.LXIIII* (1564). In-4; veau fauve, fil., ornem.

Ouvrage plus rare que le précédent. Il contient onze planches sur bois, par Gérard de Jode, de la grandeur des pages. Ce n'est que dans cette édition latine que l'on trouve le petit traité : *De magnificentia politiæ amplissimæ civitatis Brugorum,* avec le plan de la ville de Bruges gravé sur bois.

186. DAMHOUDÈRE (J.). Praxis rerum civilium..., cum non-
nullis iconibus materiæ subjectæ convenientibus. *Antuerpiæ,*
1596. In-4; demi-rel.

> Volume peu commun, orné de curieuses planches gravées sur bois. Il
> complète les précédents.

187. SAMBUCUS (J.). Emblemata et aliquot nummi antiqui
operis Ioan. Sambuci, etc. Quarta editio. *Antverpiæ, apud
Christophorum Plantinum,* 1584. — Hadriani IUNII medici
emblemata. Eiusdem ænigmatum libellus. *Antverpiæ, apud
Christ. Plantinum,* 1585. In-16; mar. brun, orn., tr. dor.
(*Lortic*).

> Cette édition contient, pour le premier ouvrage, 221 emblèmes et
> 86 figures de médailles. Plusieurs planches portent la marque de Silvius.
> Le second ouvrage contient 62 emblèmes.
> Très joli exemplaire.

188. LUDOLPHE LE CHARTREUX. Manuel d'oraisons et
prieres devotes, sur la vie de Jesus-Christ selon la description
des Euangelistes, par frere Ludolphe carthusian... Le tout tra-
duict du latin en françois par Georges Farinart natif de la ville
d'Ath. *En Anvers, de l'imprimerie de Christofle Plantin,* 1588.
In-12; mar. bleu, fil., tr. dor.

> Jolie suite de 154 figures bien composées et fines d'exécution, portant
> les monogrammes de Assuerus van Londerzeel et de Pierre van der Borcht.
> Bel exemplaire de ce volume extrèmement rare.

Italie.

189. Nuoua Raccolta di lagrime di piu poeti illustri. *In Bergamo,
per Comin Ventura,* 1593. — Lagrime del penitente ad imi-
tiatione de' sette salmi penitentiali di Dauide, del molto R.
sig. Don Angelo Grillo. — En 1 vol. in-8; vél. blanc.

> La première partie de ce recueil contient 13 gravures sur bois, bien
> exécutées et convenablement imprimées. Exemplaire fort beau de conser-
> vation.

190. PANIGAROLA (F.). La Quaresima del reuerendissimo Monsignor Francesco Panigarola, vescouo d'Asti. *In Bergamo, per
Comin Ventura,* 1605. In-4, de 48 ff.; bas. rouge, fil., tr. dor.

> Suite de 46 sonnets sur les principaux faits de la vie de J.-Ch., ornés

de jolies vignettes gravées sur bois, en général d'après les compositions
d'Albert Dürer.

Volume très rare, même en Italie. Très bel exemplaire.

191. FAERNUS (G.). Centum fabulæ ex antiquis auctoribus
delectæ et a Gabriele Faerno Cremonensi carminibus expli-
catæ. *Brixiæ, apud Petrum Mariam Marchettum*, 1591. In-16 ;
mar. rouge, fil., tr. dor. (*Thompson*).

Les 100 gravures sur bois de ce petit volume rare sont jolies, mais un
peu fatiguées ; elles ont fait partie de l'édition du Targa donnée par Ziletti
à Venise en 1575.

192. GIOACHINO. Profetie overo vaticinii dell' abbate Gioachino, et di Anselmo Vescouo di Marsico, con le loro imagini
in dissegno... *In Ferrara, per Vittorio Baldini*, 1591. In-8 ;
mar. La Vallière, fil. à fr., fleur., tr. dor. (*Lortic*).

Volume fort rare, orné de 36 figures. Très bel exemplaire.

193. HYGINIUS... Poëticon astronomicon opus utilissimum fœliciter incipit. (A la fin :) *Anno... Millesimo quadringentesimo
octogesimo quinto (1485) mensis Ianuarii die uigesima secunda.
Impressum est presens opusculū per Erhardū Radtolt de Augusta.
Venetiis.* In-4 ; mar. La Vallière, fil. à fr., tr. dor.

Édition extrêmement rare, ornée d'un grand nombre de curieuses
figures sur bois.

Magnifique exemplaire, presque non rogné.

194. HYGINII Poeticon Astronomicon. (A la fin :) *Anno... millesimo quadringentesimo octogesimo octauo (1488)... Impressum
est præsens opusculum p Thomam de blauis de Alexandria. Venetiis.* — Rufi Festi Avieni opera. *S. l. n. d.* (*Ibid.*). Fragmen-
tum Arati phænomenon per Germanicum in latinū conuersi
cum cōmento nuper in Sicilia repertum. — Quinti Sereni medi-
cinæ liber. (A la fin :) *Hoc opus impressum Venetiis arte et
ingenio Antonii de strata Cremonensis. Anno... 1488 octauo
calendas nouembres.* — En 1 vol. in-4 ; mar. rouge, fil., tr. dor.
(*anc. rel.*).

Les figures sur bois du premier opuscule de ce volume sont en partie
des copies, assez grossières, de celles de l'édition de Ratdolt.

Exemplaire aux armes de Bavière.

195. VORAGINE (J. de). Legendario de san‖cti vulgare hysto-

toriado no‖uamente reuisto ҁ ‖ con summa dili‖gētia casti‖-
gato. (A la fin :) *Finisse le legende de sancti, Composte per
el... padre frate Iacobo de Voragine... Traducte de latino in
lingua uulgare per....don Nicolao de Manerbi Veneto...Stampate
in Venetia per Aug. dezañi da Portese, Nel. M.D.XXV* (1525)
adi. .xxiii. de setembre. In-fol., à 2 col. — CARACCIOLO
(Rob.). Spechio de ‖ la fede ‖ Vulgare. Nouamente impresso ‖
Diligentemente corretto : ҁ ‖ Historiato. (A la fin :) *Qui finisse
el libro compilato nouamente da quella corona di predicatori
chiamato frate Roberto Carazola de leze del ordine de li frati
minori per diuina gratia episcopo de Aquino..... el qual libro e
intitulato Speculum fidei...pdutto in luce per Georgi de Rusconi
Milanese nel M.CCCCC.XVII* (1517). *Adi .xx. de Mazo in Venetia.* In-fol., à 2 col.; ais de bois recouv. de cuir fauve,
compart., ornem. incrustés or et argent, tr. dor. et cis. (*rel.
ital. du temps*).

Deux ouvrages extrêmement rares, ornés d'un très grand nombre de
gravures sur bois. Celles du premier livre, presque au trait, sont précieuses pour l'histoire de l'art, étant tout à fait dans le style de Man-
tegna.

Très bel exemplaire, dans sa première reliure. Titre restauré dans les
parties blanches.

France.

196. VIRGILE. Les quatre premiers livres de l'Eneïde de Virgile,
translatez de Latin en Françoys par M. Loys des Masures
Tournisien. *A Lyon, par Iean de Tournes,* 1552. — Le cinquième
(6°, 7°, 8°) livre de l'Eneïde de Virgile, translaté de Latin en
François par Louïs des Masures. *A Lyon, par Ian de Tournes
et Guillaume Gazeau,* 1557. — En 1 vol. in-4; veau fauve,
fil., tr. dor.

« Cette édition est précieuse sous le rapport littéraire pour la naïveté
et l'énergie de la traduction. Le texte est habilement disposé en regard.
Les quatre premiers livres contiennent chacun une gravure du Petit
Bernard. » (Didot, *Cat. rais.*, n° 503.)

197. Testamenti novi editio vulgata. *Lugduni, apud Theobaldum
Paganum,* 1557. In-16 ; mar. La Vallière, fil. à fr., tr. dor.
(*Lortic*).

Les vignettes sur bois de ce volume sont encore celles mêmes dont s'était servi, en 1550, Guillaume Rouillé dans son Nouveau Testament en italien.

198. LA PERRIÈRE (Guill. de). Le Theatre des bons engins, auquel sont contenus cent emblemes moraux, composé par Guillaume de la Perriere, Tholosain. *A Lyon, par Iean de Tournes*, 1583. In-16; mar. rouge, fil., tr. dor. *(anc. rel.)*.

Édition rare, ornée de cent gravures sur bois d'une exécution un peu rude et qui ne rappellent en rien les belles vignettes des de Tournes. L'épître dédicatoire à la reine Marguerite est en caractères de civilité.

Sur le plat de la reliure, le nom de *Racine Demonville*.

199. BADE (Josse). La grand nef des folles (traduit du latin de Josse Bade par J. Droyn), composee suyuant les cinq sens de nature, selon l'Euangile de Monseigneur S. Matthieu, des cinq vierges qui ne prindrent point d'huylle auec elles pour mettre en leurs lampes. Auec plusieurs additions nouuellement adioustees par le Translateur. *A Lyon, par Iean d'Ogerolles*, 1583. In-4; mar. bleu, fil., dent., tr. dor. *(rel. angl.)*.

Édition fort rare. Les gravures au trait de ce volume paraissent des imitations de celles des éditions antérieures données par les de Marnef.

Exemplaire aux armes du duc de Marlborough, provenant de la bibl. Yemeniz.

200. BRANTEGHEM (Guill. de). Leternelle generation de Christ venant du Pere. (A la fin :) *Imprime a Paris par Conrad Neobar imprimeur du Roy. Le xix. iour D'aoust M.D.XL* (1540). In-16; mar. brun, jans., tr. dor. *(Hardy)*.

Livre extrêmement rare. Le premier feuillet n'a que des gravures des deux côtés, et il n'y a qu'un simple titre de départ. C'est une traduction de la *Vita Christi* publiée à Anvers en 1537. Les gravures, au nombre de 60, qui ornent cette édition française, appartiennent à ce style intermédiaire entre l'imagerie et les jolies vignettes de la Renaissance. La planche de la page 49 porte les lettres I F.

Très joli exemplaire, réglé.

201. MILLÆUS (J.). Praxis criminis perseqvendi, elegantibvs aliqvot figvris illustrata, Joanne Millæo, Boio, authore. *Parisiis, apud Sim. Colinæum*, 1541. In-fol.; veau fauve, comp. et orn. à froid.

Volume peu commun, orné de 18 belles gravures sur bois, de la grandeur des pages, représentant les différents procédés de *torture* en usage à cette époque.

Bel exemplaire.

202. Icones historiarum Veteris Testamenti, ad viuum expressæ, extremaque diligentia emēdatiores, factæ Gallicis in expositione homœoteleutis, ac versuum ordinibus (qui prius turbati ac impares) suo numero restitutis. *A Paris, pour la Vefue Françoys Regnault,* 1551. In-8 ; mar. bleu, fil. à fr., tr. dor. (*Duru*).

> « Contrefaçon d'une médiocrité déplorable, faite sur la 3ᵉ édition (1547) des planches originales de la Bible de Holbein. On a copié la pièce de vers qui concerne ce maître tout en dénaturant indignement son petit chef-d'œuvre de dessin. 92 planches et un portrait du Christ. » (Didot, *Cat. rais.,* n° 673.)

203. Testamentum nouum. Additis picturis in Euangelia et Apocalypsim, quibus miracula et visiones elegantissimè exprimuntur. *Parisiis, apud viduam Francisci Regnault via Iacobæa,* 1552. In-16 ; veau rac.

> Ce curieux volume porte à la fin : *Parisiis, excudebat Stephanus Mesviere in ædibus Vindocinis, ex aduerso Collegii Becodiani.* Les gravures sont au trait. Quelques-unes portent la croix de Lorraine, qui ne saurait, surtout dans ce cas, s'appliquer à Geofroy Tory, mort en 1533.

BELLES-LETTRES

I. LINGUISTIQUE.

204. CLENARDUS (Nic.). Meditationes græcæ in artem grammaticam. *Lugduni, apud Steph. Doletum,* 1541. — Institutiones absolutissimæ in linguam græcam... adjectæq; ab Renato Guillonio adnotatiunculæ.... *Parisiis, ex offic. Christ. Wecheli,* 1549. — En 1 vol. in-8 ; mar. vert, fil. à fr., tr. dor.

> Édition rare de ces ouvrages, jadis très célèbres, de Nicolas Cleynaerts, philologue flamand.

205. ESTIENNE (Henri). Paralipomena grammaticarum Gr. Linguæ Inst. Item animadversiones in quasdam grammaticorum Gr. traditiones. Autore Henr. Stephano. (*Genève, Henr. Estienne.*) Anno *M.D.LXXXI* (1581). In-8 ; mar. La Vallière, fil. à fr., tr. dor. (*Lortic*).

> Rare. Exemplaire avec témoins.

206. ESTIENNE (Henri). De Abusu Linguæ græcæ in quibusdam vocibus quas Latina usurpat, admonitio Henrici Stephani. (*Genève.*) Anno *M.D.LXIII* (1563). *Excudebat Henricus Stephanus.* In-8 ; mar. rouge, comp. à fr., orn., tr. dor. (*Lortic*).

> Volume peu commun.

207. LASCARIS (C.). Constantini Lascaris Byzantini de octo partibus orŏnis Lib. I. Eiusdem de Constructione Liber Secundus. Eiusdem de nomine & uerbo Liber Tertius... (A la fin du texte grec :) *Venetiis apud Aldum mense octobri, M.D.XII* (1512). In-4 ; veau racine.

> Troisième édition aldine de cette grammaire célèbre, avec la traduction latine en regard faite par Alde lui-même.
> Très bel exemplaire, presque non rogné.

208. GAZA (Th.). Theodori Introductinæ grãmatices libri quatuor. Eiusdem de Mensibus opusculum sanc quã pulchrũ.
APOLLONII grãmatici de constructione libri quatuor. HERODIANUS
de numeris. (En grec.) (A la fin :) *Impressum Venetiis in ædibus
Aldi Romani octauo Calendas Ianuarias M.CCCC.LXXXXV*
(1495, soit 1496 n. st.)... In-fol. ; dos mar. rouge, plats veau
rouge.

> Première et rare édition de cette grammaire célèbre.

209. DOLET (E.). Stephani Doleti Galli Aurelii liber. De imitatione Ciceroniana aduersus Floridum Sabinum. *Lugduni,
apud eundem Doletum,* 1540. In-4 ; veau fauve, fil., tr. dor.
(*Kœhler*).

> Rare. Très bel exemplaire.

210. Laccord de la langue Frãcoise auec la Latine, par le quel
se cognoistra le moyë de bien ordonner et cõposer toutz motz
desquelz est faicte mention au vocabulaire des deux langues.
Parisiis. Apud Simonem Colinæum. (A la fin :) *Excudebat
Simon Colinæus impensis Reginaldi Chauldiere, anno* 1540,
mense Iunio. In-8, de 34 ff. non ch. ; mar. bleu, fil. à fr., tr.
dor. (*Thompson*).

> Volume fort rare. Magnifique exemplaire.

211. ESTIENNE (Henri). Traicté de la conformité du language
François avec le Grec... duquel l'auteur & imprimeur est
Henri Estiene, fils de feu Rob. Estiene. *S. l. n. d.* (*marque de
H. Estienne*). Pet. in-8 ; veau noir, riches comp. en or, tr. dor.
(*Hagué*).

> Première édition, avec des passages supprimés dans la suivante, entre
> autres le morceau contre le pape.
> Bel exemplaire. H. : 131 millim.

212. ESTIENNE (Henri). Traicté de la Conformité dv Langage
françois, auec le Grec... *Paris, Rob. Estienne,* 1569. Pet. in-8 ;
mar. La Vallière, ornem. sur les plats, tr. dor. (*Capé*).

> Deuxième édition, fort augmentée. Très bel exemplaire.

213. ESTIENNE (Rob.). Traicté de la Grãmaire Francoise (par
Robert Estienne). *A Paris, par Robert Estienne,* 1569. —

Gallicæ grämatices libellus... *Parisiis, ex offic. Roberti Stephani,* 1569. — En 1 vol. in-8 ; veau fauve, fil., tr. dor. *(Purgold).*

Ces deux ouvrages de Robert Ier sont imprimés par Robert Estienne, second du nom. Très bel exemplaire.

214. LA RAMÉE (P. de). Grammaire de P. de la Ramee, Lecteur du Roy en lVniuersite de Paris, à la Royne mere du Roy. *A Paris, de l'imprimerie d'André Wechel,* 1572. In-8 ; mar. rouge, fil., tr. dor. *(Niedrée).*

Dans cette seconde édition, Ramus a pris le parti de donner ses exemples à la fois en texte ordinaire et avec son alphabet réformé, pour figurer la prononciation.
Rare. Très bel exemplaire.

215. MATHIEU (Abel). Devis de la langue françoise, fort exquis et singulier. Avecques un autre Devis, & propos touchant la police, & les Estatz : où il est contenu (oultre les sentences, & histoires) un brief Extraict du grec de Dion, surnommé Bouche d'or : De la Comparaison entre la Royauté & la Tyrannie. Faictz & composez par A. M. (Abel Mathieu), sieur des Moystardieres. *A Paris, chez Jean de Bordeaux, au clos Bruneau, à l'enseigne de l'Occasion,* 1572. Pet. in-8 ; mar. vert, fil., tr. dor. *(Duru).*

Même édition que celle de la veuve de Richard Breton, avec l'adresse changée.
Exempl. aux armes de M. le baron J. Pichon.

216. Le Livre jaune contenant quelques conversations sur les Logomachies, c'est-à-dire sur les disputes de mots, abus des termes, etc. *A Bâle,* 1748. In-8 ; mar. rouge, fil., tr. dor. *(Derome).*

Ce livre est attribué à Gros de Boze, de l'Académie française. Il est très rare, car on n'en a tiré qu'un petit nombre d'exemplaires, tous sur papier jaune.
Exemplaire de Brunet.

II. RHÉTORIQUE.

217. QUINTILIANI (F.) Institutionum Oratoriarum lib. XII (ab Omnibono Leoniceno emendati). (A la fin :) *Qvintilianvm... Nicolāvs Ienson Gallicvs viventibvs posterisqve miro impressit artificio. Annis. M.CCCCLXXI* (1471). *mense maii die XXI.* In-fol. ; demi-rel., dos mar. rougc, plats mar. brun.

Édition belle et rare. Dans l'épitre dédicatoire, Omnibonus Leonicenus qualifie Jenson d'inventeur de la typographie. Exemplaire grand de marges.

218. TRAPESVNTII (Georgii) viri doctissimi atqve eloqventis-simi rhetoricorvm liber primvs. (*Venise, Vindelin de Spire, vers* 1472.) In-fol.; demi-rel. dos mar. rougc, plats veau rouge.

Première édition. Bel exemplaire.

219. DEMOSTHENIS Orationvm pars prima [2ᵃ et 3ᵃ]. (A la fin :) *Venetiis, in aedibvs Pavli Manvtii, Aldi filii, M.D.LIIII* (1554). 3 vol. in-8 ; mar. vcrt, fil., tr. dor.

Texte grec. Édition peu commune.

220. PLINII (C.). Secvndi Novocomensis, Epistolarum libri X... — SUETONII Trãquilli de Claris Grãmaticis et Rhetorib'. Quibus adiectus est index copiosissimus. IVLII Obsequentis Prodi-giorum liber. Latina interpretatio dictionum et sententiarum Græcarum, quibus Plinius vtitur. *Parisiis, ex off. Rob. Stephani,* 1529. In-8 ; mar. rougc, fil. et tr. dor., doublé de mar. rouge avec dent. (*anc. rel.*).

Très bel exemplaire, réglé.

221. CICÉRON (M. T.). Les Philippiques de M. T. Cicéron, trans-latées de latin en françois par l'eslcu Macault, notaire, secré-taire, et vallet de chambrc du Roy. *On les vend à Poictiers, à l'enseigne du Pélican,* 1549. In-fol.; veau fauve, fil., ornem. (*anc. rel.*).

Très bel exemplaire d'un livre remarquable par sa belle impression.

222. BESSARION (card.). (Orationes tres, ad Italos de periculis

imminentibus, de discordiis sedandis et bello in Turcum decer-
nendo, persuasio ad Italiæ principes ex auctoritate Demosthenis...). *S. l. n. d.* In-4 ; mar. brun, plaques à fr., tr. dor.

Un des premiers livres imprimés à Paris, par Géring, Krantz et Friburger. La lettre à Guillaume Fichet étant datée du 13 déc. 1470, l'impression n'a pu avoir lieu qu'au commencement de 1471.

Exemplaire de dédicace, précédé d'une épitre manuscrite adressée à
Guillaume Rovianus (?), prieur des Célestins; elle est décorée d'une bordure enluminée.

223. DOLET (E.). Stephani Doleti Orationes duæ in Tholosam.
Eiusdem Epistolarum libri II. Eiusdem Carminum libri II. Ad
eundem Epistolarum amicorum liber. *S. l. n. d. (Lyon, Gryphe,
vers* 1533). In-8; mar. rouge, fil., tr. dor. (*anc. rel.*).

Premier ouvrage publié par Dolet, où l'on trouve de curieux détails
autobiographiques. Rare.

Très bel exemplaire du duc de La Vallière, bien relié.

224. MURETUS. M. Antonii Mureti, J. C. et civis romani, Orationes XXIII, etc., etc. Ejusdem alia quædam Poëmatia. *Venetiis, apud Aldum,* 1575. In-8; figures sur bois; mar. bleu, tr.
dor. (*Thouvenin*).

Portraits d'Alde et de Muret gravés sur bois.

Magnifique exemplaire de Renouard, avec la signature autographe de
ALDE *le jeune,* imprimeur du livre.

III. POÉSIE.

1. *Poètes grecs et latins.*

225. Florilegivm diversorvm epigrammatum in septem libros
distinctum, diligenti castigatione emendatum, etc. *Venetiis,
apvd Aldi filios, M.D.L.* (1550). In-8; mar. rouge, compart.
à fil., tr. dor. (*Capé*).

Troisième édition de l'Anthologie donnée par les Alde, la plus correcte
et la plus complète. Très bel exemplaire.

226. HOMERI Vlyssea, Batrachomyomachia, Hymni XXXII. (En
grec.) (A la fin :) *Venetiis in aedibvs Aldi, et Andreae Asvlani*

soceri, M.D.XVII (1517) *mense Ivnio.* Pet. in-8 ; mar. violet, fil., ornem., tr. dor. (*Hayday*).

Deuxième volume de la meilleure et la plus rare des trois éditions aldines d'Homère. Bel exemplaire, sauf piq. de vers.

227. HOMERI Ilias, Ulyssea... (En grec.) (A la fin :) *Venetiis in aedibvs Aldi, et Andreae Asvlani soceri M.D.XXIIII* (1524), *mense Aprili.* 2 vol. in-8 ; mar. rouge, fil. à fr., coins, ancre aldine, tr. dor. (*Capé*).

Très bel exemplaire.

228. HOMERI. Ilias (en grec.) *Glasguae, in aedib. Academic. excudeb. Robertus et Andreas Foulis, academiæ typographi. M.DCC.XLVII* (1747). 2 vol. pet. in-4 ; veau écaille, fil., tr. dor.

Exemplaire en grand papier.

229. HOMÈRE. Les dix premiers livres de l'Iliade d'Homere prince des poetes : traduictz en vers Francois, par M. Hugues Salel, de la chambre du Roy, & abbé de S. Cheron. *On les vent à Paris... en la boutique de Vincent Sertenas,* 1545. (A la fin :) *Imprime a Paris par Iehan Loys* M.DXLV. In-fol.; fig. sur bois ; mar. La Vallière, fil. à fr., coins, tr. dor. (*Hardy*).

Première réunion des dix premiers livres de la traduction de Salel.
Frontispice au trait dans le goût Renaissance. Dix vignettes également au trait, assez bien dessinées dans la seconde manière des vignettes de Denis Janot. Elles sont entourées d'une bordure en arabesques. Belles initiales à fond criblé.

230. (PICOU, Henri de) L'Odyssee d'Homere ou les Avantures d'Ulysse en vers burlesques. *Paris, Toussainct Quinet,* 1650. In-4 ; grav.; mar. rouge, fil. à fr., tr. dor. (*Lortic*).

Fort rare. Bel exemplaire.

231. Homerici centones, a veteribus vocati Ὁμηρόκεντρα. Virgiliani centones. Utrique in quædam historiæ sacræ capita scripti. Nonni paraphrasis evangelii Ioannis. Græcè et Latinè.(*Genève.*) *Excudebat Henr. Steph. anno* 1578. In-16 ; veau fauve, fil., dos à petits fers, tr. dor. (*anc. rel.*).

Jolis petits caractères grecs.

232. ANACRÉON et SAPHO. Poésies (en grec). *Lutetiæ Parisiorum. Grangé.* 1754. — Les Poésies d'Anacréon, trad. du grec en vers françois, par F. G*** (Gacon). *Paris, Grangé,* 1754. — En 1 vol. in-12 ; mar. vert, fil., tr. dor. (*rel. du temps*).

Bel exemplaire en papier de Hollande.

233. (THEOCRITI Opera, cum scholiis græcis, cura Zach. Calliergi. *Romæ, typ. Zach. Calliergi,* 15 janvier 1516.) In-8 ; mar. La Vallière, fil., ornem.

Édition rare et recherchée, entièrement en grec, sauf le privilège de Léon X. Elle contient plusieurs pièces de Théocrite, qui n'avaient pas encore été publiées, un recueil de dix-neuf épigrammes et des scholies extraites de divers manuscrits. A la fin du volume se trouve la dissertation suivante que M. Didot a été le premier à signaler (*Alde Manuce,* p. 565) : « Commentaire sur la Syrinx de Théocrite, par Jean Pédiasime, savant gardien des archives de la Première Justiniane et de toute la Bulgarie. »

Bel exemplaire, sauf taches d'humidité dans le bas des derniers feuillets.

234. (THEOCRITI Idyllia... (A la fin :) *Haguenau, J. Secerius,* 1530.) Pet. in-8 ; mar. vert, fil., compart.

Édition peu commune. Le titre, le texte et la souscription sont en grec.

235. APOLINARIJ interpretatio Psalmorum versibus Heroicis (en grec). *Parisiis M. D. LII* (1552), *apud Adr. Turnebum Typographum Regium.* In-8 ; mar. vert, comp. (*anc. rel.*).

Première édition. Exemplaire aux armes de CAUMARTIN.

236. Dictionarium poeticum, quod vulgo inscribitur Elucidarium carminum, multoquàm antea emendatius. *Lutetiæ, ex offic. Rob. Stephani typ. reg.,* 1550. In-8 ; veau fauve, fil., tr. dor. (*Lortic*).

Très joli exemplaire.

237. LUCRETII (Titi) Cari de Rerum Natura libri sex. Accedunt Selectæ Lectiones dilucidando Poëmati appositae. *Lutetiæ Parisiorum, sumptibus Ant. Coustelier* (1744). In-12, fig. ; mar. rouge, dent., tr. dor. (*anc. rel.*).

Sept jolies fig. sur cuivre d'après Van Mieris, gravées par C. Duflos. Charmants en-têtes.

238. VIRGILII Opera. Mauri Servii Honorati in easdem commentarii.... castigationes et varietates virgilianæ lectionis per Johan. Pierium Valerianum. *Parisiis, ex officina Rob. Stephani,* 1532. In-fol. ; veau gris, fil.

« Cette édition est belle, dit Brunet, et mérite d'être recherchée. »

239. VIRGILII (P.) Maronis poetarvm latinorvm principis opera indvbitata omnia. Ad doctiss. R. P. Iacobi Pontani castigationes accuratissime excusa. *Sedani, ex typog. & typis nouissimis Ioan. Iannoni. M. DC. XXV* (1625). In-32 ; chagrin noir, tr. dor.

Édition rare, imprimée à Sedan avec les beaux caractères microscopiques de Jannon.

240. VIRGILII (P.) Maronis Bucolica, Georgica, et Æneis. *Birminghamiæ, typis Johannis Baskerville,* 1757. Gr. in-4 ; mar rouge, fil. et tr. dor. (*Derome ?*).

Chef-d'œuvre du célèbre imprimeur anglais.

241. VIRGILE. Les Œvvres de Virgile Maron, latin et françois, tradvites de nouueau par Robert et Antoine le Chevalier d'Agneaux, freres. *Paris, Guillaume Auuray,* 1583. — Les Œvvres de Cl. Horace Flacce, latin et françois de la Traduction nouuelle de Robert et Anthoine le Cheuallier d'Agneaux, freres. *Paris, G. Auuray,* 1588. — En 1 vol. in-8 ; veau fauve (*anc. rel.*).

Traductions fort rares. Très bel exemplaire, réglé.

242. VIRGILE. Les Eglogues de Virgile, traduites en vers françois, avec le latin à côté, & diverses autres poësies, par M. Richer. *Rouen, Eustache Herault,* 1717. In-8, fig. ; veau fauve.

Aux armes du comte D'HOYM.

243. HORATIUS. Christophori Landini Florentini in Q. Horatii Flacci libros omnes.... interpretationes. (A la fin :) *Impssū uenetiis p magistrū Bernardinū de tridino ex mõteferrato Anno salutis. M. cccc. lxxxvi* (1486). In-fol. ; mar. olive, compart. à froid, ornem. et tr. dor. (*Lortic*).

Exemplaire presque à toutes marges. Qq. piq. de vers.

8

244. HORATIUS. Epistole horatii nouiter ‖ emendate (au-dessous,
la marque de Jean de Gourmont). *S. d.* In-4, lettres rondes,
de 33 ff. (34ᵉ blanc); mar. rouge, fil. à fr., milieu en mosaïque, tr. dor. (*Lortic*).

Édition de toute rareté, non citée. Jean de Gourmont exerçait à Paris
de 1508 à 1520.
Exemplaire relié sur brochure, non rogné par le bas.

245. HORATIUS. Qvinti Horatii Flacci poemata, novis scholiis et
argvmentis ab Henrico Stephano illustrata. Eiusdem Henr.
Stephani Diatribae de hac sua editione Horatii, & uariis in
eum obseruationibus. (*Genève, H. Estienne,* v. 1575.) In-8;
parch.

Exemplaire bien complet d'une édition recensée sur des manuscrits.

246. HORATIUS. Acronis commentatoris Egregii in Quinti
Horatii Flacci Venusini Opera Expositio incipit. (Au rº du
dern. f.:) *Acronis… Commentaria… per Anthonium Zarothum
parmensem Mediolani impressa MCCCCLXXIIII* (1474). *Idibus
sextilibus.* Gr. in-4; mar. rouge, large dent., milieu, tr. dor.
(*anc. rel.*).

Première édition de ce commentaire. Il n'est pas accompagné du texte
qui a paru dans la même année chez le même imprimeur. Volume d'une
grande rareté.
Très bel exemplaire avec témoins. Une marge rapportée au titre. Riche
reliure.

247. OVIDIUS. Metamorphoseon libri XV. (A la fin :) *Venetiis
in ædibvs Aldi, et Andreae soceri mense Febrvario.* M.D.XVI.
(1516). In-8; mar. rouge, compart. à fil., fleur., tr. dor.
(*Hardy*).

Seconde édition aldine, supérieure à la première, avec des annotations
d'André Navagero.
Bel exemplaire, grand de marges. Piq. de vers racc.

248. OVIDE. La metamorphose d'Ovide, contenant l'Olympe
des histoires poëtiques, traduits de Latin en François. Nouuel-
lemens reueu & corrigé et mis en meilleur françois que les
precedentes impressions. *A Rouen, chez Théodore Reinsart,*
1608. In-16; veau fauve, doré en plein, tr. dor. (*anc. rel.*).

« La version en prose n'est pas la même que celle de l'édition donnée

par Jean II de Tournes à Genève, en 1579. Mais les figures, au nombre
de 178, sont des copies de la *Métamorphose figurée* de 1557. Le graveur
rouennais a grossoyé cette charmante suite et l'on a peine à y reconnaître
les spirituelles compositions du Petit Bernard. » (Didot, *Cat. rais.*,
n° 761.)

Belle reliure, portant les emblèmes attribués à la reine MARGUERITE
(un cœur percé et entouré de flammes, des larmes et une marguerite).

249. OVIDE. Ouide de Arte ‖ amendi (*sic*), trans‖late de
latin en ‖ francoys : Imprime ‖ nouuellement x. c. [c'est-à-
dire 10 cah.]. (Au r° du dern. f. :) *Cy fine le ‖ liure de Ouide de
lart daymer ‖ auecques les sept artz libe‖raulx : Nouuellement ‖
imprime a Genesue.* S. d. (vers 1500). Pet. in-4, goth., de
42 ff., sign. a-k.; mar. vert, jans., tr. dor. (*Thompson*).

Édition rarissime, différente de deux éditions décrites au *Manuel* et
au supplément, quoique composée d'un même nombre de feuillets. Au-
dessous du titre une gravure sur bois qui se répète au verso et à la
dernière page. En regard de la traduction est imprimé le texte latin sur
une colonne étroite. Les pages de toute cette partie sont ornées, sur le
côté, de bordures gravées sur bois. Le poème d'Ovide finit au verso
du f. G 4 : *Cy fine Ouide de lart daymer.* Immédiatement après on lit :
Cy commence le chef damours. C'est un abrégé d'un poème beaucoup plus
ancien. A partir de la page suivante (cah. H) l'impression est faite à
deux colonnes égales, et sans bordures marginales. Le *Chef d'amours*,
qui finit au recto de l'avant-dernier feuillet, est suivi d'une pièce de ver
sur les sept Arts libéraux.

Exemplaire relié sur brochure, en parfait état. Il y a deux cahiers
transposés à la reliure.

250. PHÆDRI fabulæ et **PUBLII** syri sententiæ. *Parisiis ex typographia regia,* 1729. Très pet. in-18; mar. vert, tr. dor. (*anc.
rel.*).

Édition microscopique. Frontispice gravé par Ph. Simonneau.

251. LUCANUS. M. Annei Lvcani civilis belli. (A la fin :) *Venetiis
apvd Aldvm mense aprili. M.DII. (1502).* In-8; veau noir,
compart. à fil., ornem., tr. dor. (*rel. ital. du temps*).

Première édition aldine. Exemplaire très pur.

252. LUCANUS. M. Annæi Lvcani Pharsalia, sive de bello civili
Cæsaris et Pompeji lib. X. Additæ sunt in fine Hvgonis Grotii
notæ... Et Thomæ Farnabii in margine. *Amsterodami, apud*

Ioannem Blaeuw. A°. CIƆIƆCXLIII. (1643). In-12, titre gravé ;
mar. rouge, fil., semis de fleurs de lys, tr. dor. (*anc. rel.*).

Belle reliure.

253. LUCAIN. La Pharsale de Lucain, ou les Guerres civiles de
César et de Pompée, en vers francois, par M. de Brebeuf. *A la
Haye, chez Arnout Leers,* 1683. In-12, front. et grav. à chaque
chant ; mar. bleu, fil., tr. dor. (*Thompson*).

Charmante édition, ornée à chaque livre d'une jolie gravure, par H.-P. de
Brugge.

254. JUVENALIS et **PERSIUS.** Satyræ. (A la fin :) *D. Iunii
Iuuenalis et A. Persii Flacci Satyras q̃ diligentissime casti-
gatas Antonius Zaroth' Parmensis Impressit Ml'i [Mediolani]
Mccclxxiiii* (1474). In-fol. ; bas. brune (*anc. rel.*).

Édition très rare, imprimée à Milan.
Exemplaire très pur. Encadrement enluminé et armoiries à la première
page.

255. JUVENALIS et **PERSIUS.** Satyræ. *Birminghamiæ, typis
Johannis Baskerville,* 1761. In-4 ; mar. rouge, fil. et tr. dor.
(*rel. du temps*).

Excellente reliure, très fraîche.

256. JUVÉNAL. Traduction nouvelle des Satyres de Juvénal en
vers francois avec des remarques sur les passages les plus difficiles. Par Monsieur de Silvecane, Président en la Cour des
Monnoyes... *Paris, Robert Pepie,* 1690. In-8 ; mar. rouge, fil.,
tr. dor. (*rel. du temps*).

Traduction fort rare, avec texte latin en regard. Il n'y a eu de publié
que ce tome Ier, contenant sept satires.
Exemplaire de dédicace aux armes de LOUIS XIV. Excellente reliure.

257. MARTIALIS (M. Val.). Epigrammatum opus. In Amphithea-
trum Cæsaris. (A la fin :) *Impressum Venetiis Impensis Joannis de Colonia : sociisq; eius Joannis manthen de Gherretzeȝ.
M.cccc.lxxv.* (1475). Pet. in-fol. ; mar. vert, fil. à fr., tr. dor.
(*Duru*).

Édition rare et recherchée. Exemplaire presque à toutes marges.

258. SIDONII apollinaris poema Aureum eiusdemq; epistole (cum commentariis Joannis-Baptistæ Pii). (A la fin :) *Impressum Mediolanni per magistrum Vldericum scizenzeler... Sub Anno domini. M. cccc. Lxxxxviii* (1498). *Quarto Nonas maias.* In-fol. ; cuir de Russie, compart. à fr., tr. dor.

> Première édition avec date. Exemplaire d'une grande pureté.

259. SIDONIUS. Caii Sollii Apollinaris Sidonii Arvernorvm episcopi opera... *Parisiis, ex officina Plantiniana, apud Hadrianvm Perrier, M. DC. IX* (1609). In-4 ; mar. brun, riches comp., tr. dor. (*rel. du temps*).

> Édition donnée par Savaron.
> Magnifique reliure, dite à l'*éventail*, à l'effigie équestre de FRANÇOIS II, duc DE LORRAINE. Il est représenté armé de toutes pièces, le glaive au poing et l'écu à ses armes. Sous les pieds du cheval, des trophées militaires ; dans le lointain, la ville de Pont-à-Mousson. On trouvera au catalogue illustré une reproduction de cette reliure, peut-être unique.

260. AUGURELLUS. Ioannis Aurelii Augurelli Ariminensis carminum liber primus. (A la fin :) ... *Impressum Verone Anno domini M.cccclxxxxi.* (1491) *die quinto Iulii.* In-4, de 38 ff. non ch. ; veau bleu, fil., tr. dor.

> Première édition, omise au *Manuel*, et fort rare. La première page est blanche ; à la seconde, un violoncelle et un archet, gravés sur bois.
> Très bel exemplaire.

261. PONTANI Opera ... A la fin :) *Venetiis in ædibus Aldi, et Andreæ Asulani soceri M. D. XIII* (1513). In-8 ; mar. vert, fil., dos à petits fers, tr. dor. (*Padeloup*).

> Seconde édition aldine.
> Exemplaire revêtu d'une charmante reliure, pouvant servir de point de comparaison, grâce à une étiquette collée à la première page, avec cette inscription : *Relié par Padeloup le jeune, place Sorbonne à Paris.*

262. STROZII poetæ pater et filius. (A la fin :) *Venetiis in ædibus Aldi et Andreæ Asulani soceri MDXIII* (1513). 2 t. en 1 vol. in-8 ; mar. rouge, dent., tr. dor. (*anc. rel.*).

> Première édition du recueil de poésies latines de Tite Vespasien Strozzi et de son fils Hercule, précédé d'une curieuse épître dédicatoire adressée par Alde à Lucrèce Borgia qu'il appelle *divine* (DIVÆ *Lucretiæ Borgiæ*). A la fin de la première partie (f. 99), on lit : *Venetiis in ædib. Aldi et Andreæ soceri mense Januario* 1513, c'est-à-dire 1514 nouv. style. Ce curieux volume

est terminé par le récit, dû à Celio Calcagnini, de la mort tragique d'Hercule Strozzi, assassiné par un rival qu'on croyait être le duc Alphonse d'Este.

263. SULPITIUS (J.). Libellus de moribvs in mensa servandis. Ioanne Sulpitio Verulano Autore. Cum familiarissima, & rudi Iuuentuti aptissima elucidatione Gallicolatina Gulielmi Durandi. *Lvgdvni, Apud Stephanum Doletum*, 1542. In-8 ; mar. vert, fil., tr. dor. (*Kœhler*).

> Première édition de ce petit poème moral qui a eu grand succès en son temps, et dont l'auteur est Jean Sulpice de Saint-Albin, dit Virulan. Très bel exemplaire.

264. BEZA (Th.). Psalmorvm Davidis et Aliorvm prophetarvm, Libri qvinqve. Argumentis & Latina Paraphrasa illustrata, ac etiam vario carminum genere latinè expressi. Theodoro Beza Vezelio auctore. *Genevæ*, M.D.LXXIX (1579). Pet. in-8, titre encadré ; vélin blanc, compart., tr. cis. et dor. (*rel. du temps*).

> Exemplaire réglé et de la plus grande fraîcheur de cette édition rare. Jolie reliure.

265. FOUR (J. du). Horativs christianvs. Avtore Io. dv Fovr. campano Deruensi, I. C. & Gymnasiarcha Turoni. *Tvroni, Apud Iacobvm Poinsot, & Clavdivm Bricet Regis typographos è regione Cytharæ*, 1629. In-12 ; mar. bleu, fil. à fr., tr. dor. (*Hardy*).

> Volume fort rare, non cité, imprimé à Tours. En tête, un panégyrique de cette ville, en vers latins. Recueil d'odes et d'épodes d'un professeur de Tours, dont les biographes ne parlent pas.

266. SANTOLII (J. B.) Victorini Selecta Carmina ad illustriss. V. D. P. Bellevræum. *Parisiis, apud Dionys. Thierry*, M.DC.LXX (1670). — Regis pro sua urbis Mercatores amplioris ordinis munificentia Encomium. *Parisiis, typis Petri le Petit*. M.D.LXXIV (1674). — En 1 vol. in-8 ; mar. rouge, fil., tr. dor. (*rel. du temps*).

> Première édition des œuvres réunies de Santeul, dédiée à M. de Bellièvre. Dans la première partie, ornée d'une grande planche hors texte, on trouve intercalées, au milieu du texte latin, cinq pièces imitées ou traduites par P. CORNEILLE : *Défense des fables dans la Poésie; Sur la Conqueste de la Franche-Comté; Sur le Départ du Roy; Sur les Fontaines de*

Paris, et une traduction de M. de Benserade *Sur l'embrasement de la Ville de Londres*. Entre les pages 30 et 31, on a ajouté une *Élégie* latine de Santeul, de 7 pages, paginées à part. A la fin des *Carmina*, deux nouvelles additions, l'une de 4 pp. ch., l'autre de 6 ff. non ch.; cette dernière, ornée d'une gravure à part de Fr. Chauveau, est terminée par les inscriptions des fontaines de Paris, avec la répétition des deux imitations de Corneille, sur ce sujet. M. Picot n'a pas connu ces éditions.

L'*Encomium* (14 pp.) n'est autre que le texte latin de l'éloge *Sur la libéralité du roy envers les Marchands de la Ville de Paris*, accompagné de deux traductions en vers : l'une, en regard, par Du Périer; l'autre, à la suite, par P. Corneille. Ces opuscules sont suivis de deux pièces latines (4 pp.), dont l'une sur la bibliothèque de Colbert.

Précieux exemplaire en grand papier, réglé, avec témoins, portant sur une garde cette mention : *Donné par lautheur le* 12 *octobre* 1674. Il contient deux corrections *autographes* de Santeul.

267. MAYRE (J.). Liladamus ultimus Rhodiorum, primusque Melitensium equitum magnus magister seu Melita. Poëma heroicum. Authore P. Jacobo Mayre, è Societate Jesu. *Parisiis, Apud Nic. le Gras,* 1685. In-8 ; mar. rouge, fil., tr. dor. (*rel. du temps*).

Première édition d'un poème héroïque en l'honneur du célèbre Philippe de Villiers de l'Isle-Adam, dernier grand-maître des chevaliers de Rhodes et premier des chevaliers de Malte.

Exemplaire aux armes du roi LOUIS XIV qui le donna ensuite au Père La Chaise, son confesseur, lequel en fit cadeau à la bibliothèque des Jésuites de la Maison professe, ce que constatent ces deux lignes manuscrites sur le titre : *Domus Profess. Paris. Soc. Jesu, DD. R. P. De la Chaise* 1693. Portrait du P. La Chaise ajouté.

268. BUCHANAN (G.). Psalmorum Dauidis paraphrasis poetica, nunc primum edita, Autore Georgio Buchanano, Scoto. Eiusdem Dauidis Psalmi aliquot à Th. B. [Beza] V. versi. Psalmi aliquot in versus itē Græcos nuper à diuersis translati. *Apud Henricum Stephanum et eius fratrem Robertū Stephanum.* S. d. In-8 ; mar. rouge, compart. à fil., tr. dor. (*anc. rel.*).

Première édition, fort rare.

Très bel exemplaire, portant au titre la signature de Chrestien FLORENT, précepteur d'Henri IV.

269. FOLENGO (Th.). Opvs Merlini Coccaii Poetę Mantuani Macaronicorum... (Au r° du f. 272 :) *Tusculani Apud Lacum*

Benacensem. Alexander Paganinus. M.D.XXI (1821). *Die V. Ianvarii.* In-16; fig. sur bois ; mar. brun, compart. (*rel. ital. du temps*).

Édition fort recherchée, beaucoup plus complète que les précédentes, imprimée en caractères particuliers et ornée d'un grand nombre de gravures sur bois.

Exemplaire sur papier fort, grand de marges, avec les huit feuillets à la fin qui manquent souvent. Quelques raccommodages.

270. FOLENGO (Th.). Merlini Cocalii (*sic*) poetæ mantvani macaronicorvm poemata. Nunc recens accurate recognita cum figuris locis suis appositis. (A la fin :) *Venetiis. Apud hæredes Petri Rauani & socios, M.D.LIIII* (1554). In-12; fig. sur bois; mar. rouge, fil., tr. dor. (*anc. rel.*).

Édition fort rare. Mêmes gravures que dans l'édition ci-dessus.

271. ARENA (Ant.). Meygra entreprisa catoliqui Imperatoris quando de anno Domini Mille cccccc.xxxvi. veniebat per Provensam bene corrosatus in postam prendere Fransam cum villis de Provensa ; propter grossas, et menutas gentes rejohire. Per Antonium Arenam, bastifausata, *Bruxellæ, apud J. van Ulanderem, typographum.* M.DCC.XLVIII (1748). In-8 ; mar. citron, fil., compart., tr. dor. (*Simier*).

Curieuse satire contre l'expédition de Charles-Quint en Provence. Seconde édition, imprimée à Avignon, sous la rubrique de Bruxelles.

2. *Poètes français.*

272. MARTIAL DE PARIS. Les Poésies de Martial de Paris, dit d'Auvergne. *Paris, de l'impr. d'Ant. Urbain Coustelier,* 1724. 2 vol. in-8 ; mar. rouge, fil., tr. dor. (*anc. rel.*).

Bel *ex-libris* gravé d'Arthur Dillon, archevêque-primat de Narbonne.

273. La description Philosophale, forme, & nature des bêtes, tant priuees que sauuages, Auec le sens Moral comprins sus le naturel & condition de iceux. — La description philosophale de la nature & condition des oyseaux, & de l'inclination & proprieté d'iceux auec la figure & pourtraict au naturel, le tout moralisé de nouueau. *A Paris, par Ian Ruelle, rue S. Iaques à*

l'ens. S. Nicolas, 1571. — En 1 vol. in-16; fig. sur bois; mar. vert, fil. à fr., tr. dor. (*Kœhler*).

> Volume curieux et rare. Gravures de rassortiment; quelques-unes sont assez bonnes.

274. BELLAY (J. du). Les Oeuures françoises de Joachim du-Bellay Gentil-homme Angevin & poëte excellent de ce temps. Reueues & de nouueau augmentees de plusieurs poësies non encore auparauant imprimees (par les soins de G. Aubert). *Paris, Federic Morel,* 1573. In-8 ; vélin bl.

> Bel exemplaire.

275. BELLAY (J. du). Entreprise du Roy-Daulphin pour le tournoy, soubz le nom des chevaliers advantureux. A la Royne et aux dames, par Ioach. du Bellay Ang. *Paris, Federic Morel,* 1559. In-4, de 14 ff. ; demi-rel. perc. rouge.

> Le roy Dauphin est François II. Édition originale, fort rare. Très bel exemplaire.

276. CORROZET (Gilles). Hecatōgraphie, c'est à dire les declaratiōs de plusieurs apophtegmes, Prouerbes, sentences & dictz, tant des anciens que des modernes. *S. l. n. d.* (marque d'Icare). In-8 ; veau fauve, fil., tr. dor. (*Kœhler*).

> Édition fort rare, due à un imprimeur lyonnais inconnu.

277. SALUSTE (G. de). La Sepmaine, ov creation dv monde, de G. de Salvste, Seignevr dv Bartas, Diuisee en considerations, et illustree des Commentaires de Pantaleon Thevenin Lorrain... *A Paris, chez Hierosme de Marnef, et la veufue de Guillaume Cauellat.* M.D.LXXXV (1585). (A la fin :) *Fut acheué d'imprimer le* 20. *Novembre* 1584. *par Denis Cotinet, M. Imprimeur à Paris.* In-4 ; vél. bl., fil., dos orné (*anc. rel.*).

> Belle édition, ornée de gravures sur bois.
> Exemplaire réglé, grand de marges. Jolie reliure. Sur un des plats, des armoiries entourées de la devise : *Amicus usque ad aras;* sur l'autre plat : *Ic scay qui n'erre.*

278. MALHERBE (Fr. de). Les Œuvres. *Paris, A. de Sommaville,* 1642. In-12 ; veau fauve, fil. (*anc. rel.*).

> Exemplaire avec la signature DE FONTENELLE sur le titre.

279. SARASIN (J.-Fr.). Les Œuvres de Monsieur Sarasin. *Paris, Nicolas le Gras*, 1685. 2 vol. in-8; mar. rouge, fil. et tr. dor. (*anc. rel.*).

> Édition plus complète que les précédentes.
> Aux armes de la famille DE CHANALEILLES.

280. BREBEUF (G. de). Poesies diverses de M. de Brebeuf. *Paris, Guillaume de Luyne*, 1658. In-12; mar. vert, fil., tr. dor. (*Duru*).

> Jolie édition dédiée au surintendant Foucquet. Bel exemplaire.

281. BOILEAU. Œuvres diverses du sieur D***... *Paris, Denys Thierry*, 1694 (?). In-12, de 8 ff., 306 pp. et 1 f.; fig.; mar. bleu, fil., tr. dor. (*Lortic*).

> Édition non citée au *Manuel*. Le titre est le même que dans l'édition en 2 vol. sous la même date. Le privilège, daté de 1697, forme un feuillet séparé à la fin du volume.
> Très joli exemplaire.

282. CORNEILLE (P.). Lovanges de la sainte Vierge, composées en rimes latines par S. Bonaventure. Et mise en vers françois par P. Corneille. *A Rouen, et se vendent à Paris chez Gabriel Quinet*, 1665. Pet. in-12; mar. vert, jans., tr. dor. (*Duru*).

> Édition originale. Bel exemplaire.

283. CORNEILLE (P.). L'Imitation de Jesus Christ, tradvite en vers François, par P. Corneille. *Imprimé à Rouen. Et se vendent à Paris, chez Pierre Le Petit*, 1651. 2 t. en 1 vol. in-12, de 5 ff. et 109 pp. et 6 ff. et 66 pp.; front. gr.; mar. rouge, fil., tr. dor. (*Hardy*).

> Réunion de deux premiers livres, imprimés réellement en 1652 et 1653. Texte latin en regard. (Voir E. Picot, *Bibliogr. Cornélienne*, nᵒˢ 115 et 119.)
> Rare. Bel exemplaire.

284. CORNEILLE (P.). L'Imitation de Jesvs-Christ. Traduite en Vers François par P. C. Enrichie de figures.... *A Rouen, de l'Imprimerie de L. Maurry*, 1653. In-12; front. et fig.; mar. rouge, fil., tr. dor. (*Capé*).

> Édition originale des deux premiers livres en un seul volume, sans

texte latin. Trente-sept figures en taille-douce, par R. du Clos, David, etc. Fort rare. Très joli exemplaire.

285. CORNEILLE (P.). L'Imitation de Iesvs-Christ. Traduite et paraphrasée en Vers François. Par P. Corneille. *Imprimée à Rouen, par L. Maurry, pour Robert Ballard... à Paris,* 1656. In-4; front. et 1 grav. de Chauveau; mar. rouge, riches comp., tr. dor. (*Lortic*).

> Première édition des quatre livres réunis.
> Magnifique exemplaire couvert d'une charmante reliure. Au bas du frontispice on lit : *Donum Auctoris,* qui paraît être de la main même de Corneille. Dans le bas, d'une autre main, une note constatant que ce don a été fait au collège des jésuites de Rouen.

286. CORNEILLE (P.). L'Imitation de Jesus-Christ, traduite et paraphrasée en vers françois. Par Pierre Corneille, conseiller du Roy. Édition nouvelle. *Bruxelles, François Foppens,* 1684. Gr. in-12; fig.; mar. noir, tr. dor. (*anc. rel.*).

> Exemplaire avec l'*ex-libris* de Hugues de Basseville.

287. MÉNAGE (G.). Ægidii Menagii Poemata. Quarta editio auctior et emendatior. *Amstelodami, ex officina Elzeviriana,* 1663. Pet. in-12; mar. rouge, comp. à fil., tr. dor. (*anc. rel.*).

> Charmante édition. Elle contient les poésies diverses, les élégies et les épigrammes en latin de Ménage, ses églogues en grec, ses idylles, églogues, élégies, stances, épitres, sonnets, etc., en français, et enfin ses poésies en italien.
> Très joli exemplaire.

288. SCUDERY. Alaric, ou Rome vaincuë. Poëme héroïque, par M. de Scudery. Suivant la copie de Paris. *A la Haye, chez Jacob van Elsinckhuysen,* 1685. In-12; mar. rouge, fil., tr. dor. (*Thouvenin*).

> La plus belle de toutes les éditions, ornée d'un frontispice, d'un portrait de la reine de Suède et de dix belles gravures en taille-douce.

289. LA FONTAINE. Adonis, poëme, par Jean de La Fontaine. *De l'imprimerie de P. Didot l'aîné. A Paris, chez Bozerian, an II* (1793). In-18; mar. bleu, comp., tr. dor.

> Exemplaire sur papier vélin, réglé.

290. LA FONTAINE. Fables choisies, mises en vers par J. de La Fontaine. Nouvelle édition gravée en taille-douce, les figures par le s^r Fessard, le texte par le s^r Montulay. *Paris, chez l'auteur,* 1765. 6 vol. in-8; fig. et culs-de-lampe; veau racine, fil. (*Derome*).

Édition entièrement gravée, ornée de 246 figures et d'un grand nombre de culs-de-lampe, d'après les dessins de Monnet, Loutherbourg, Huet, Bardin, Saint-Quentin, Meyez, etc., etc.

291. LA FONTAINE. Fables de La Fontaine. Imprimé par ordre du Roi pour l'éducation de Monseigneur le Dauphin. *Paris, de l'imprim. de Didot l'aîné,* 1789. 2 vol. in-8; mar. rouge, compart., doublé de tabis, tr. dor. (*Bradel*).

Exemplaire réglé, auquel on a joint un portrait de La Fontaine gravé par Ficquet, en superbe épreuve, et deux gravures de Girodet, d'après Perrier, sur vélin.

292. Recueil de nouvelles poesies galantes, critiques, latines et françoises. *A Londres (Genève), cette présente année (vers* 1740). 2 part. en 1 vol. in-12; mar. vert, riche dent., tr. dor. (*anc. rel.*).

Recueil très gaillard, où il se trouve aussi des vers en patois bourguignon. Riche et belle reliure.

293. ARNAUD (d'). Les Lamentations de Jérémie. Odes dédiées à Sa Majesté la Reine de Pologne, électrice de Saxe, par monsieur d'Arnaud. *Dresde,* 1752. In-4; mar. vert, fil., tr. dor. (*anc. rel.*).

Fort rare. Exemplaire aux armes du Dauphin, plus tard LOUIS XVI.

294. LE FRANC DE POMPIGNAN. Poësies sacrées et philosophiques, tirées des Livres Saints. *Paris, Prault,* 1763. In-4, frontisp. et vign. sur cuivre; mar. rouge, fil., ornem. et tr. dor. (*anc. rel.*).

Volume orné de charmantes vignettes d'après Cochin et d'un frontispice d'après Eisen.

295. BERNIS (le card. de). Les Quatre Saisons ou les Géorgiques françoises, poëme par le C. de B. *A Paris,* 1763. In-8, de 71 pp.; mar. rouge, fil., tr. dor. (*anc. rel.*).

Volume très rare, auquel on a ajouté cinq charmantes vignettes *inédites* gravées en 1762 par C. Campion d'après C. Monnet. La première contient le portrait de l'auteur.

296. VOLTAIRE. La Henriade. Avec les variantes. Nouvelle édition. *S. l. M. D. CC. XLVI* (1746). In-12; mar. vert, fil. à fr., tr. dor. (*anc. rel.*).

Édition dite *des Damnés.* Exemplaire avec les cartons ajoutés pour les pp. 157 à 160.

297. VOLTAIRE. La Pucelle d'Orléans, poëme heroï-comique. Nouvelle édition, sans faute et sans lacune, en dix-huit chants. *Glasgow, chez les frères Follis,* 1756. In-32; mar. rouge, fil., tr. dor.

Édition microscopique, faite sur l'édition subreptice de *Louvain,* 1755.

298. VOLTAIRE. La Pucelle d'Orléans, poëme divisé en vingt chants, avec des notes. Nouvelle édition, corrigée, augmentée et collationnée sur le Manuscript de l'Auteur. (*Genève.*) 1762. In-8; fig. sur cuivre; mar. rouge, dent., tr. dor. (*anc. rel.*).

Première édition avouée par Voltaire, ornée d'une gravure à chaque chant.

3. *Poësies en patois de la France.*

299. GOUDELIN (P.). Las Obros de Pierre Goudelin augmentados d'uno noubélo Floureto. *A Toulouso, per Pierre Bosc,* 1648. In-4, 104 ff. et 35 ff. de glossaire; mar. rouge, fil.

Première édition complète et la dernière publiée du vivant de l'auteur.

300. GOUDELIN (P.). Las Obros de Piérre Goudelin, augmentados de forço péssos é le Dictionnari sus la Lengo moundino... *A Toulouso, per J. é G. Péch,* 1694. 2 tomes en 1 vol. in-12; mar. olive, fil., tr. dor. (*anc. rel.*).

Exemplaire aux armes de M. DE MACHAULT, contrôleur général des finances.

301. SAGE (D.). Las Foulies dau Sage de Mounpelió revistos è augmentados de diversos piessos de l'Authour. Embéson Tes-

tamen obro tant desirado. *A Amsterdam, chez Nicolas Deborde,* 1725. In-8 ; mar. rouge, fil. à fr., tr. dor.

Édition rare. Le texte commence à la p. 15 après 4 ff. lim. ; cependant il ne manque rien.

302. BELLAUDIÈRE (L. de la). Obros, et ‖ rimos prov‖vensalos, de Loys ‖ de la Bellavdiero , ‖ Gentilhomme Prou-‖uenssau. Reviovdados per Pierre ‖ Paul, Escvyer de Marseillo. ‖ Dedicados, ‖ as vertvovzes, et generovzes ‖ Seignours, Lovys d'Aix, & Charles ‖ de Casaulx, Viguier, & premier Conssou, ‖ Capitanis de duos Galeros, & Gouuernadours de l'anti-‖quo Cioutat de Marseillo. *A Marseille,* ‖ *Par Pierre Mascaron.* ‖ *Auec permission desdits Seigneurs.* ‖ 1595. In-4 ; mar. rouge, tr. dor. (*Duru*).

PREMIER LIVRE IMPRIMÉ à MARSEILLE. Superbe exemplaire, de premier tirage, avant les mutilations nécessitées par la révolution survenue à Marseille en février 1596. Conforme à la description du *Manuel*, et de la plus grande rareté.

Le poëte Louis de Belland, dit de la Bellaudière, était mort en 1588. Le recueil ci-dessus contient en outre des pièces de poésie d'Estienne Hozier, gentilhomme de la ville de Salon, ancêtre des célèbres généalogistes de ce nom.

303. Manual de cantichs que se cantan en les Missions que se fan en lo Bisbat de Elna, disposat per los Reverends y Doctors Simon Salamo y Melchior Gelabert. *En Avinio, en casa de F. B. Merande,* 1755. In-8 ; mar. bleu, fil., tr. dor. (*Closs*).

Exemplaire réglé, à toutes marges. Qq. racc.

4. *Poètes italiens, espagnols et allemands.*

304. DANTE. Commedia di Dante insieme con vno dialogo [d'Ant. Manetti] circa el sito forma et misvre dello Inferno. (A la fin, avant les errata :) *Impresso in Firenze per opera et spesa di Philippo di Giunta Fiorentino gli anni della salutifera incarnatione. M.DVI.* (1506) *a di .xx. d'Agosto.* Pet. in-8 ; vélin.

Édition belle, rare et recherchée, ornée de gravures sur bois dont la première est du plus beau style florentin.

305. DANTE. Opere del divino poeta Danthe con svoi comenti

recorrecti et con ogne diligentia novamente in littera cvrsiva impresse. (Au v° de l'av.-dern. f. :) *Fine del comento di Christoforo Landino Fiorētino sopra la comedia di Danthe... Impressa in Venetia per Miser Bernardino stagnino da Trino de Monferra, Del. M.CCCCCXX.* (1520) *a di. XXVIII. Marzo.* In-4; mar. rouge, fil. et tr. dor. (*Hardy*).

Édition rare et recherchée, ornée d'un grand nombre de gravures sur bois. Magnifique exemplaire.

306. DANTE. Dante con nvove et vtilissime annotationi aggivntovi l'indice de vocaboli... *In Venetia, per Giovann' Antonio Morando, M.D.LIIII* (1554). Pet. in-8; mar. rouge, fil. à fr., milieu, tr. dor. (*Lortic*).

Édition fort rare, non citée au *Manuel*, ornée de belles gravures sur bois et d'initiales historiées.
Très joli exemplaire.

307. PETRARCA. Il Petrarcha. (Second titre :) Petrarcha con doi commenti sopra li sonetti et canzone. El primo del ingeniosissimo misser Francesco Philelpho. Laltro del sapientissimo misser Antonio da tempo novamente addito. Ac etiam com lo commento del Eximio Misser Nicolo Peranzone, ouero Riccio Marchesiano sopra li Triumphi, con infinite noue acute & excellente expositione. (A la fin :) ... *Impressuȝ Venetiis p dūm Bernardinū Stagninū Alias de Ferrarijs de Tridino Mōtisferrati. Anno dñi. M.D.XXII* (1522). *Die. xxviij. Martij. Regnāte il serenissimo principe Misser Antonio Grimano.* In-8; fig.; mar. rouge, fil. à fr.; tr. dor.

Très belle édition, ornée de gravures sur bois et non citée au *Manuel*.
Magnifique exemplaire.

308. PETRARCA. Il Petrarcha con l'espositione di M. Giovanni Andrea Gesvaldo. *Vinegia, Gabriel Giolito de Ferrari e fratelli,* 1553. 2 tom. en 1 vol. in-4; mar. rouge, comp. à fil. (*anc. rel.*).

Édition belle et soignée, une des plus estimées qui existe du Commentaire de Gesualdo. Elle est ornée de 7 vignettes sur bois assez jolies à la partie des *Trionfi*, de frontispices et initiales historiées.
Exemplaire revêtu d'une belle reliure, genre Du Seuil.

309. PETRARCA. Il Petrarca con dichiarazioni non piu stampate. Insieme alcune belle Annotazioni tratte dalle dottissime prose

di Monsignor Bembo... *In Lyone, appresso Gulielmo Rouillio*, 1558. In-16 ; veau noir estampé, tr. cis. et dor. (*rel. du temps*).

Jolie édition. Les 6 vignettes sur bois qui se rencontrent aux Triomphes ne sont pas les mêmes que celles de l'édition donnée par ce même Rouillé en 1551.

310. **PETRARCA.** Les Triumphes Petrarcque.... (A la fin :) *Cy finissent les triumphes de Messire Francoys Petrarcque... nouuellement redigez de son lāgaige vulgaire Tuscan en notre diserte langue Francoyse. Et imprimez nouuellement a paris par Denis Ianot Libraire et Imprimeur demourant en la rue neufue nostre Dame a l'enseigne Sainct Iehan Baptiste pres Saīcte Geneuiefue des Ardens,* 1538. Pet. in-8 ; veau jaspé, fil., tr. dor. (*anc. rel.*).

Volume rare, orné de gravures sur bois grossoyées.

311. **PETRARCA.** Francisco Petrarca ‖ con los seys triunfos de toscano sacados en ca‖stellano con el comento que sobrellos se hizo. (A la fin, avant la table :) *Fue ympressa... en la muy noble y leal cibdad d' logroño por Arnao quillen de brocar acabose lunes a veynte dias del mes de deziembre año... de mil z quinientos y doze años* (1512). In-fol., goth. ; cart. en vél.

Édition de toute rareté, imprimée à Logroño. Elle est ornée de six grandes gravures sur bois qui paraissent avoir été exécutées en Espagne; bien que le style se rapproche un peu de celui des livres italiens de cette époque. L'impression en est belle et les lettres ornées sont de même facture que les planches. La traduction est d'Ant. de Obregon, le commentaire de Bern. Ilicino.
Magnifique exemplaire.

312. **BOCCACCIO** (Giov.). Amorosa Visione di messer Giou. Bocc. nuouamente ritrouata, nella quale si cōtēgono cinq̃ Triumphi cioe : Triumpho di sapiētia, di Gloria, di Ricchezza, di Amore, e di Fortuna, Apologia di H. Claricio. Immol. contro Detrattori della Poesia del Bocc. Osseruationi di uolgar gramatica del Bocc. (A la fin du texte :) *In ædibvs Zannotti castellionei Impensa. D. Andreæ Calui nouocom. accurate Impress. Mľi [Mediolani] Mens. F. Die. X. M.D.XXI* (1521). In-4 ; mar. rouge.

Édition fort rare. Bel exemplaire, avec notes manuscrites.

313. TASSO (T.). Gervsalemme liberata. Tratta da fedeliss. copia, et vltimamente emendata di mano dell' istesso Auttore. Oue non pur si veggono i sei Canti, che mancano al Goffredo stampato in Vinetia... *In Parma Nella Stamparia d'Erasmo Viotti, M.D.LXXXI* (1581). In-12; mar. rouge, fil. à fr. ornem., tr. dor. (*Capé*).

L'une des premières éditions. Rare.

314. TASSO (T.). Delle Rime del Sign. Torquato Tasso. *In Venetia, appresso Evangelista Deuchino & Gio. Battista Pulciani,* 1608. 2 vol. in-12 allongé; cuir de Russie, fil., tr. dor.

Édition rare. Les petites figures qui se rencontrent à chaque chant du *Goffredo* sont finement gravées.

315. ARIOSTO (L.). Orlando furioso di messer Lodovico Ariosto, tutto ricorretto e di nuoue figure adornato. Con le annotationi... di Ieronimo Ruscelli.... *In Venetia, Appresso gli Heredi di Vincenzo Valgrisi.* 1580. In-4; vél. blanc.

Belle et rare édition, ornée d'un joli titre et de fines gravures sur bois, richement encadrées.
Très bel exemplaire.

316. ARIOSTO (L.). Orlando fvrioso di M. Lodovico Ariosto Nuouamente adornato di Figure di Rame da Girolamo Porro Padouano. Et di altre cose che saranno notate nella segvente facciata. *In Venetia M.DLXXXIIII* (1584) *Appresso Francesco de Franceschi Senese e Compagni.* In-4; veau brun, compart. a fil., dos à petits fers, tr. dor. (*rel. du* XVIIᵉ s.).

Édition ornée de belles gravures en taille-douce.
Magnifique exemplaire (avec la 33ᵉ pl. répétée), revêtu d'une riche reliure par un des Ève, aux armes et au chiffre de MÉRY, sieur DE VIC, seigneur d'Ermenonville, garde des sceaux de France, mort en 1622. Il possédait une bibliothèque splendide, qui renfermait environ 3,000 volumes ayant appartenu à Grolier.

317. ARIOSTO (L.). Le Satire di M. Lodovico Ariosto novissimamente ristampate. *S. l. n. d.* Pet. in-8, de 34 ff. non ch.; mar. rouge, fil. et tr. dor. (*Capé*).

Édition fort rare et non citée, imprimée en caractères italiques. Sur le titre, le portrait de l'auteur gravé d'après Titien.

318. Opera nuoua piaceuole & da ridero de uno uillano lauora-
tore nomato Grilla elquale uolse diuentar medico : in rime his-
toriata con piu stantie nouamente agionte. (A la fin :) *Stam-*
pato in Vinegia per Nicolo d'Aristotile detto Zoppino, 1537. Pet.
in-8, de 24 ff. ; mar. vert, fil. à fr., tr. dor. (*Kœhler*).

> Facétie précieuse et rare en vers. Les figures de ce livre se rapprochent
> du style imagerie. L'une d'entre elles a pu fournir l'idée de la gravure
> d'un conte de La Fontaine, la *Jument du compère Pierre.*

319. SYMEONI (G.). Le Satire alla Berniesca di M. Gabriello
Symeoni con vna Elegia sopra alla morte del Re Francesco
Primo & altre Rime a diuerse persone. (A la fin :) *In Turino-*
pro Martino Crauotto, 1549. In-4 ; mar. bleu, fil. et tr. dor.
(*Niedrée*).

> Volume rare. Il renferme aussi des poésies françaises.

320. ESPINOSA (P.). Primera parte de las flores de poetas ilus-
tres de España, dividida en dos libros ordenada por Pedro
Espinosa... *En Valladolid, por Luys Sanchez,* 1605. In-4 ;
veau fauve (*anc. rel.*).

> Anthologie extrêmement rare, formée par Espinosa avec beaucoup de
> critique, et contenant des pièces que l'on chercherait vainement ailleurs.
> Ticknor fait grand éloge de ce recueil.

321. Von eines küniges toch‖ter võ Fränkrich ein hüb‖sches lesen
wie d' künig sie selb zu d'Ee wolt hon des sie doch got vor im
behüt ‖ vñ darüb sie vil trübsal vñ not erlidt. zu letst ein kün-
gin in Engellant ward. (A la fin :) *Getruckt... durch Grüninger*
als man in nent jm tusent vnd fünffhundert (1500) *jar uff gburt*
Marie das ist war. Pet. in-fol., goth., de 72 ff., à 2 col. de 41 lign.;
mar. lie de vin, fil., milieu, tr. dor. (*Lortic*).

> Volume de toute rareté, non mentionné par les bibliographes, sauf Hain
> (n° 10039), et imprimé à Strasbourg. Il est orné de 39 gravures sur bois à
> mi-page, très curieuses.
>   Ce poème d'une *Princesse de France,* composé en 1400, n'est au fond
> qu'une traduction presque textuelle (sauf les changements de lieu et de
> noms) d'un poème chevaleresque intitulé : *la Manekine,* dû à Philippe de
> Beaumanoir, le grand jurisconsulte du xiii° siècle.

322. GENGENBACH (P.). Nouella.

> Wâr iemandtz der new mär begärt,
> Der wirt in disem büchlin gwärt.
> Er wirt hören gross obenthür.
> Die do kurtzlich ist gangen für.

(Celui qui désire de nouvelles légendes en trouvera dans ce petit volume et il entendra des aventures étranges qui se sont passées récemment.) *S. l. n. d.* In-4, goth., de 18 ff. non ch.; mar. La Vallière, fil., milieu, tr. dor. (*Lortic*).

Petit poème allemand, dû à Pamphile Gengenbach, imprimé à Francfort vers 1525, avec bordures et gravures sur bois, et dirigé contre Murner. Une des gravures sur bois le représente au moment où, voulant exorciser la Réformation, elle finit par l'avaler.

Très bel exemplaire de ce volume extrêmement rare.

IV. THÉATRE.

1. *Théâtre grec et latin.*

323. (ÆSCHYLI Tragœdiæ sex; en grec.) *Parisiis, ex officina Adriani Turnebi, M.D.LII* (1552). In-8; mar. vert, fil.

Deuxième édition, bien imprimée et fort rare.
Bel exemplaire. Notes manuscrites.

324. SOPHOCLIS Tragœdiæ VII... Opera Gulielmi Canteri. *Antverpiæ, ex off. Christ. Plantini,* 1579. In-16; mar. vert, fil., dos à petits fers, tr. dor.

Charmante reliure aux armes du comte D'HOYM.

325. SOPHOCLIS Tragœdiæ septem, cum scholiis veteribus, versione latina et notis Accedunt deperditorum drammatum fragmenta ex editione Rich. Franc. Phil. Brunck. *Argentorati,* 1788. 3 vol. in-8; mar. vert, fil. et tr. dor. (*anc. rel.*).

Édition tirée à 250 exemplaires. Belle reliure.

326. ARISTOPHANES. (Aristophanis Thesmophoriazusæ, græce, cum græcis scholiis Ægidii Bourdini.) *Parisiis, apud Ioannem Lodoicum Tiletanum,* 1545. In-4, de IV ff. et 71 pp.; mar. citr., fil., orn., milieu, tr. dor. (*Lortic*).

Opuscule rare et peu connu, avec une épître en grec adressée à François Ier.

327. TERENTIUS. Pvblii Terentii Come‖diæ cvm brevi vo‖cabu-

lorum difficilium enarratiöe ‖ pro puerulis a Tho. Aucu‖pario
condita. (A la fin :) *Argentoraci Ex Officina... Ioannis Gru-*
niger... Anno... M.D.XI (1511). *Mense Februario.* Pet. in-8,
semi-goth. ; mar. La Vallière, comp. à fil., tr. dor. (*Hardy*).

Édition fort rare, imprimée avec des caractères d'un aspect particulier,
et ornée de six gravures sur bois.
Charmant exemplaire, rempli de témoins.

328. TERENTIUS. Publ. Terentii Afri, quæ extant comœdiæ.
Nunc primum à Steph. Doleto recognitæ & emendatæ, atqʒ
scholiis illustratæ : idqʒ præter Erasmi, Malanchthonis & Riuij
animaduersionem. *Lugduni, apud Steph. Doletum,* 1540. In-8 ;
veau fauve, fil., tr. dor. (*anc. rel.*).

Édition fort rare, due aux soins d'Étienne Dolet. Très bel exemplaire.

329. TERENTIUS. *Parisiis, ex officina Rob. Stephani,* 1540.
(A la fin :) *Excudebat Rob. Stephanus Parisiis, Ann. M.D.XLI*
(1541). *Idib. Ianuarii.* In-24 ; mar. vert, fil., dos à petits fers,
tr. dor. (*anc. rel.*).

« C'est, dit M. Brunet, l'édition la plus portative qui ait encore paru à
cette époque. »

---

330. Ludus Diane in modum Comedie coram Maximili-‖ano Rho-
manorum Rege Kalendis Martijs ⱬ ‖ Ludis saturnalibus in arce
Linsiana danu-‖bij actus : ..... ₽ Petrum ‖ Bonomum Re-‖gi :
Cancel. Joseph Grun-‖pekium Reg. Secre. ‖ Conradum Celten :
Reg : ‖ Poe. Ulseniũ Phrisium : Vin‖centium Longinum in hoc ‖
Ludo Laurea dona-‖tum fœliciter et ‖ iucundissi-‖me repre‖
senta‖tus. (A la fin :) *Impressum Nuremberge ab Hieronymo*
Hœlcelio... Anno Mccccc et primo (1501) *noui seculi Idib' Maijs.*
In-4, de 6 ff., goth.; mar. brun, milieu, tr. dor. (*Lortic*).

Pièce en musique jouée à Linz devant l'empereur Maximilien. Musique
notée. Exemplaire parfait de cette plaquette rarissime.

331. HASENBERGIUS (J.). Lvdvs lvdentem Lvderum lvdens,
quo Ioannes Hasenbergius Bohemus in Bacchanalib. Lypsiæ,
omnes ludificantem Ludionem, omnibus ludendum exhibuit.
Anno M.D.XXX. (Au rº du dern. f. :) *Procusum Lypsiæ. Anno*
1530. In-4, de 22 ff. ; veau fauve, fil., tr. dor. (*Bauzonnet*).

Première édition, extrêmement rare, d'une pièce semi-allégorique, en quatre actes, en prose, fort intéressante pour l'histoire de la Réformation. Elle est, en effet, dirigée contre Luther, auquel l'auteur fait jouer un rôle odieux sous le nom de *Luderus*, de compagnie avec sa femme Catherine. Parmi les interlocuteurs figurent : la Religion, l'Hérésie, la Sédition, etc.

Sur le titre et à la dernière page sont groupées quatre gravures sur bois, d'une bonne composition, représentant respectivement les personnages de chaque acte. Le Réformateur y figure deux fois. Sauf la première, ces gravures sont aussi répétées isolément en tête des trois derniers actes.

Magnifique exemplaire, provenant des collections Soleinne et Yemeniz.

2. *Théâtre français.*

332. GREVIN (J.). Le Theatre de Iaques Grevin de Cler-mont en Beauuaisis, a tres illustre princesse madame Claude de France. Ensemble la seconde partie de l'Olimpe et de la Gelodacrye. *A Paris, pour Vincent Sertenas et Guill. Barbé*, 1562. In-8, de 328 pp. ; cart.

C'est l'édition originale de 1561 dont on a seulement rajeuni le titre. Fort rare.

Exemplaire grand de marges (H. : 163 mill.). Marge rapportée au titre et qq. racc.

333. BELLEFOREST (Fr. de). La Pastorale amoureuse, contenant plusieurs discours nō moins proufitables que recreatifs. Auec des descriptions de Paisages. Par F. de Belleforest Comingois. *A Paris, chez Iean Hulpeau, rue sainct Iean de Latran*. 1569. In-8 ; mar. rouge, fil. à fr., tr. dor. (*Duru*).

Petite pièce à quatre personnages. Première édition. Très bel exemplaire, réglé.

334. JODELLE (E.). Les Œuures & meslanges poetiques d'Estienne Iodelle, sieur du Lymodin. Premier volume. *Paris, Nicolas Chesneau et Mamert Patisson*, 1574. In-4 ; veau fauve, fil. (*anc. rel.*).

Première et rare édition du seul volume publié de ces œuvres. Il contient trois pièces de théâtre : l'*Eugène*, comédie ; *Cléopâtre captive* et *Didon se sacrifiant*, tragédies.

Très bel exemplaire.

335. LA ROQUE (S.-G. de). La Chaste Bergere, pastorale du Sieur de la Roque de Clermont en Beauuoisis. Reueu, corrigé et

augmenté de plusieurs Elegies, par le mesme Autheur. *Rouen, de l'imprimerie de Raphael du Petit Val,* 1599. In-12 ; mar. rouge, fil., tr. dor. *(anc. rel.).*

> Première édition séparée, précédée d'une jolie dédicace à Madame, sœur du roi Henri IV, sous forme de quatrain.

336. Tragedie nouvelle de la perfidie d'Aman, mignon et favoris du Roy Assuerus... Avec une farce plaisante et recreatifve, tiree d'un des plus gentils esprits de ce temps. *A Paris, chez la veufve Ducarroy,* 1622. Gr. in-12, de 32 pp.; mar. rouge, fil. à fr., tr. dor. *(Duru).*

> Pièce rare, faisant allusion à la chute du maréchal d'Ancre.
> Très bel exemplaire, aux armes du marquis DE COISLIN.

337. CORNEILLE (P.). Œvvres de Corneille... *Imprimé à Roüen, et se vend à Paris, chez Augustin Courbé,* 1654, 1655, 1656. 3 vol. in-12 ; demi-rel., veau fauve, dos à pet. fers.

> Troisième et cinquième éditions originales sous le titre d'*Œuvres.*
> (E. Picot, *Bibl. corn.,* n⁰ˢ 102 et 104.)
> Exemplaire grand de marges, mais qui aurait besoin d'être lavé. Le portrait et le frontispice du tome Ier manquent.

338. CORNEILLE. Le Théâtre de P. Corneille, reveu et corrigé par l'autheur. *A Rouen, et se vend à Paris chez Guillaume de Luyne,* 1668. 4 vol. in-12; portrait de l'auteur et front. gravés; mar. rouge, milieu, fil., tr. dor.

> Édition rare. (E. Picot, *Bibliogr. cornélienne,* n⁰ 110.)
> Exemplaire grand de marges et très satisfaisant, sans être d'une grande pureté.

339. CORNEILLE. Cinna ov la Clemence d'Avgvste. Tragedie. *Imprimé à Rouen et se vend à Paris, chez Toussainct Quinet,* 1646. In-4; mar. rouge, fil., tr. dor. *(Lortic).*

> Troisième et rare édition, précieuse à cause de la lettre de Balzac à Corneille, morceau des plus intéressants. (E. Picot, *Bibl. corn.,* n⁰ 22.)
> Magnifique exemplaire. H. : 228 millim.

340. CHEVILLET DE CHAMPMESLÉ (Ch.). Les Œuvres de monsieur de Champmeslé. *Paris,* 1742. 2 vol. in-8; mar. rouge, fil., tr. dor. *(anc. rel.).*

> Excellente reliure.

341. HOUDARD DE LA MOTTE (Ant.). Le Magnifique, comédie en trois actes, en prose et en vers, mis en musique, terminée par un divertissement, représentée devant Sa Majesté, à Versailles, le 19 mars 1773. (*Paris.*) *De l'impr. de P.-R.-Christ. Ballard,* 1773. In-8; mar. rouge, fil., doublé de tabis, tr. dor. (*anc. rel.*).

Aux armes de LOUIS XVI.

342. SAUVÉ DE LANOUE. Le Retour de Mars, comédie en un acte en vers, avec un divertissement par M. de Lanoue. *Paris, Prault fils,* 1736. — Mahomet second, tragédie par Monsieur de La Noue. *Paris, Prault fils,* 1739. — En 1 vol. in-8 ; mar. rouge, fil., tr. dor. (*anc. rel.*).

Aux armes d'un duc DE LUYNES.

343. PIRON (A.). Œuvres d'Alexis Piron. Avec figures en taille-douce d'après les desseins de M. Cochin. *Paris, N.-B. Duchesne,* 1758. 3 vol. gr. in-12; mar. rouge, tr. dor. (*anc. rel.*).

Édition remarquable par les jolies figures de Cochin. Superbe exemplaire, de J.-J. de Bure.

344. BELLOY (P.-L. de). Le Siège de Calais. Tragédie dédiée au Roi, par M. de Belloy, représentée pour la première fois par les comédiens français ordinaires du Roi, le 13 février 1765, suivie de notes historiques. *Paris, Duchesne,* 1765. In-8; mar. rouge, fil., tr. dor. (*rel. du temps*).

Exemplaire sur papier fort, aux armes de la duchesse DE GRAMMONT, sœur du duc de Choiseul.

345. BELLOY (P.-L. de). Le Siège de Calais... *Paris, Duchesne,* 1765. In-8 ; mar. rouge, fil., tr. dor. (*rel. du temps*).

Exemplaire sur papier fin, revêtu d'une excellente reliure aux armes du DUC DE PENTHIÈVRE. Portrait de l'auteur, gravé par Littret, ajouté.

346. BELLOY (P.-L. de). Gaston et Baïard. Tragédie par M. de Belloy, citoyen de Calais; représentée pour la première fois par les Comédiens français ordinaires du Roi, le 24 avril 1771, suivie de notes historiques. Nouvelle édition. *Paris, Vente,* 1771. In-8; mar. rouge, fil., tr. dor. (*anc. rel.*).

Aux armes de PAPILLON DE LA FERTÉ, intendant des *Menus plaisirs du Roi.*

347. CAILHAVA (J.-F.). Le Mariage interrompu. Comédie en trois actes et en vers, par M. de Cailhava. Représentée pour la première fois par les comédiens français, le 10 avril 1769. *Paris, Merlin,* 1769. In-8; mar. rouge, fil., tr. dor., doublé de tabis (*anc. rel.*).

Exemplaire de dédicace aux armes du célèbre duc DE RICHELIEU ET DE FRONSAC, maréchal de France.

348. PATRAT (J.). L'Heureuse erreur. Comédie en un acte et en prose, par J. Patrat, représentée pour la première fois, par les comédiens ordinaires du Roi, le 22 juillet 1783. *A Amsterdam et se trouve à Paris, chez Brunet,* 1783. In-8; mar. rouge, fil., tr. dor. (*anc. rel.*).

Exemplaire de dédicace aux armes de la maréchale-duchesse DE RICHELIEU.

349. FENOUILLOT DE FALBAIRE (Ch.-G.). Œuvres de M. de Falbaire de Quingey, inspecteur général pour le Roi, des salines de Franche-Comté, de Lorraine et des Trois-Évêchés. *Paris, Vve Duchesne,* 1787. 2 vol. in-8; fig.; mar. bleu foncé, fil., tr. dor.

Édition ornée d'un beau portrait de l'auteur gravé par Saint-Aubin d'après Cochin, et de 14 gravures d'après Gravelot.

350. SEDAINE. La Reine de Golconde. Opéra en trois actes, représenté, à Versailles, devant Leurs Majestés, le 23 mai 1782. (*Paris.*) *De l'imprimerie de P. R. Ballard,* 1782. In-8; mar. rouge, large dent., tr. dor. (*anc. rel.*).

Aux armes de LOUIS XVI.

---

351. BORDIER. Le Ballet de l'Amour de ce temps. Représenté par les enfans sans soucy. Aux dames. *A Paris, par Antoine Bourriquant,* 1621. Pet. in-8, de 14 pp.; mar. rouge, milieu, tr. dor. (*Smeers*).

. Les vers de ce rarissime ballet sont de Bordier. On sait combien ce poète se complaisait en allusions licencieuses.

352. Suiet du ballet du Roy. Faict dans la salle du petit Bourbon

ce 19. Feurier 1621. *A Paris, chez Nicolas Rousset,* 1621.
Pet. in-8, de 6 pp. ; mar. rouge, milieu, tr. dor. (*Smeers*).

C'est le programme du ballet d'*Apollon,* qui suit. Pièce fort rare.

353. BORDIER. Vers pour le ballet d'Apollon, que le roy a
dansé en l'année mil six cens vingt-un. *A Paris, Chez René
Giffart.* 1621. Pet. in-8, de 23 pp.; mar. rouge, milieu, tr.
dor. (*Smeers*).

Pièce fort rare. Très bel exemplaire.

354. BORDIER. Grand Ballet de la Reyne representant le soleil.
Dancé en la Salle du petit Bourbon, en l'annee mil six cens
vingt & un. *A Paris, chez René Giffart,* 1621. Pet. in-8, de
16 pp.; mar. rouge, milieu, tr. dor. (*Smeers*).

Les vers sont signés de Bordier. Ils sont d'une facture et d'une élégance remarquables, et plus décents que la plupart de ses productions de
ce genre.
Pièce fort rare. Très bel exemplaire.

355. BOISROBERT (Fr. de). Le Grand Ballet de la Reyne [les
Festes de Junon la Nopcière], dancé au Louvre le 5 de mars de
l'an 1523 (*sic, pour* 1623). *A Paris, par René Giffart,* 1623. Pet.
in-8, de 14 pp.; mar. vert du Levant, large dentelle à pet. fers,
tr. dor. (*Cocheu*).

Ballet très rare. Les vers sont signés de Boisrobert. Très bel exemplaire de Luzarche.

356. BOISROBERT (Fr. de). Les Nymphes Bocagères de la Forest
sacrée. Ballet dancé par la Reyne, en la Sale du Louvre. *A
Paris, chez Math. Henault,* 1627. Pet. in-8, de 14 pp.; mar.
vert du Levant, large dent. à pet. fers, tr. dor. (*Cocheu*).

Pièce très rare en vers, signée de Boisrobert. Très bel exemplaire de
Luzarche.

357. Les Indes dansantes. Parodie des Indes galantes représentée pour la première fois par les Comédiens italiens ordinaires du Roi, le lundi 26 juillet 1751. — Les Amants inquiets.
Parodie de Thetis et de Pelée,... le 9 mars 1751. — Les
Amours champestres, pastorale. Parodie de l'acte des sauvages.... le 2 sept. 1751. *Paris, Delormel.* — En 1 vol. in-8, musique notée; mar. rouge, fil., tr. dor. (*rel. du temps*).

Exemplaire aux armes émaillées du maréchal-duc DE RICHELIEU.

358. Recueil des opéra (*sic*), des Balets, et des plus belles Pièces
en Musique, qui ont été représentées depuis dix ou douze ans,
jusques à présent devant Sa Majesté Très-Chrétienne. *Suivant
la Copie de Paris, à Amsterdam, chez Abraham Wolfgang,*
1690-1696. 6 vol. in-8; fig.; mar. vert, fil. et tr. dor. (*anc.
rel.*).

Recueil rare, orné de gravures en taille-douce.

359. Recueil general des opera (*sic*) representez par l'Academie
royale de Musique depuis son établissement. *Paris, Christophe
Ballard,* 1703-1745. 16 vol. in-12; fig.; mar. rouge, fil. et tr.
dor. (*anc. rel.*).

Recueil rare. Charmante reliure aux armes de la duchesse DE GRAM-
MONT, sœur du duc de Choiseul.

3. *Théâtre italien.*

360. ARIOSTE. La Comedie des svpposez de M. Lovys Arioste,
en italien et Françoys (par J.-P. de Mesmes). *A Paris, par
Estienne Groulleau,* 1552. In-8; cuir de Russie gaufré, dent.,
tr. dor. (*Bozérian jeune*).

Édition originale, rare. Le texte italien, en prose, est imprimé en
italique et le français en romain.
Exemplaire réglé, grand de marges, mais avec qq. racc.

361. ARETINO (P.). Qvatro Comedie del divino Pietro Aretino.
Cioè : Il Marescalo, La Cortegiana, La Talanta, L'Hipocrito.
Nouellamente ritornate, per mezzo della stampa, a luce, a
richiesta de conoscitori del lor valore. M.D.LXXXVIII (1588).
S. l. Pet. in-8; veau fauve foncé, fil., comp. à fr., tr. dor.

Édition rare.

362. ARETINO (P.). L'Horatia di M. Pietro Aretino. *In Vinegia
Appresso Gabriel Giolito de Ferrari.* M.DXLVI (1546). Pet.
in-8, de 56 ff. ch.; mar. rouge, fil. à fr., ornem., tr. dor.
(*Lortic*).

Pièce des plus rares. Le nombre de ff. et l'orthographe du titre de

cette édition ne concordent pas avec celle décrite par Brunet, mais il n'y
a peut-être là que des fautes d'impression.

Cette tragédie est célèbre et Ginguené la met au-dessus de l'*Horace*
de Corneille.

363. ANDREINI (I.). La Mirtilla, Fauola Pastorale della Signora
Isabella Andreini Comica Gelosa di nvovo dall'istessa riueduta
& in molti luoghi abbellita. *In Verona, per Francesco dalle
Donne, & Scipione Vargnano suo Genero,* 1599. In-12; mar.
fauve, fil. et tr. dor. (*anc. rel.*).

Aux armes et au chiffre de CHARLES DE VALOIS, comte d'Auvergne,
fils naturel de Charles IX.

364. GOLDONI (Carlo). Le Bourru bienfaisant. Comédie en trois
actes et en prose de M. Goldoni; dediée à Madame Marie
Adélaïde de France, représentée à la cour le mardi 5 novembre
1771 et représentée pour la première fois par les comédiens
françois ordinaires du Roi le lundi 4 novembre 1771. *Paris,
Vve Duchesne,* 1771. In-8; mar. rouge, fil., tr. dor. (*anc. rel.*).

Aux armes du maréchal-duc DE RICHELIEU et DE FRONSAC.

V. ROMANS.

1. *Romans grecs et latins.*

365. LONGUS. Longi Pastoralium, de Daphnide et Chloë, libri
quatuor, græce et latine. Editio nova, una cum emendatio-
nibus, uncis inclusis... *Lutetiæ Parisiorum [Amsterdam],* 1754.
Pet. in-4; front. et fig.; veau brun, fil., tr. dor. (*rel. du
temps*).

Belle édition, tirée à 125 ex., ornée de planches dessinées par Philippe
d'Orléans et gravées par Benoit Audran, et de charmantes vignettes et de
culs-de-lampe gravés par Fokke sur les dessins d'Eisen et de Cochin.

Très bel exemplaire. Épreuves très brillantes.

366. LONGUS. Histoire des pastorales et bocageres amours de
Daphnis et de Chloé. Traduite de Grec en François, par
M. Iacques Amyot. Derniere edition, augmentée de quelques
gaïetez champestres du sieur Gauchet. *A Paris, de l'Imprimerie*

D'Anthoine du Breuil, 1609. In-12; veau rouge, dent. à fr., tr. dor. (*Ducastin*).

Édition rare. Les *Gaietez champestres* sont ornées de curieuses gravures sur bois.

367. LONGUS. Gli Amori Pastorali di Dafni e di Cloe di Longo Sofista tradotti dalla lingua greca nella nostra toscana dal commendatore Annibal Caro. *Crisopoli* (*Parma*) *impresso co' caratteri bodoniani,* 1786. Gr. in-4 ; mar. rouge, fil., ornem. et tr. dor. (*anc. rel.*).

Édition tirée à petit nombre pour présents, et très remarquable au point de vue typographique.
Superbe exemplaire sur papier blanc, bien relié.

368. HELIODORUS. Heliodori Historiæ æthiopicæ libri decem, nunquam antea in lucem editi (en grec). *Basileæ, Hervagius,* 1534. In-4 ; mar. La Vallière, compart. à fr., tr. dor. (*Hardy*).

Première édition. Magnifique exemplaire.

369. HÉLIODORE. Amours de Théagènes et Chariclée ; histoire éthiopique (trad. du grec d'Héliodore, par l'abbé de Fontenu). *Londres* (*Paris, Coustelier*), 1743. 2 vol. pet. in-8; veau rac., dent., tr. dor.

Édition ornée d'un frontispice, de dix gravures en taille-douce, et de petites vignettes en tête des chapitres.
Très bel exemplaire de M. Brunet, sur papier de Hollande.

370. APULÉE (L.). Les Metamorphoses ou l'asne d'or de L. Apulée, philosophe platonicien. Nouvellement reveues, corrigées, & mises en meilleur ordre qu'aux precedentes impressions. Augmentées de deux tables des principales matieres, tant du corps du liure, que des Commentaires. Et enrichies de quantité de Figures en taille-douce. *Paris, Nicolas & Jean de la Coste,* 1648. In-8 ; veau fauve, fil., tr. dor. (*anc. rel.*).

Traduction de J. de Montlyard maladroitement retouchée par le premier de ses deux éditeurs, qui annonce, dans la préface, avoir jugé nécessaire *d'adoucir et rendre plus intelligibles les endroits les plus rudes* de la traduction.
Les 16 figures qui ornent ce volume sont de Crispin de Pas et de Briot.
Exemplaire Radzivill.

371. SILVIUS (Æneas). De duobus amantibus. || Enee siluij
poete Senensis : de duobus amanti||bus Eurialo et Lucretia
opusculum ad Maria||num Sosinum feliciter incipit. (A la fin :)
*Opusculum Enee Siluij de duobus amātibus Parisij per Vul-
canū hopyl in vico sancti Georgij aut gallice a Treteau Im-
pressū finit. Anno dn̄i MCCCCXCIIII* (1494) *die xx Iulij*. In-8,
goth., de 28 ff. non ch.; mar. rouge, jans., tr. dor. (*Smeers*).

Édition rarissime, non citée par Brunet. Les caractères sont ceux de
Gering, dont Hopyl fut le successeur.

2. Romans français.

372. RABELAIS (Fr.). Œuvres de Maître François Rabelais,
avec des remarques historiques et critiques de Mr. Le Duchat.
Amsterdam, Jean Fréderic Bernard, 1741. 3 vol. in-4; fig.; mar.
vert, fil. et tr. dor. (*anc. rel.*).

Livre très recherché, orné d'un superbe frontispice par Folkema, d'un
titre gravé par B. Picart, d'un portrait, de douze gravures par du Bourg,
de culs-de-lampe et vignettes par Picart, etc.

373. BOUCHET. Le premier [le second et le troisième] livre
des Serees de Gvillavme Bovchet, sievr de Brocovrt. Reueu
& augmenté par l'Autheur en ceste derniere Edition, presque
de moitié. *Paris, Ieremie Perier,* 1608. 3 vol. in-12; mar. rouge,
fil. et tr. dor. (*Duru*).

Joli exemplaire de la bonne édition. Il est rare de trouver les trois
volumes de même date, et du même imprimeur. Aux armes du marquis
DE COISLIN.

374. BÉROALDE DE VERVILLE (Fr.). L'Histoire veritable ov
le Voyage des Princes fortvnez. Divisée en IIII. entreprises,
par Béroalde de Verville. *Paris, Pierre Chevalier,* 1610. Pet.
in-8; mar. rouge, fil., tr. dor. (*anc. rel.*).

Première édition de ce roman. Frontispice gravé par L. Gaultier.

375. LA FONTAINE. Les Amours de Psyché et de Cupidon, avec
le poème d'Adonis, par Lafontaine. Édition ornée de figures
dessinées par Moreau le jeune et gravées sous sa direction. *A
Paris, chez Saugrain, de l'imprim. de Didot le jeune, l'an 3ᶜ*
(1795). In-4; portr.; veau écaille, fil. et tr. dor.

Exemplaire sur papier vélin.

376. LA FONTAINE. Les Amours de Psyché et de Cupidon, suivies d'Adonis, poëme, par Jean de La Fontaine. Édition ornée de gravures d'après les dessins de Gérard, peintre. *Paris, P. Didot l'aîné, an V* (1797). Gr. in-4 ; 5 grav. ; mar. rouge, large dent., doublé de tabis, tr. dor. (*Bozérian*).

Belle édition. Exemplaire avec les figures *avant la lettre*.

377. FÉNELON. Les Avantures de Telemaque fils d'Ulysse. Nouvelle Edition, divisée en seize livres. Augmentée et corrigée d'une infinité de fautes qui s'étoient glissées dans les autres impressions. *A Bruxelles, chez François Foppens*, 1700. 2 vol. pet. in-8 ; mar. rouge, fil., tr. dor. (*Lortic*).

Édition faite en France. Un des exemplaires rares contenant à la fin du second volume : *Aristonoüs et Sophronime*, 20 pp.

378. FÉNELON. Les Avantures de Telemaque... composées par feu Messire François de Salignac de la Motte Fenelon. Nouvelle edition, augmentée et corrigée sur le manuscrit original de l'Auteur avec des Remarques pour l'intelligence de ce Poëme allégorique. *Amsterdam, chez les Wetsteins,* 1719. Gr. in-12 ; mar. rouge, fil., tr. dor. (*anc. rel.*).

Cette édition est intéressante à cause de ses notes dans lesquelles l'éditeur fait ressortir les allusions dirigées, selon lui, contre le gouvernement de Louis XIV.

379. FÉNELON. Les Avantures de Telemaque fils d'Ulysse, par feu messire F. de Salignac de la Mothe Fénelon. Nouvelle édition conforme au manuscrit original et enrichie de figures en taille-douce. *A Amsterdam, J. Wetstein,* 1734. Gr. in-4 ; veau fauve, fil., tr. dor. (*anc. rel.*).

Édition ornée de belles gravures de Bern. Picart, Folkema, etc., et tirée à 150 exempl. seulement.

Très bel exemplaire, auquel on a ajouté un magnifique portrait de l'auteur, gravé par Drevet d'après Vivien, portrait qui n'a point été fait pour cette édition, bien que quelques-uns prétendent le contraire.

380. AULNOY (Mme d'). Histoire d'Hippolyte, comte de Duglas. Nouvelle édition corrigée et augmentée de figures en taille-douce. *Brusselles, George de Backer,* 1704. 2 tom. en 1 vol. in-12 ; fig. ; mar. orange, fil. à fr., tr. dor. (*Lortic*).

Très bel exemplaire.

381. SAINT-JORY (R. de). Avantures secretes arrivees au siege de Constantinople. *Paris, veuve Jombert*, 1711. In-8; mar. rouge, fil., tr. dor. (*anc. rel.*).

Exemplaire de dédicace, aux armes de la DUCHESSE DE BERRY, fille du Régent.

382 RICCOBONI (Mme). Mémoires de Miledi B..., par madame R. *Amsterdam et Paris, Cuissart*, 1760. 4 part. en 2 vol. pet. in-12 ; mar. rouge, fil., tr. dor. (*anc. rel.*).

. Aux armes de la duchesse DE GRAMMONT, sœur du duc de Choiseul. De la bibl. du marquis de Coislin.

383. CRÉBILLON fils. Collection complette des Œuvres de M. de Crébillon le fils. *Londres,* 1779. 14 t. en 7 vol. in-8 ; mar. citron, fil., tr. dor. (*Hardy-Mennil*).

Exemplaire relié sur brochure, aux armes du prince D'ESSLING.

384. FLORIAN (de). Galatée, roman pastoral, imité de Cervantes, par M. de Florian. Quatrième édition. *A Paris, de l'impr. de Didot l'aîné,* 1785. In-12 ; fig.; mar. rouge, fil., tr. dor. (*Lortic*).

Édition ornée de jolies figures gravées par Guyard, d'après Flouet. Exemplaire de choix, sur grand papier vergé.

385. VOLTAIRE. Candide, ou l'Optimisme, traduit de l'allemand de M. le docteur Ralph. *S. l.,* 1759. In-12; mar. brun, fil., tr. dor.

Édition originale.

3. *Romans italiens.*

386. BOCCACE (J.). Le Philocope de Messire Iehan Boccace, Florentin, contenãt l'histoire de Fleury (*sic*) & Blanchefleur, divisé en sept livres tradvictz d'italien en francoys par Adrian Sevin, gentilhomme de la maison de Monsieur de Gié, 1542. Auec privilege du Roy. *On les uend à Paris en la rue neufue Nostredame à l'enseigne Sainct Iehan Baptiste contre saincte Geneuiefue des Ardens par Denys Ianot Imprimeur & Librayre.* (A la fin:) ... *nouuellement imprimé à Paris par Denys Ianot...*

le xxiiii iour de Feurier mil v. xlii (1542). In-fol., de 174 ff. ch. ;
fig. s. bois ; veau brun (*anc. rel.*).

Marque de Denys Janot sur le titre, avec la devise : *Nul ne s'y frotte*
(Brunet, t. II, col. 435). Le privilège du 23 janvier 1511 est au nom de
Iehan André, libraire.

Ce volume est orné de 36 gravures, offrant seulement 16 sujets différents à cause des répétitions. Elles sont toutes de petite dimension, sauf
celle du f. 50 recto, et avaient été faites pour les livres I, II, IV, V et VIII de
l'édition de l'*Amadis de Gaule*, publiée par le même libraire. Celles des ff.
8 v°, 9 v°, 10 v°, 23 r°, 30 r° et 54 r°, pourraient être attribuées à Jean Cou-
sin ; celles des ff. 13 r°, 33 v°, 77 r° et 88 v°, moins finement gravées,
semblent d'une main différente ; celles des ff. 11 r°, 22 r°, 83 v° et 148 r°,
sont d'une troisième facture, et celle du f. 132 v° est d'une exécution très
grossière. La grande figure du f. 50, d'un caractère archaïque, est d'une
provenance inconnue.

Ce bel exemplaire grand de marges, a appartenu à Anne DE HUMIÈRES,
comtesse de Chaulnes, gouvernante, sœur du marquis d'Ancre, tué devant
Ham en 1595. On voit sur le titre sa signature, ainsi que le sixain suivant
écrit d'une autre main :

> Je veux aymer se nom
> Jusques en fin de ma vie
> Françoise, je te prie
> Me monstrer vn raion
> Du soleil sobz lequel
> Mon âme est aseruie.

387. **BOCCACE** (J.). Le Philocope de Messire Iehan Boccace,
Florentin (comme ci-dessus). *On les rend à Paris, en la grand
Salle du Palais... en la boutique de Gilles Corrozet, Libraire.*
(A la fin même colophon que dans l'édition ci-dessus). In-fol.;
fig. s. bois ; veau marbré, fil. (*anc. rel.*).

Édition identique avec la précédente, sauf l'adresse changée et la marque
de Corrozet sur le titre.

Exemplaire aux armes de Mme DE POMPADOUR, provenant de la collection Yemeniz ; il est moins grand de marges que le précédent.

388. **CAVICEO** (Jacomo), da Parma. Libro del Peregrino noua-
mēte impresso e redutto alla sua sincerita con la vita dello
auctore... (A la fin :) *Impressum Venetiis per Manfredus* (sic)
Bonum de Montis Ferrato, M.D.XVI (1516). *Adi XX Martii.*
In-4 ; mar. vert, comp., tr. dor.

Troisième édition de ce roman moral. Titre entouré d'un beau cadre.
Très bel exemplaire.

389. **BANDELLO.** Premier et second thome (*sic*) des histoires

tragiques, contenans XXXVI livres. Les six premiers, par
Pierre Boisteau, surnŏmé Launay, natif de Bretaigne. Les
trente suyvans, par Franc. de Belle - Forest, Comingeois.
Extraictes des œuvres italiennes de Bandel, & mises en langue françoise. *Paris, Iacques Macé,* 1568. 2 t. en 1 vol. in-8, à
2 col., de 287 et 312 pp.; mar. vert, tr. dor. (*Duru*).

> Édition rare. Le second volume est ici en édition originale.

VI. CONTES, FACÉTIES, ETC.

390. **TABOUROT** (Estienne). Les Bigarrures et touches du seigneur des Accords, avec les apophtegmes du sieur Gaulard et
les escraignes dijonnaises. Derniere edition reueuë & de beaucoup augmentée. *Rouen, David Geuffroy,* 1616. In-12; mar.
rouge, fil., tr. dor. (*Hardy-Mennil*).

> Joli exemplaire d'une édition très complète. Portraits gravés sur bois.

391. **TABOUROT** (E.). Les Bigarrvres et tovches dv Seignevr
Des Accords. Avec les apophtegmes dv Sievr Gavlard. Et les
escraignes dijonnoises. Derniere edition. Reueuë & de nouueau augmentée de plusieurs Epitaphes, Dialogues, & inge-
nieuses equiuoques. *Roven, Loys dv Mesnil,* 1640. 2 vol. in-8;
fig. sur bois; mar. rouge, fil. et tr. dor. (*anc. rel.*).

> Édition rare.

392. **BÉROALDE DE VERVILLE.** Le ‖ Moyen de ‖ parvenir. ‖
Oevvre contenant la ‖ raison de tout ce qui a esté, ‖ est,
& sera. ‖ Auec demonstrations certaines & ‖ necessaires,
selon la rencontre ‖ des effects de vertv. ‖ Et aduiendra que
ceux qui auront nez à ‖ porter Lunettes s'en seruiront, ainsi ‖
‖ qu'il est escrit au dictionnaire à dor‖mir en toutes langues,
S.... *Imprimé ceste année. S. l. n. d.* Pet. in-12, de 2 ff. et
691 pp.; mar. vert, fil., tr. dor. (*anc. rel.*).

> Célèbre recueil de petits contes joyeux et de quolibets.
> L'une des premières éditions et fort rare. Très bel exemplaire, de la
> coll. L. Double.

393. **BRUSCAMBILLE.** Les Œvvres de Brvscambille; contenant
ses fantasies (*sic*), Imaginations & Paradoxes, & autres dis

10

cours comique (*sic*). Le tout nouuellement tiré de l'Escarcelle de ses Imaginations. Reueu & augmenté par l'Autheur. *A Rouen, chez Martin de la Motte*, 1626. Pet. in-12; mar. rouge, fil. et tr. dor. (*Lortic*).

> Très joli exemplaire.

394. BRUSCAMBILLE. Pensées facetieuses et bons mots de Bruscambille comedien original. *Cologne, chez Ch. Savoret* [*noms supposés*], *rue Brin d'Amour, au Cheval volant*, 1709. In-12; frontisp. gravé; mar. rouge, fil. et tr. dor. (*Bauzonnet*).

> Une des premières éditions. Exemplaire de Pixérécourt.

395. Les Visions admirables dv Pelerin de Parnasse : ov Diuertissement des bonnes Compagnies, & des Esprits curieux. Par un des beaux Esprits de ce temps. *Paris, Evstache Davbin*, 1635. In-8; mar. rouge, fil. et tr. dor. (*anc. rel.*).

> Très rare.

396. Recueil de diverses pièces, comiques, gaillardes et amoureuses. *Suivant la copie imprimée à Paris chez Jean-Bapt. Loyson* [*Bruxelles, Lambert Marchant*], 1671. Pet. in-12, de 2 ff. prél. et 318 pp.; mar. vert du Levant, fil. à comp., tr. dor. (*Cocheu*).

> Recueil peu commun de nouvelles en prose, qu'on annexe à la collection elzévirienne. (Voy. Willems, *les Elzevier*, n° 2069.)
> Joli exemplaire.

397. ÉRASME. L'Éloge de la Folie traduit du latin d'Érasme par M. Gueudeville... (*Paris*), 1751. In-8; fig.; veau racine, dent., tr. dor. (*anc. rel.*).

> Jolie édition donnée par Meunier de Querlon, qui a retouché la traduction de Gueudeville. Elle est ornée d'un frontispice et de charmantes figures sur cuivre d'après Ch. Eisen.
> Magnifique exemplaire en grand papier.

398. ESTIENNE (Ch.). Paradoxes, ce sont propos contre la commune opinion : debatuz, en forme de Declamations forêses : pour exerciter les ieunes esprits, en causes difficiles. Reueuz & corrigez pour la seconde fois. *A Paris, Par Charles Estienne,*

M. D. LIII (1553). Pet. in-8 ; mar. rouge, jans., tr. dor. (*Trautz-Bauzonnet*).

Ouvrage intéressant, imité d'Ortensio Landi. Deuxième édition publiée sous cette date. Ravissante impression en caractères italiques. A la suite, on a relié un opuscule rarissime du même auteur : *Paradoxe que le plaider est chose tresutile, et necessaire à la vie des hommes.* A Paris, Par Ch. Estienne, M. D. LIII (1554).

Très joli exemplaire, avec témoins.

399. MARTIAL DE PARIS. Aresta amorum cum erudita Benedicti Curtii Symphoriani explanatione. *Lugduni, apud Gryphium,* 1533. In-4 ; mar. rouge, fil., tr. dor. (*Kœhler*).

Première édition, avec le commentaire érudit de Benoît de Court. Texte latin et français.

Magnifique exemplaire.

400. MARTIAL DE PARIS. Les Arrêts d'Amours, avec l'Amant rendu Cordelier, à l'Observance d'Amours ; par Martial d'Auvergne, dit de Paris... Accompagnez des Commentaires juridiques, et joyeux de Benoît de Court. Dernière édition, revue, corrigée & augmentée de plusieurs Arrêts, de notes, & d'un Glossaire des anciens termes (par Lenglet-Dufresnoy). *Amsterdam, François Changnion,* 1731. 2 vol. in-12 ; mar. rouge, fil. et tr. dor. (*anc. rel.*).

Très bel exemplaire.

401. MARTIAL DE PARIS. Droictz nouueaux publiez de par messieurs les Senateurs du temple de Cupido sur lestat et police Damour pour auoir entēdu le different de plusieurs amoureux & amoureuses (par Martial de Paris). *S. l. n. d.* (à la marque d'Icare). In-8, de 107 ff. ; veau gaufré.

Livre curieux et fort rare, dans le genre des *Arresta Amorum.* L'imprimeur lyonnais anonyme y a employé quelques-unes des mauvaises gravures du genre imagerie qui lui ont servi dans son édition d'Hélisenne de Crenne.

402. Arrests notables, rendus à l'audience de la grande Tournelle, qui ont jugé qu'une femme condamnée pour adultère à estre renfermée dans un Monastère le reste de ses jours, est bien fondée après la mort de son Mari, à demander sa liberté pour en épouser un autre : Ensemble les Plaidoyez & Factums des

Avocats ; le Plaidoyé de M. Talon, et le Procez verbal de l'Huissier du Mur, contenant l'execution de ces deux Arrests. *Paris, Gabriel Quinet,* 1684. In-8 ; mar. rouge, fil., ornem. et tr. dor. *(anc. rel.).*

Exemplaire aux armes de Jean-Antoine II DE MESMES, comte D'AVAUX, président à mortier au Parlement de Paris et membre de l'Académie française. Son portrait est joint au volume.

403. PICCOLOMINI (Al.). Dialogo della bella creanza delle donne, dello Stordito Introdito. *In Milano, Appresso di Giouann' Antonio de gli Antonij, M.D.LVIII* (1558). (Au r° du f. 43 :) *In Milano imprimevano i fratelli Da Meda. M.DLVIII.* Pet. in-12, de 44 ff. ch. ; mar. bleu, fil. à fr., tr. dor. *(Capé).*

Édition rare de ce dialogue fort libre, qui à cause de cela eut une grande vogue.

404. LUIGINI (F.). Il Libro della bella donna, composto da Messer Federigo Lvigini da Vdine. *In Vinetia, per Plinio Pietrasanta, M.D.LIIII* (1554). In-8 ; mar. vert, fil. à fr., tr. dor.

Volume fort rare, publié par Girolamo Ruscelli.

405. FIRENZUOLA (A.). Discovrs de la beavté des dames, prins de l'italien dv seigneur Ange Firenzuole Florentin. Par I. Pallet Saintongeois. A belles et vertueuses Damoiselles, Iane et Isabeau de Piarrebuffiere. *A Paris, Pour Abel l'Angelier...,* 1578. In-8 ; mar. rouge, fil., tr. dor. *(Niedrée).*

Très bel exemplaire de ce livre fort rare, orné de figures sur bois. De la bibl. Yemeniz.

406. ORIA (P.-M. d'). Ragionamenti di Paolo-Mattia d'Oria indirizzati alla signora D. Aurelia d'Este duchessa di Limatola, ne' quali si demostra la donna, inquasi che tutte le virtù più grandi, non essere all' uomo inferiore. *In Francfort,* 1716. In-12 ; mar. rouge, comp. et ornem. dorés et argentés, tr. dor. *(anc. rel.).*

Volume fort rare et non cité. Curieuse reliure italienne.

VII. PHILOLOGIE, ÉPISTOLAIRES
ET POLYGRAPHES.

407. ATHENÆUS. Athenæi Dipnosophistarvm, hoc est argute sciteq; in conuiuio differentum. Lib. XV (en grec). *Basileæ apvd Ioannem Valdervm, mense septemb. Anno M.D.XXXV* (1535). In-fol.; mar. fauve, comp. (*rel. ital.*)

Édition rare. Exemplaire provenant de la bibl. du pape PIE VI.

408. MACROBIUS. Macrobii in Somnivm Scipionis ex Ciceronis. vi. libro de rep. ervditissima explanatio... (A la fin :) *Venetiis in ædibvs Aldi, et Andreæ Asvlani soceri. M.D.XXVIII* (1528). *mense Aprili.* In-8; mar. bleu, fil. à fr., ornem., tr. dor. (*Hardy*).

Édition rare. Très bel exemplaire, portant la signature d'*Angelus Bevilacqua.* L'Ancre aldine enluminée.

409. RAMUS. Petri Rami, Regii Professoris, Oratio de professione liberalium artium, habita Lutetiæ in schola Prælea 8. Calend. Septembr. 1563. *Parisiis, Apud A. Wechelum,* 1563. Pet. in-8 ; veau fauve, fil., tr. dor. (*Niedrée*).

Première édition de l'un des traités les plus rares de Pierre La Ramée.
Bel exemplaire, aux armes du marquis de Morante.

410. BOIVIN (J.). Apologie d'Homère et Bouclier d'Achille. *Paris, Fr. Jouenne,* 1715. In-8, 2 pl. ; veau fauve, fil., tr. dor. (*anc. rel.*).

Ce sont des Remarques sur le Discours sur Homère de M. de la Motte. Une gravure de C. Cochin.
Exemplaire de LONGEPIERRE, avec la Toison d'or sur les plats et sur le dos. De la bibl. de M. le baron J. Pichon.

411. DES PERIERS (Bonav.). Cymbalum mundi, ou Dialogues satyriques sur différens sujets, par Bonaventure des Periers. Avec une lettre critique dans laquelle on fait l'histoire, l'analyse et l'apologie de cet ouvrage, par Prosper Marchand. Nouvelle édition, revue, corrigée et augmentée de Notes et Remarques, communiquées par plusieurs savans. *Amsterdam* *et Leipzig, Arkstée et Merkus,* 1753. Pet. in-8 ; mar. citron, fil., tr. dor.

Édition ornée de 5 fig. d'après B. Picart.

412. ESTIENNE (H.). L'Introdvction au traité de la conformité des merueilles anciennes auec les modernes, ov, traité preparatif à l'Apologie pour Herodote. L'argument est pris de l'Apologie pour Herodote, composee en Latin par Henri Estiene, & est ici continué par luymesme. *(Genève.) L'an M.D.LXVI* (1566), *au mois de novembre.* In-8, de 16 ff. prélim. et 572 pp. ; veau brun *(anc. rel.).*

Édition originale, précieuse parce qu'elle n'a subi aucune mutilation dans les chapitres dirigés contre l'Église de Rome, notamment aux pp. 280 et suiv., qu'on a remplacées par un carton, même dans certains exemplaires de cette première édition.

413. ESTIENNE (H.). L'Introduction au traité de la conformité des merucilles anciennes auec les modernes, ou traité préparatif à l'Apologie pour Hérodote. Reueu et augmenté de plusieurs notables histoires dignes de mémoire. *De l'imprimerie de Guillaume des Marescs,* 1580. In-8 ; mar. vert, fil. à fr., tr. dor. (*Wright*).

Édition rare, augmentée d'une pièce de vers et d'une table des matières. Le chapitre des gens d'église s'y trouve intact.

414. ÉRASME. Les Apophthegmes. cest a dire promptz subtilz et sentẽtieulx ditz de plusieurs Royz : chefz darmee : philosophes et autres grans personnaiges tant Grecz que Latins. Translatez de latin en francoys par lesleu Macault notaire, secretaire et uallet de chambre du Roy. *On les uend a Paris Au soleil dor, en la rue Saint Iacques* [*chez Cl. Chevallon*], 1539. In-8 ; mar. vert, fil. à fr., orn. et tr. dor. (*Capé*).

Très joli exemplaire de la seconde édition de cet ouvrage qui paraît être en grande partie tiré d'Érasme.

415. CORROZET (G.). Les Divers propos memorables des nobles & illustres hommes de la Chrestienté, Par Gilles Corrozet. Reueuz et augmẽtez pour la tierce edition. *A Paris... Gilles Corrozet,* 1567. In-16 ; mar. vert, jans., tr. dor. (*Thompson*).

Curieux recueil d'anecdotes. On trouve à la fin une série de devises de souverains et princes. Rare.

Très joli exemplaire.

416. ESTIENNE (H.). Les premices, ou le I liure des **Prouerbes** epigrãmatizez, ov, des Epigrammes prouerbializez... (*Genève, Henri Estienne.*) 1594. In-8 ; mar. rouge, fil. (*anc. rel.*).

> Le plus rare des ouvrages de Henri Estienne. L'exemplaire, comme tous ceux que l'on connaît, laisse à désirer. Les coins de la marge du bas ont été raccommodés.

417. LE DUC. Proverbes en rimes, ov rimes en proverbes... par M. Le Duc. *Paris, Gab. Quinet,* 1665. 2 vol. in-12 ; mar. bleu, fil. et tr. dor. (*Hardy*).

> Volume rare, contenant environ 6,000 proverbes rimés par l'auteur et rangés par ordre alphabétique.

418. ORUS APOLLO. Ori Apollinis Niliaci Hierogliphica. ῾Ωρου ἀπόλλωνος νειλώον ἱερογλύφικα. Sub Scuto Basiliensi. (A la fin :) *Excussit Petrus Vidouæus artium magister, Impensis honesti viri Conradi Resch, bibliopolae Parisiensis,* 1521. In-8. — Qvarvm artivm, ac lingvarvm cognitione Medico opus sit. Praefatio ante Hippocratis Aphorismorum initium, per Ianum CORNARIUM Zuiccauiensem, habita Rostochii. Aphorismi Hippocratis, græce. *Haganoæ, apud Iohan. Secerium. S. d.* — En 1 vol. in-8 ; mar. rouge, fil. et tr. dor. (*anc. rel.*).

> Première édition de ces deux ouvrages.
> Précieux exemplaire de Rich. Heber, portant sur le titre la **signature** autographe de RABELAIS, dont voici le fac-similé :

419. ALCIAT (A.). Les Emblemes ‖ de Maistre André Alciat, ‖ mis en rime fran‖coyse. Auec priuilege. *S. l. n. d.* In-8 ; mar. vert, dent. int., tr. dor. (*rel. anc.*).

> Édition fort rare, non citée, sortie des presses d'un imprimeur lyonnais inconnu, qui employait la marque à l'*Icare*. Texte latin, et traduction française par Jean Le Fèvre, Dijonnais.

420. MONTENAY (G. de). Emblemes, ov Devises chrestiennes, Composées par Damoiselle Georgette de Montenay. *A Lyon, par Jean Marcorelle,* 1571. In-4 ; planches ; mar. La Vallière, jans., tr. dor. (*Belz-Niedrée*).

> Ce livre rare et recherché contient un portrait de l'auteur et cent belles

gravures en taille-douce de Pierre WOEIRIOT, dont elles portent la
marque (la croix de Lorraine) et qui est en outre ainsi mentionné dans le
privilège : & *par mesmes lettres patentes est permis à Pierre Woeriot, sculp-*
tur (sic) *du Duc de Lorraine, de pourtraire, graver et tailler en cuivre et*
taille douce les figures desdicts emblemes, etc. ».

Chaque emblème porte une devise en latin et est accompagné d'une
explication en huit vers français, dont la conclusion est appliquée à la vie
chrétienne.

Ce volume est dédié à Jeanne d'Albret, reine de Navarre, protectrice
de Georgette de Montenay. Les derniers ff. contiennent deux sonnets à la
même, six sonnets à Mgr de la Caze et deux autres pièces de vers.

421. Collatiões quas di‖cuntur fecisse mutuo rex Salo‖mon
sapientissimus et Mar‖colphus facie deformis ‖ ⊄ turpissimus :
tamen ‖ vt fertur eloquē‖tissimus sequi‖tur cū figu‖ris. (A la
fin :) *Impressum Landesutens'. Per dūm Ioannē Weyssenburger.*
Anno decimo quarto (1514) *mense maii.* In-4, goth., de 10 ff. ;
mar. rouge, comp., milieu mosaïque, tr. dor. (*Lortic*).

Célèbre dialogue de Salomon et Marculphe. Édition rarissime, non
citée, et un des premiers livres imprimés à Landshut, petite ville de la
Basse Bavière, par un typographe venu de Nuremberg. Les 15 gravures
sur bois sont naïves et archaïques.

Magnifique exemplaire.

422. ERASME. Les Colloques d'Erasme, ouvrage très intéressant, par la diversité des sujets, par l'enjoûment et pour
l'utilité morale. Nouvelle traduction par Gueudeville, avec des
notes et des figures très ingénieuses. *Leide, Pierre vander Aa,*
1720. 6 t. en 4 vol. in-12 ; fig. ; mar. rouge, fil., tr. dor.
(*anc. rel.*).

Exemplaire bien relié.

423. BEROALDE DE VERVILLE. Le Cabinet de Minerve.
Auquel sont plusieurs singularités, figures, tableaux antiques.
Recherches saintes. Remarques sérieuses. Obseruations
amoureuses. Subtilités agréables. Rencontres joyeuses et
quelques histoires meslées és avantures de la sage Fenisse
patron du Devoir. Par Beroalde de Verville. *A Paris, chez*
Matthieu Guillemot, 1596. In-12 ; mar. citron, fil., tr. dor.
(*Courteval*).

Édition originale.

424. BEMBO (P.). Gli Asolani di Messer Pietro Bembo. (A la fin :)

*Impressi in Vinegia nelle Case d'Aldo Romano & d'Andrea
Asolano suo suocero nel anno M.D.XV.* (1515) *del Mese di
Maggio.* In-8 ; mar. brun, fil. et comp. à fr., ornem. et tr. dor.
(*rel. ital. du temps*).

Deuxième édition de ces célèbres dialogues sur l'amour, avec l'épître
dédicatoire à Lucrèce Borgia qui a été supprimée dans presque tous les
exemplaires de la première édition (1505).

425. CICERON. Les Epistres familiaires de Marc Tvlle Cicero,
pere d'eloquence Latine. Nouuellement traduictes de Latin en
Francoys par Estienne Dolet natif D'Orléans. Auec leurs sommaires, & arguments, pour plus grande intelligence d'icelles.
*A Paris, 1542. On les vend au Palais, en la Gallerie
par ou on va à la Chancellerie, par Iehan Longis.* (A la fin :)
*Ce present œuure fut acheué d'imprimer à Paris, le .xxvij. iour
d'octobre. 1542. par Iehan Real, en la rue Trauersine, pres de la
rue Sainct Victor à lenseigne du Cheual Blanc.* In-8, de 239 ff. ;
mar. bleu de ciel, comp. à fil., tr. dor. (*Kœhler*).

Édition non citée, fort rare. Magnifique exemplaire.

426. CICERON. Le Epistole famigliari di Cicerone, tradotte
secondo i ueri sensi dell'auttore, & con figure proprie della
lingua uolgare... (A la fin :) *In Vinegia, nell' anno M.D.
XXXXVIII* (1548). *In casa de' figlivoli di Aldo.* In-8 ; mar.
rouge, comp. à fil. à fr., ornem., tr. dor. (*Capé*).

Magnifique exemplaire de cette édition rare.

427. CLENARDI (Nicol.) Epistolarum libri duo... *Antuerpiæ,
Ex offic. Christ. Plantini, 1566.* In-12 ; mar. rouge, dent.,
tr. dor. (*Padeloup*).

Exemplaire revêtu d'une belle reliure, portant sur le titre les signatures de BALLESDENS et d'Étienne BALUZE, et, sur l'une des gardes, une
longue note de Ch. NODIER.

428. RICHELET (P.). Les Plus Belles Lettres françaises sur
toutes sortes de sujets, tirés des meilleurs auteurs avec des
notes. *Amsterdam, Frères Wetstein, 1721.* 2 vol. in-12 ; portraits et front. grav. ; mar. rouge, riches comp., tr. dor. (*anc.
rel.*).

Exemplaire de De Bure, et du marquis DE COISLIN, revêtu d'une riche
reliure hollandaise.

429. BALZAC (J.-L. Guez de). Lettres du sieur de Balzac. *A Paris, chez Toussainct du Bray,* 1624. In-8, de 6 ff. prél. et 609 pp. ; mar. vert, fil. à fr., tr. dor.

Édition originale des premières lettres de Balzac. Elle est de toute rareté et M. Brunet déclare n'avoir pu se la procurer. L.-Ph. Joly, dans ses *Remarques sur Bayle,* p. 167, dit qu'elle est très curieuse parce que l'auteur a fait dans les suivantes de nombreuses modifications.

En tête du volume se trouve une ode en vers français par Boisrobert, un sonnet espagnol et deux pièces de vers latins. A la page 584 commence une *Préface sur les Lettres du sieur de Balzac par le sieur de la Motte Aigron. Que ie te donne icy, Lecteur, pour ce qu'estant arriuée trop tard, elle n'a pu estre mise au commencement du Liure.*

430. BAYLE. Lettres choisies de M. Bayle, avec des remarques. *Rotterdam, chez Fritsch et Böhm,* 1714. 3 t. en 2 vol. in-12 ; mar. rouge, fil. et tr. dor. (*anc. rel.*).

Belle reliure aux armes de la comtesse DE VERRUE, née de Luynes.

431. MORATA. Olympiae Fvlviae Moratae... Orationes, Dialogi, Epistolæ, Carmina, tam Latina quam Græca : cum eruditorū de ea testimoniis & laudibus... *Basileae, apvd Petrvm Pernam, M.D.LXII* (1562). In-8 ; mar. citron, fil., dos orné, tr. dor. (*anc. rel.*).

Édition rare, précédée d'une longue épître de Cælius Secundus Curio à la reine Élisabeth d'Angleterre, datée de Bâle, de 1562.
Charmante reliure du siècle dernier.

432. HOUDART DE LA MOTTE. Œuvres de Monsieur Houdar (*sic*) de la Motte, l'un des Quarante de l'Académie françoise. Dédiées à S. A. S. M. le Duc d'Orléans, premier prince du sang. *Paris, Prault aîné,* 1754. 10 t. en 11 vol. in-12 ; mar. citron, fil., tr. dor. (*anc. rel.*).

L'unique édition des Œuvres complètes de cet auteur.
Exemplaire aux armes de MADAME SOPHIE, fille de Louis XV.

433. L'Anti-Sans-Souci ou la Folie des nouveaux philosophes, naturalistes, déistes et autres impies, dépeinte au naturel. Nouvelle édition augmentée de pensées et de réflexions préliminaires de M. Formey. *Selon l'original imprimé a Bouillon,* 1761, *chez Pierre Limier.* 2 vol. in-12 ; mar. rouge, fil., tr. dor. (*anc. rel.*).

Très belle reliure, aux armes de la marquise DE POMPADOUR.

434. Epistolia, Dialogi breves, Orativncvlae, Poematia. Ex variis vtriusque linguae scriptoribus Inter poematia autem est Satyra elegantissima, quae inscribitur Lis non priùs edita. (*Genève.*) *Anno M.D.LXXVII* (1577). *Excudeb. Henr. Stephanus.* 2 part. en 1 vol. in-8 ; veau fauve, fil., tr. dor.

> Curieux recueil de pièces d'anciens auteurs, en grec et en latin.

435. Diversitez curieuses. Nouvelle edition, augmentée. *Paris, Urbain Coustelier,* 1700. 10 vol. in-12 ; mar. rouge, fil., tr. dor. (*anc. rel.*).

> Recueil intéressant, rédigé par l'abbé L. Bordelon.
> Exemplaire aux armes de la comtesse DE VERRUE, née Luynes. La reliure du 3ᵉ vol. a été refaite.

436. Collection d'ouvrages français, en vers et en prose, imprimée par ordre du Comte d'Artois. *Paris, de l'imprimerie de Didot l'aîné,* 1780-1784. 64 vol. in-18 ; demi-rel., mar. vert.

> Jolie collection imprimée par François-Ambroise Didot et l'un des chefs-d'œuvre typographiques des Didot (pour sa composition, voir Brunet).
> Exemplaire de De Bure, un des 60 sur papier fin, avec les armes du comte d'Artois sur le titre. Il est absolument intact et relié sur brochure.

HISTOIRE

I. GÉOGRAPHIE. — VOYAGES.

437. PTOLOMEO (Cl.). Geografia cioè descrittione vniversale
della terra partita in due volumini, nel Primo de' quali si con-
tengono gli Otto libri della Geografia di Cl. Tolomeo. Nuouamente con singolare studio rincontrati, & corretti dall' eccell^mo
Sig. Gio. Ant. Magini Padovano.... Opera.... dal Latino nell'
Italiano Tradotta dal R. D. Leonardo Cernoti Vinitiano... *In
Venetia, M.D.XCVIII* (1598). *Appresso Gio. Battista, & Gior-
gio Galignani fratelli.* 2 part. en 1 vol. in-fol.; planches; mar.
rouge, fil. et tr. dor. (*anc. rel.*).

> Ouvrage rare et important même aujourd'hui. La première partie est
> ornée de gravures sur bois; la seconde, pourvue d'un titre spécial à la
> date de 1597, offre 27 cartes pour la géographie de Ptolémée, et 37 cartes
> pour la partie moderne, gravées en taille-douce par le célèbre Girolamo
> Porro. Le texte de cette partie moderne, qui compte près de 400 pages,
> est aussi de Magini. Dix-huit pages sont consacrées à l'Amérique. Tables
> très détaillées.
> Très bel exemplaire, fort bien relié.

438. DIONYSII Alexandrini de situ orbis libellus, Eustathii Thes-
salonicensis archiepiscopi commentariis illustratus (en grec).
Lutetiæ, ex officina Rob. Stephani, typ. Regii, Regiis typis,
1547. In-4; veau fauve, fil., tr. dor. (*Lortic*).

> Première édition de Denis le Périégète avec le commentaire d'Eustathe.
> Exécution typographique fort remarquable.
> Très bel exemplaire. Notes à l'encre.

439. MUNSTER (Séb.). La Cos‖mogra‖phie univer‖selle contenant ‖ la situation de toutes les parties du monde ‖ auec leurs
proprietez et appartenances..... par Sebast. Munstere. (A la
fin :) *Cy finist la Chronicque vniverselle de monsieur Sebastien*

*Munstere, comprinse en six liures, nouuellement translatee, et
acheuee d'imprimer aux despens de Henry Pierre* (Henric Petri,
à Bâle) *en l'an de grace* 1552. In-fol.; veau brun.

Ouvrage orné d'un grand nombre de cartes géographiques et des
plans de villes (dont celui de Paris, gravé par H.-R.-E. Deutsch), de
plusieurs centaines de gravures sur bois représentant des portraits, des
vues de villes, des scènes de mœurs et coutumes, etc.

440. LOUIS XV. Cours des principaux fleuves et rivieres de
l'Europe composé & imprimé par Louis XV, Roy de France
& de Navarre. En 1718. *Paris, dans l'Imprimerie du Cabinet
de S. M. dirigée par J. Collombat*, 1718. Pet. in-4; mar.
rouge, fil., tr. dor. (*anc. rel.*).

Exemplaire de Ch. NODIER, avec le joli portrait de Louis XV enfant,
gravé par J. Audran, portrait qui manque souvent.

441. Viaggi fatti da Vinetia, alla Tana, in Persia, in India, et in
Costantinopoli : con la descrittione particolare di Città, Luoghi,
Costumi, et della Porta del gran Tvrco : & di tutte le Intrate,
spese, & modo di gouerno suo, & della ultima Impresa contra
Portoghesi. (A la fin :) *In Vinegia nell' anno M.D.XLIII* (1543).
nelle Case de figlivoli di Aldo. In-8; mar. rouge, comp. et ancre
aldine, tr. dor. (*Capé*).

Volume rare, renfermant les récits des voyages contemporains de
J. Barbaro et A. Contarini, ambassadeurs vénitiens, de Aloigi di Giovanni,
vénitien, etc. Première édition. Très bel exemplaire.

442. EHINGEN (Georg von). Itinerarium, das ist historische
Beschreibung, weylund Herrn Georgen von Ehingen raisens
nach der Ritterschafft, vor 150 Jaren, in X underschidliche
Königreich verbracht... *Ausz desz Wolgebornen Herrn Herrn
Reimund Fugger... Museo colligirt vnd von Dominico Custode...
in Kupffer gestochen, vnd in Truck verfertiget,* 1600. (A la fin :)
*Gedruckt zu Augspurg, bey Iohan Schultes in verlegung Domi-
nici Custodis.* In-fol.; demi-rel., mar. vert.

Mémorial d'un voyage chevaleresque, entrepris dans dix royaumes,
avant 1457. Cette relation est ornée de dix portraits en pied des souverains des pays visités par notre voyageur, gravés au burin par Custodis
d'après les miniatures du manuscrit original conservé à Stuttgart. Il s'y
trouve, entre autres, ceux de Charles VII, roi de France, du bon roi
René II d'Anjou, de Henri VI, roi d'Angleterre, et de Jacques II, roi
d'Écosse. Très rare. Raccommodages.

443. MARCO POLO Venetiano, in cui si tratta le meravigliose cose del mondo per lui vedute... (A la fin :) *In Venetia per Matthio Pagan, in Frezaria, al segno della Fede.* 1555. In-8, de 56 ff. ; mar. rouge, comp., ornem., tr. dor. (*Hardy-Mennil*).

Édition rare. Très bel exemplaire.

444. VARTHEMA (L. de). Die ritterliche vnnd ‖ Lobwirdige Reysz / des Gestrengen vnd ‖ vber all ander weit erfarnen Ritter / vnd Landtfah‖rer Herrn Ludouico Vartomans von Bolonia... *Gedruckt zu Franckfurt am Mayn / Durch Weigandt Han.* M.D.LVI (1556). In-4 ; vél. blanc.

Traduction allemande de la célèbre relation du voyage de Varthema en Égypte, en Syrie, en Arabie, en Perse, en Éthiopie, etc. Les figures sur bois sont bien composées et expressives, bien que trop rudement taillées. Exemplaire Yemeniz.

445. GRELOT (G.-J.). Relation nouvelle d'un voyage de Constantinople ; enrichie de Plans levez par l'Auteur sur les lieux, & des figures de tout ce qu'il y a de plus remarquable dans cette ville. *Paris, Pierre Rocolet,* 1680. In-4 ; mar. rouge, fil., fleurs de lys aux angles, tr. dor. (*anc. rel.*).

Six curieuses planches gravées chez Le Blond.
Exemplaire de dédicace, aux armes de LOUIS XIV.

446. ROGER (frère Eug.). La Terre Sainte, ov Description topographiqve tres-particuliere des saints Lieux, & de la Terre de Promission... *Paris, Antoine Berthier,* 1664. In-4 ; fig. sur cuivre ; veau fauve, fil. et tr. dor. (*Smith*).

Volume rare, orné de belles gravures. Il est surtout intéressant pour l'histoire des établissements français dans l'Orient.

447. TACHARD (Guy), de la Cⁱᵉ de J. Voyage de Siam, des Pères Jesuites, envoyez par le Roy aux Indes & à la Chine... *Paris, Arnould Seneuze,* 1686. In-4 ; fig. sur cuivre ; mar. rouge, comp. à fil. et tr. dor. (*anc. rel.*).

Ouvrage composé par l'ordre de Louis XIV, et orné de jolies vignettes et planches gravées par C. Vermeulen, d'après P. Sevin.
Magnifique reliure aux armes et au chiffre de COLBERT.

448. PHILOPONUS (Hon.). Nova typis transacta navigatio. Novi Orbis Indiæ Occidentalis, admodum reverendissimorum Pp.

ac Ff. Reverendissimi ac Illustrissimi Domini Du Bvellii Cata-
loni abbatis montis Serrati, & in vniversam Americam.....
Legati :... Sociorumq; Monachorum ex ordine S. P. N. Bene-
dicti... Dimissi per S. D. D. Papam Alexandrum VI. Anno
Christi. 1492. Nvnc primvm e varijs Scriptoribus in vnum
collecta, & figuris ornata. Avthore Venerando fr. Don Honorio
Philopono. *S. l.*, 1621. In-fol.; front. et 18 pl. grav.; mar. La
Vallière, fil. à froid, ornem., tr. dor. (*Lortic*).

Volume extrêmement rare, donnant la relation d'une mission des
Bénédictins envoyés en Amérique peu de temps après sa découverte. Les
gravures en taille-douce sont curieuses.
Magnifique exemplaire.

II. HISTOIRE UNIVERSELLE. PAGANISME.
HISTOIRE ECCLÉSIASTIQUE.

449. (ROLEWINCK, W.) Fasciculus temporum. (A la fin :) *Fasciculus temporũ oẽs quasi antiquas* ‖ *chronicas mortaliũ vsq; ad
hec tempora* ‖ *cõplectens felicit' explicit Impressusq; im‖pensa
z arte mira Erhardi rodolt* (sic) *de augu‖sta. 1481. 12 caleñ.
Jañ.* In-fol., goth. ; cart., dans un étui.

Édition fort rare, imprimée à Venise en très petits caractères et ornée
de gravures sur bois.
Exemplaire à toutes marges.

450. FULGENTIUS. Enarrationes allegoricæ fabularum Fulgen-
tii placiadis. (A la fin :) *Impressum Mediolani p magistrũ
Vldericũ Scinzenzeler anno Dñi. Mcccclxxxxviii. (1498) die.
xxiii mensis aprilis.* In-fol. ; mar. vert, fil. à fr., ornem., tr. dor.
(*Capé*).

Première édition avec date.
Très bel exemplaire, presque non rogné.

451. EUSEBIUS. Ecclesiasticæ historiæ, Eusebii Pamphili
Lib. X. Eiusdem de vita Constantini. Lib. V. Socratis,
Lib. VII. Theodoriti episcopi Cyrensis. Lib. V. Collec-
taneorum ex historia eccles. Theodori Lectoris Lib. II.
Hermii Sozomeni Lib. IX. Euagrii Lib. VI (en grec). *Lvtetiæ*

Parisiorvm, ex offic. Rob. Stephani, M.D.XLIIII (1544).
In-fol. ; mar. vert, fil. et tr. dor.

Chef-d'œuvre de typographie et premier livre où Robert Estienne ait
employé les beaux types grecs, dits *grecs du roi*, gravés par Garamond
sur les modèles fournis par le célèbre calligraphe Ange Vergèce.

Exemplaire aux armes d'un marquis de MIRABEAU.

452. EUSEBIUS. (Ecclesiastica historia per Rufinum de græco
in latinum traducta. *Mantuæ, Ioannes Schallus*, 1479.) Pet.
in-fol. ; veau fauve (*anc. rel.*).

Édition rare. Le volume commence au vº du 1ᵉʳ f., sans aucun titre,
par une épître dédicatoire de l'imprimeur Jean Schallus, médecin (*phy-
sicus*) d'Herosfeld, à Frédéric Gonzague, duc de Mantoue. Il est terminé
par dix vers latins, où on lit le nom de l'imprimeur et la date de l'impression.

Exemplaire provenant des doubles de Mgʳ le duc d'Aumale.

453. POLO (Reg.). De Concilio liber Reginaldi Poli cardinalis.
Romæ, M.D.LXII (1562), *apud Paulum Manutium Aldi F.* —
Reformatio Angliæ ex decretis Reginaldi Poli cardinalis, sedis
apostolicæ legati, Anno M.D.LVI. *Ibid.* — En 1 vol. in-4 ;
mar. bleu, comp. à fil., tr. dor. (*rel. angl.*).

Premiers livres imprimés à Rome par Paul Manuce, fils d'Alde. Le
second surtout est fort rare.

Magnifique exemplaire, de premier tirage, avec les *errata* au premier
traité.

454. RAEMOND (Fl. de). Errevr ‖ popvlaire ‖ de la Papesse ‖
Ieanne. ‖ *S. l. M.D.LXXXVIII* (1588). In-12, de 141 pp. et
1 f. ; mar. rouge, fil. à fr., milieu, tr. dor. (*Lortic*).

Édition originale, anonyme, un peu abrégée. Volume extrêmement
rare, non cité.

Très bel exemplaire.

455. RAEMOND (Fl. de). Errevr popvlaire de la papesse Iane,
par Florimond de Raemovnd, Conseiller du Roy au Parlement
de Bourdeaux. *A Lyon, Par Benoist Rigavd.* M.D.XCV (1595).
— TERTULLIEN. De la Covronne du soldat, tradvit du latin
de Q. Septim. Tertvl. Par Fl. de Ræmound... *Ibid.*, 1595. —
Avx Martyrs, tradvit dv latin de Q. Septim. Tertvllian. Par
Fl. de Ræmovnd... *Ibid.*, 1595. — En 1 vol. in-8 ; veau brun
(*anc. rel.*).

L'ouvrage sur la Papesse Jeanne a eu de nombreuses éditions, dont celle-ci est l'une des premières. Elle est dédiée à Charles, cardinal de Bourbon, roi des Ligueurs, déjà mort à cette date.

Dans le second opuscule, le texte latin de Tertullien est mis en regard de la traduction. Le troisième est dédié au frère du traducteur.

Le tout, muni d'un privilège spécial, représente, croyons-nous, l'ensemble des travaux du conseiller de Raemond.

Exemplaire avec la signature du comte de Plelo.

456. RAEMOND (Flor. de). Fabula Ioannæ quæ pontificis Romani sedem occupasse falso credita est. E gallico Florimondi Ræmondi senatoris Burdigalensis. Editio secunda. *Burdigalæ, apud Simonem Millangium,* 1606. In-8 ; mar. rouge, jans., tr. dor. (*Smeers*).

Seconde édition de la traduction latine de ce livre célèbre, imprimée à Bordeaux. Une note manuscrite sur le titre indique que c'est Louis Richeome, de la Compagnie de Jésus, qui a écrit ce livre sous le nom de Raemond.

457. RAEMOND (Florim. de). L'Anti-Papesse, ou Erreur populaire de la papesse Ieanne. *A Cambray. De l'Imprim. de Iean de la Riuiere. M.DC.XIII* (1613). In-8 ; mar. vert, fil.

Édition fort rare, dédiée à la municipalité de Cambrai.
Bel exemplaire, aux armes du marquis de Morante.

458. Papa Mulier, sive vera et infallibilis narratio de Papa Joanne VIII, femina, in qua de cœlibatu Sacerdotum contra Franciscum Costerum, de castitate, dominio, successione Romanorum Pontificum utiles obiter insperguntur commonefactiones, etc., etc. *Witebergæ,* 1609. In-8 ; mar. vert, fil.

Bel exemplaire d'un livre rare, aux armes du marquis de Morante.

459. COOKE (Alex.). Johanna Papissa, toti orbi manifestata, adversus scripta Rob. Bellarmini, Cæsaris Baronii, Florimundi Ræmundi et aliorum Papicolarum, quibus impudenter negant, Johannam hanc Papissam fuisse unquam. *Oppenheimii, typis Hier. Galleri sumptibus Hulsianis,* 1619. In-12 ; mar rouge, fil. à fr., tr. dor.(*Duru*).

Livre fort rare, écrit sous forme de dialogue entre un protestant et un papiste. Traduction d'un ouvrage anglais d'Alexandre Cooke, imprimé à Londres en 1560. Sur le titre, la figure de la papesse Jeanne d'après la chronique de Nuremberg.

460. **BLONDEL** (D.). Familier esclaircissement de la question si une femme a esté assise au siege Papal de Rome entre Leon IV et Benoist III, par David Blondel. Seconde edition, plus correcte que la premiere. *Amsterdam, Jean Blaeu,* 1649. In-8 ; mar. citr., fil., tr. dor. (*Lortic*).

> Rare. Très bel exemplaire.

461. **BLONDEL** (D.). De Ioanna papissa, sive famosæ questionis : An Fœmina ulla inter Leonem IV et Benedictum III... media sederit ʼΑΝΑΚΡΙΣΙΣ. *Amstelædami, typis Ioannis Blaeu,* 1657. Pet. in-8 ; mar. rouge, tr. dor. (*anc. rel.*).

> Rare. Bel exemplaire.

462. **CONGNARD** (P.) Traité contre l'éclarcissement donné par M. Blondel en la question si une femme a esté assise au Siege papal de Rome entre Leon IV et Benoist III. Par le sieur Congnard, advocat au Parl. de Normandie. *A Saumur, par Iean Ribotteau & Antoine Rousselet,* 1655. In-8 ; vél. blanc.

> Extrêmement rare.

463. **LENFANT** (J.). Histoire de la papesse Jeanne, fidelement tirce de la dissertation latine de M. de Spanheim (par J. Lenfant). *A Cologne, chez* ***, 1694. Gr. in-12 ; front. gr. ; mar. vert, fil., tr. dor. (*anc. rel.*).

> Première édition.

464. **LE MAIRE DE BELGES** (J.). Le Promptuaire des Conciles de Leglise Catholique, auec les scismes et la différence diceulx faict par Iehã le Maire de Belges elegant Hystoriographe Traicte singulier & exquiz. Imprimé nouuellement. 1532. *On les vend a Lyon en la boutique de Romain Morin, libraire demourant en la rue Merciere.* In-8, carré ; mar. vert, ornem., tr. dor. (*Lortic*).

> Première édition, ornée de gravures sur bois dans le genre imagerie.

465. **Processvs** consistorialis Martyrij Io. Hvss, cvm correspondentia Legis Gratiæ, ad ius Papisticum, in Simoniacos & fornicatores Papistas. Et de victoria Christi, Deqȝ Antichristi degradatione, ac depositione. Ad uetustatis typum excusus. *S.l.n.d.*

(*Strasbourg, vers* 1525.) In-4, de 31 ff. ; fig. sur bois ; mar. vert, jans., tr. dor. (*Smeers*).

Opuscule rare. 31 figures très médiocres de composition et d'exécution représentent les différentes scènes du procès et du supplice de Huss.

466. Histoire des persecutions et guerres faites depuis l'an 1555 iusques en l'an 1561 contre le peuple appelé Vaudois, qui est aux valees d'Angrongne, Luserne, Sainct Martin, la Perouse et autres du païs de Piemont. Nouuellement imprimé. *S. l.*, 1562. In-8 ; mar. vert, fil., tr. dor. (*Smeers*).

Ouvrage favorable aux Vaudois. Très rare.

III. HISTOIRE ANCIENNE.

467. CTESIAS, etc. Ex Ctesia, Agatharchide, Memnone excerptae historiae. Appiani Iberica. Item, De gestis Annibalis. Omnia nunc primum edita. Cum Henr. Stephani castigationibus. *Ex offic. Henr. Stephani. An. M.D.LVII* (1557). — Appiani Alexandrini Hispanica & Annibalica, etc. *Anno M.D.LX* (1560). *Excudeb. Henr. Steph., illustris viri Fuggeri typographus.* — En 1 vol. in-8 ; veau fauve, fil. et tr. dor.

Premières éditions.

468. DIONYSII Halicarnassei de Thvcydidis historia ivdicivm, Andrea Duditio Pannonio interprete. *Venetiis, Aldvs, M.D.LX* (1560). In-4 ; mar. La Vallière, fil. à fr., ornem., tr. dor. (*Thompson*).

Rare. Très bel exemplaire.

469. THUCYDIDE. L'Histoire de Thvcidide Athenien, De la Guerre qui fut entre les Peloponesiens & Atheniens, Translatée en langue françoise, par feu messire Claude de Seyssel. *Paris, Iean Ruelle,* 1555. In-16 ; mar. vert, fil. à fr., tr. dor. (*Wright*).

Édition rare. Très bel exemplaire.

470. XÉNOPHON. La Cyropedie de Xenophon, de la Vie & Institucion de Cyrus Roy des Perses. Traduite de Grec par Iaques des Comtes de Vintemille Rhodien. *Lyon, Ian de Tovrnes,*

1555. In-4 ; veau fauve, fil., comp., ornem., tr. dor. (*rel. anc.*).

Rare. Bel exemplaire.

471. **CURTIUS.** Quinte-Curce. De la vie et des actions d'Alexandre le Grand; de la traduction de Vaugelas. Quatrième édition,
sur une nouvelle copie de l'auteur, avec les Supplémens de
Jean Freinshemius sur Quinte-Curce, traduit par feu Durier.
Lyon, Claude Chize, 1692. In-12 ; mar. citron, fil. et tr. dor.
(*anc. rel.*).

Aux armes de MADAME SOPHIE, fille de Louis XV.

472. (Gesta Alexandri magni.) Incipit liber Alexandri magni regis
macedonie de prelijs. (A la fin :) *Explicit hystoria Alexandri
magni.* S. l. n. d. In-4, goth., de 72 ff., sans chiff. ni sign.,
à 27 lign. par page. — DICTYS cretensis Ephemeridos belli
troiani libri sex [trad. du grec en lat. par L. Septimius]. *S. l.
n. d.* In-4, goth., de 68 ff. — En 1 vol.; mar. La Vallière,
comp. à fr., tr. dor. (*Hagué*).

Une des premières éditions de ces deux ouvrages, sorties des presses
de Cologne vers 1470-1473, et imprimées, selon les uns, par Ulric Zell, et,
selon d'autres, par Arnold Therhœrnen. Le premier ouvrage est une
histoire romanesque d'Alexandre le Grand.
Très bel exemplaire de ces livres rarissimes.

473. **FLORUS.** Lucij ãnei flori epitoma idest abbreuiatio de cursu
ac Statu romano% a fundacõne vrbis p romulũ vsq; ad au-
gustũ. ɔtinẽs ꜱ (4) libros incipit fcli. *S. l. n. d.* In-fol., de 29 ff.
à 2 col., de 46 lig.; mar. rouge, fil. à fr., tr. dor. (*Duru*).

L'une des premières éditions imprimées avec les petits caractères
d'Arnold Therhœrnen, à Cologne, de 1471 à 1473. Au vº du 24ᵉ f. commence le traité de Jordanus *De commendatione Rom. imperii.*
Très bel exemplaire de ce livre rare.

474. **VELLEI** Patercvli (P.) Historiæ romanæ dvo volumina...
per Beatvm Rhenanvm... ab interitv vtcvnqve vindicata. *Basileæ,
in ædibvs Joannis Frobenii mense novembri, anno* M.D.XX (1520).
In-fol.; mar. rouge, fil. à fr., ornem., tr. dor. (*Hardy*).

Première et rare édition. Le frontispice et l'entourage de la préface
sont de Holbein. On voit au bas de cet entourage la marque I. F. Les
autres ornements sont inférieurs.

475. **SALLUSTIUS.** Caij Crispi Salustij opera Ascensij familiaris interpretatio. (A la fin :) *C. Crispi Salustij Catilina et Jugur-thina cum reliquis collectaneis ab Ascensio : vt cūq; explanatis : hic suum capit finem. Lugduni diligēti recognitione Impressus per Claudiū dauost al's de Troys. Impēsis honesti viri Simonis vincentij. Anno domini Millesimo quingentesimonono* (1509). *v. id. Junij.* In-4 ; fig. sur. bois ; mar. rouge, fil. et ornem., tr. dor. (*Hardy*).

Édition rare et non citée.

476. **SALLUSTE.** L'Histoire de C. Crispe Saluste touchant la coniuration de L. Serge Catelin, auec la premiere harangue de M. Tulle Ciceron contre luy : ensemble la guerre Iugur-thine & la harangue de Portius Latro contre Catelin : traduit-tes de Latin en Françoys, par Loys Meigret Lyonnois. *Paris, Ch. Wechel,* 1549. — La troysiesme oraison d'Isocrates, faitte en la personne de Nicocles Roi de Chipre, touchant le deuoir des subiectz a leur prince, traduicte par Loys Meigret, Lyon-nois. *Ib., id.,* 1544. — En 1 vol. in-8 ; veau fauve.

Rare. Bel exemplaire.

477. **CÆSAR.** Commentarij Cæsaris recogniti per Philippum Beroaldum. (A la fin :) *Anno dñi. M.CCCCC.VIII* (1508) *die uero . xx . Iunij.* In-8 ; mar. bleu foncé, compart., tr. dor., doublé de tabis (*Bozérian jeune*).

Édition imprimée à Lyon, par Balthasar, avec des caractères ita-liques. Cette contrefaçon de l'édition des Alde est plus rare que l'édition originale.

478. **CÉSAR.** Les oeuures et briefues ‖ expositions de Julius cesar sur le faict des batailles de Gaule. (A la fin :) *Cy finist la translation des oeuures et commētaires Julius cesar sur le faict de la conqueste du pays de gaule faicte et mise en francoys et pre-sentee au roy de France. Imprime nouuellement a Paris par la veufue feu Michel le Noir demourant en la grant rue sainct Jacq̄s.* S. d. (vers 1521). Pet. in-4, goth., de 130 ff. n. ch. ; mar. rouge, fil., bord. à fr., tr. dor. (*Lortic*).

Édition non citée au *Manuel,* extrêmement rare.

Au-dessous du titre, une grande gravure sur bois représentant le tra-ducteur Robert Gaguin, offrant son livre au roi Charles VIII.

479. SUETONII (C.) Tranquilli XII cæsares, ex uetusto exemplari emendationes multis locis. *Parisiis, ex offic. Roberti Stephani,* 1543. In-8; mar. vert, fil., tr. dor. (*anc. rel.*).

Bel exemplaire aux armes du comte D'HOYM.

480. SVETONE Tranqville de la vie des XII Cesars. Traduit par George de la Boutiere Autunois. *Lion, Ian de Tovrnes,* 1556 In-4; veau fauve, fil., tr. dor. (*Thompson*).

Première et rare édition de cette traduction. Beau livre orné de portraits des empereurs et de charmantes initiales gravées sur bois.

481. TURPIN. Histoire du gouvernement des anciennes républiques, où l'on découvre les causes de leur élévation et de leur dépérissement, par M. Turpin. *Paris, De Hansy,* 1769. In-12; mar. rouge, fil., tr. dor. (*anc. rel.*).

L'idée de cet ouvrage a été empruntée à un auteur anglais, Édouard Worthley de Montague. Celui-ci avait fait une étude de l'organisation des anciennes républiques en comparaison avec celle de la Grande-Bretagne ; Turpin la généralise à toutes les nations.
Belle reliure aux armes du prince DE CONDÉ.

IV. HISTOIRE DE FRANCE.

482. LA RAMÉE (P. de). Traicte des Façons & Coustvmes des anciens Gavlloys, traduit du Latin de P. de la Ramée, par Michel de Castelnau. *Paris, André Wechel,* 1559. Pet. in-8, de 100 ff. ; mar. bleu, fil., compart., tr. dor. (*Bauzonnet*).

Livre précieux et bien écrit. Première édition de cette traduction. Rare.

483. GUÉNÉBAULD (J.). Le Reveil de Chyndonax prince des Vacies drvydes celtiqves diionais... par J. G. D. M. D. *Diion, Clavde Gvyot,* 1621. Pet. in-4 ; fig.; mar. rouge, fil. et tr. dor. (*anc. rel.*).

Ouvrage très recherché. Un des rares exemplaires avec la planche qui représente le tombeau et l'urne.

484. La loi salicq̃ ‖ Premiere loy des francoys faicte par le Roy ‖ pharamon premier roy de france faisant men‖tion de plusieurs

droitz cronicques et hystoires desdits roys de france. (A la fin :)
Cy fine le traicte dentre les roys de Frãce et Dangle‖terre / et
cõe les filles de france ne peuẽt heriter a la courõne ‖ Imprime
ꝑ Guillaume nyverd librare (sic) *demourant a paris ‖ a la Rose*
rue de la iuyfrie / ou au palays a la premiere porte. In-4, goth.,
à longues lign., de 36 ff., sign. a-g ; au verso du dern. f. la
marque de Pierre Le Caron ; mar. rouge, comp. à fil., orn.,
tr. dor. (*Lortic*).

Édition rarissime, la plus ancienne de cette loi. L'imprimeur Nyverd
y occupe la dernière adresse et prend la marque de Pierre Le Caron,
ce qui montre un fait qui n'avait pas encore été signalé, c'est-à-dire
qu'il lui a succédé. Cela indique de plus que le livre a été imprimé entre
1510 et 1516.

Très bel exemplaire.

485. (CORROZET, Gilles.) Le Cathalogue des villes et citez
assises es troys Gaulles, auec ung traicte des fleuues et fontaines, illustré de nouuelles figures. *On les vend a Paris, en la*
rue neufue nostre dame a lenseigne sainct Nicolas par Pierre
Sergent, 1539. (A la fin :) *Nouuellement imprime a Paris, par*
Anthoine Bonnemere, libraire et imprimeur demourant a lhostel
Dalebret, pres sainct Hilaire. In-16, de 8 ff. prél. et 71 ff. ch. ;
mar. vert, fil. à fr., tr. dor. (*Duru*).

Curieux ouvrage de Gilles Corrozet, le même que les Antiques érections des villes. Édition rare.

486. (CORROZET (G.) et CHAMPIER.) Le Batiment des antiques
erections des principales Villes & Citez, assises es trois Gaules,
contenu en deux liures. Avec un traité des Fleuues et Fontaines admirables estans es dites Gaules. *A Lyon, par Benoist*
Rigaud & Ian Saugrain, 1557. In-16 ; mar. La Vallière, orn.,
tr. dor. (*Capé*).

Le premier livre finissant à la p. 89 est de Gilles Corrozet et avait
d'abord paru sous le nom d'*Antiques erections*, en 1531. Plus tard François
Juste le reprit sous le titre de *Catalogue des anticques érections*, s. d., en
y ajoutant le second livre dû à Claude Champier, fils de Symphorien
Champier. La présente édition est une reproduction de celle de François
Juste. Le *Traité des fleuves* est traduit du latin de Symphorien Champier,
par son fils. Il est suivi d'un traité des saints lieux des Gaules.

Bel exemplaire de ce livre rare.

487. LE MAIRE DE BELGES (J.). Les Illustratiõs de Gaule :

ℂ singularitez de Troye, contenãt troys ꝑties. Auec Lepistre du
Roy a Hector de Troye, Le traictié de la differẽce des scismes ℂ
des cõcilles, La vraye Hystoire ℂ nõ fabuleuse du Prĩce Syach
ysmail dict Sophy. Le tout cõpose par... Jean le Maire de
Belges... nouellemẽt Imprimees a Lyon. 1528. *Imprimees
nouuellemẽt a Lyõ par Antoyne du Ry. Lã de grace. Mil. ccccc.
vingt et huit.* In-4, goth., à 2 col.; fig. sur bois; mar. rouge,
fil. à fr., ornem. et tr. dor. (*Hardy*).

> Édition fort rare et non décrite au *Manuel*.
>
> A la fin de la prem. partie on lit : *Imprime a Lyon par Antoyne du Ry
> Lan mil cinq Cens. xxviii.* Cette partie, sign. a—l, a 83 ff. non ch. (le cah.
> a n'ayant que 3 ff.) plus 1 f. à la fin pour deux planches sur bois. La
> seconde, qui porte une souscription semblable à la fin, contient 56 ff. y
> compris le dernier où se trouve la figure et la marque au verso, sign.
> A—G. La 3ᵉ (même souscription), de 6 ff. prél. et 1 ff. chiffrés, est signée
> *aa—gg.* Elle contient dans le texte plusieurs petites fig. sur bois. —
> *Lepistre du Roy à Hector de Troye,* et les autres opuscules formant la
> 4ᵉ partie du volume, portent toujours la souscription ci-dessus; elle est
> sign. AA par 8 et BB par 10. On y trouve encore quelques petites fig. La
> dernière partie, le *Traictié des Scismes,* est sig. Aa—Ee. La souscription
> est comme ci-dessus. Les petites fig. se représentent dans le texte.

488. JOINVILLE. Histoire de S. Loys IX dv nom, roy de France,
par messire Iean sire de Ioinuille... Novvellement mise en
lumiere... par Mᵉ Clavde Menard... *Paris, Séb. Cramoisy,*
1617. In-4; portr. de s. Louis gr. par L. Gaultier; mar. rouge,
fil., fleurs de lis aux angles des plats, tr. dor.

> Édition faite sur un manuscrit différent de ceux qui avaient servi pour
> établir le texte des éditions précédentes.
>
> A la suite se trouve un complément de cet ouvrage : *Sancti Ludovici
> Francorum Regis, Vita, Compensatio, et Miracula, Per F. Gaufridum de
> Bello-loco Confessorem, et F. Guillelmum Carnotensem Capellanum eius...
> Omnia nunc primum ex mss. codd. edita, studio et cura Claudii Menardi.*
> Lutetiæ Parisiorum, ex offic. Nivelliana, 1617. On y trouve tout le procès
> de la canonisation.
>
> Exemplaire aux armes de Mademoiselle D'ORLÉANS, DUCHESSE DE
> MONTPENSIER.

489. Sibylla Francica seu de admirabili pvella, Iohanna lotharinga
pastoris filia, Dvctrice exercitvs Francorvm sub Carolo VII.
Dissertationes aliquot coæuorum Scriptorum historicæ & phi-
losophicæ, in quibus & de arte magica obiter disputatur, &
historiæ aliæ complures lectu iucundissimæ inseruntur. Item
Dialogi Duo, de qverelis Franciæ et Angliæ, & iure succes-

sionis vtrorumque Regum in regno Franciæ. Omnia ex Bibliotheca Melchioris Haiminsfeldii Goldasti eruta, & in lucem pro-
ducta. *Vrsellis, Ex Officina Cornelii Svtorii, Impensis Iohannis
Berneri, anno M.DC. VI* (1606). In-4, de 2 ff., 36 et 43 pp. ;
mar. citron, comp. à fil. à fr., ornem. et tr. dor. (*Lortic*).

Volume à peine cité, et cependant fort rare et curieux, imprimé à
Ursel, dans le duché de Nassau.

La première dissertation, due à un ecclésiastique allemand de Lau-
den (?), appelé *anonymus Laudayanus*, était composée lorsque Jeanne
d'Arc était à l'apogée de sa gloire. Pour l'auteur c'était une *sibylle* agréée
de Dieu, comme ses devancières de l'antiquité.

Viennent ensuite les *Propositiones de Puella militari*, de Henri de Gorck-
heim ; l'*Apologia,* en deux parties, attribuée à Jean Gerson, mais qui est
du précédent auteur ; et les dialogues de *Querelis,* par le cardinal Pierre,
évêque de Cambrai.

490. VARANIUS (V.). Valerandi varanii de gestis Joanne virginis France egregie bellatricis Libri quattuor. *Venundatur
parisii a Joanne de Porta in clauso Brunelli sub signo cathedre
.commorante.* S. d. (1516). In-4, de 68 ff. ; veau fauve, fil. et
tr. dor. (*anc. rel.*).

Volume fort rare. C'est un poème épique en l'honneur de Jeanne d'Arc,
par Waleran de Varain, d'Abbeville. Il est précédé de deux épîtres dédi-
catoires, datées de Paris, l'une, du 16 novembre 1516, adressée à
Charles de Hangest (*Genelicius*), évêque-comte de Noyon ; l'autre, du
10 nov. 1516, adressée à George d'Amboise, archevêque de Rouen. Il
y déclare s'être servi d'un manuscrit de l'abbaye de Saint-Victor, de
Paris, contenant des documents sur le procès et la réhabilitation de
Jeanne d'Arc.

491. MIQUEAU (J. L.). Avreliæ ‖ vrbis memora-‖bilis ab Anglis
obsi-‖dio, anno 1428 et ‖ Ioannæ viraginis Lotha-‖ringæ res
gestæ, ‖ Authore Io. Lodoïco Micquello... *Avreliæ, apud Petrum Treperel,* 1560. Pet. in-8, de 112 pp. ; mar. rouge, jans.,
tr. dor. (*Duru et Chambolle*).

Première édition, extrêmement rare, de cette relation de la défense
d'Orléans par Jeanne d'Arc, imprimée dans cette ville même, et dédiée
au cardinal Charles de Lorraine. L'auteur déclare s'être appliqué à réunir
les renseignements dispersés dans les manuscrits. Il était principal du
collège d'Orléans.

492. MICQUEAU (J. L.). Histoire dv siège d'Orleans, et de la
Pucelle Jeanne. Mise en nostre langue par le Sʳ Dvbreton. *A*

Paris, chez Iean dv Hamel, 1631. Pet. in-8 ; mar. rouge, fil. et tr. dor. (*Lortic*).

Traduction de l'ouvrage précédent, quoique le traducteur n'ait pas mentionné le nom de l'auteur. Dédiée à la comtesse de la Rochepozay. On y trouve un sixain de Malherbe en l'honneur de la Pucelle.
Exemplaire avec témoins.

493. L'Histoire et discovrs av vray dv siege qvi fvt mis devant la ville d'Orleans, par les Anglois, le Mardy XII. iour d'Octobre M CCCC.XXVII (pour 1428)... contenant toutes les saillies... escarmouches... qui de iour en iour y furent faictes : avec la venue de Jeanne la Pucelle, & comment par grace divine, et force d'armes, elle feist leuer le siege de deuant aux Anglois. Prise de mot à mot sans aucun changement de langage, d'vn vieil exemplaire escrit à la main en parchemin, et troué en la maison de ladite ville d'Orleans, illustrée de belles annotations en marges. En ceste editiō y a esté adiousté la harangue du Roy Charles vij a ses gens, & celle de la Pucelle au Roy, auec la continuation de son histoire iusques à sa mort..... *A Orleans, chez Olyuier Boynard & Iean Nyon,* 1606. Pet. in-8 ; front. gr. ; mar. rouge, fil., à fr. milieu en mosaïque, tr. dor. (*Lortic*).

Réimpression augmentée de l'édition de 1576, dédiée à la municipalité d'Orléans. Elle est ornée d'un beau frontispice gravé spécialement pour cette édition par Léonard Gaultier et représentant Jeanne d'Arc à mi-corps, tenant une épée haute, dans un bel encadrement sous forme de portique. Il ne figure complet que dans ce seul volume.
La continuation et le procès de réhabilitation sont donnés en latin et en français, et on y trouve deux passages du poème de Valeran de Varain traduits en vers français. Le volume est terminé par les *Antiquitez de la ville d'Orléans,* par Léon Trippault, éditeur de cette publication.
Très bel exemplaire de ce livre rare.

494. L'Histoire et discovrs av vray dv siege qvi fvt mis devant la ville d'Orleans par les Anglois, le Mardy XII. iour d'Octobre M CCCC.XXVIII (suite comme à l'édition de 1606)... illustree de belles annotations en marge. Reueu & augmenté de nouueau outre les precedentes impressions. *A Orleans, chez Oliuier Boynard et Iean Nyon,* 1611. In-12 ; mar. rouge, jans., tr. dor. (*Lortic*).

Réimpression de l'édition ci-dessus, mais avec une augmentation importante, placée en tête, et qui donne l'*Histoire de la Pucelle d'Orléans,* et son procès, extraits d'*un ancien livre, escrit à la main* (27 feuillets).

Au revers du titre, le portrait de Jeanne d'Arc, le même que celui du frontispice de l'édition de 1606, mais détaché de son encadrement.

495. La Vie et déplorable mort de la Pucelle d'Orleans..... Tirée d'vn vieil manuscrit françois. *A Lyon, par Clavde Larjot,* 1619. In-12 ; mar. rouge, jans., tr. dor. (*Trautz-Bauzonnet*).

Reproduction textuelle de l'édition d'Orléans, de 1606, avec le titre changé, pour lequel Larjot a obtenu un privilège, comme s'il s'agissait d'un ouvrage original. Sur le titre, le portrait de Jeanne d'Arc, à mi-corps, gravé sur bois. Elle est habillée à la mode de Louis XIII.

Très bel exemplaire de ce volume de toute rareté.

496. L'Histoire et discovrs av vray dv siege qvi fvt mis devant la ville d'Orleans par les Anglois, le Mardy XII. iour d'octobre M.CCCC.XXVIII (suite comme à l'édition de 1611, ci-dessus). *A Roven, chez Iacques Caillou,* 1621. In-12 ; mar. rouge, fil. et tr. dor. (*Capé*).

Réimpression textuelle de l'édition ci-dessus de 1611. Le libraire Caillou a eu l'audace de reproduire l'épitre dédicatoire des éditeurs orléanais, et de la signer de son nom, en la datant d'Orléans, du 8 mai 1621.

Au revers du titre, copie sur bois du portrait réduit de Jeanne d'Arc, de Léonard Gaultier, d'après l'édition de 1611.

Très bel exemplaire de cette édition fort rare.

497. Recveil de plvsievrs inscriptions proposees povr remplir les Tables d'attente estans sous les statuës du Roy Charles VII. & de la Pvcelle d'Orleans qui sont éleuées... sur le pont de la ville d'Orleans, dés l'an 1458. Et de diverses poesies faites à la loüange de la mesme Pucelle, de ses freres et leur posterité... *A Paris, de l'Imprim. d'Edme Martin,* 1628. In-4 ; veau fauve (*anc. rel.*).

Recueil rare et intéressant, où l'on trouve plus de deux cents pièces de vers latins, français, italiens : sonnets, quatrains, distiques, etc., ainsi qu'une généalogie de la Pucelle, dressée par Charles du Lys, descendant de sa famille, et éditeur de ce volume. Il est orné de trois belles gravures de Léonard Gaultier, qui avaient déjà paru dans l'ouvrage de Hordal, imprimé à Pont-à-Mousson en 1612 ; elles représentent : 1° l'ancien monument qui avait été élevé à l'héroïne lorraine sur le pont d'Orléans ; 2° un grand portrait de Jeanne d'Arc à mi-corps ; 3° son portrait équestre. Ce qui donne encore une valeur exceptionnelle à ce volume, c'est une grande planche gravée par J. Poinsart d'après une tapisserie du xv° siècle représentant l'entrée triomphale de Charles à Reims, en 1429, pour y être couronné. Elle accompagne un poème héroïque sur cette tapisserie, dû à la plume de N. Berger, Rémois. Cette planche précieuse est extrêmement rare.

498. CHARTIER (Alain). L'histoire memorable des grands trov-
bles de ce Royavme sovbs le roy Charles VII. Contenant la
grande desolatiö en laquelle il le trouua a son aduenement
a la Couronne par l'vsurpatiö des Angloys, ses merueilleux
faicts d'armes, & de la plus part de sa Noblesse, ensemble de la
Pucelle Ieanne, par le moyen desquels lesdicts Angloys furent
chassez... & autres choses... remerquables aduenues pendant
ledit temps redigees en icelle par M. Alain Chartier... *Nevers,
par Pierre Rovssin,* 1594. In-4 ; veau fauve, compart. à fr., tr.
dor. (*anc. rel.*).

Très bel exemplaire, réglé, de cette édition rare, qui est la seconde.

499. COMMINES. Cronique & Histoire faicte & composée par
feu messire Philippe de Comines... cötenant les choses aduo-
nues durant le regne du Roy Loys vnziesme, & Charles huic-
tiesme son filz, tant en France, Bourgongne, Flandres, Arthois,
Angleterre, & Italie, que Espaigne & lieux circonuoysins. Nou-
uelement reueue & corrigee, Auec plusieurs notables mis au
marge, pour le Sommaire de ladicte Histoire. *Paris, Vincent
Sertenas,* 1549. (A la fin :) ... *imprimées à Paris par Guillaume Thibout.* In-8 ; mar. La Vallière, fil. à fr., tr. dor.
(*Lortic*).

Édition fort rare et non citée au *Manuel.* Très bel exemplaire.

500. Copie de lar‖rest du Grant Cöseil donne a lencon‖tre du
Miserable & Meschant ‖ Empoisonneur de Monseigneur Le
Daulphin. ‖ Auec aucunnes Epistres & Rondeaux ‖ sur la mort
de mondit seigneur. *Au Pot casse.* In-8, de 8 ff.; mar. vert, fil.
à fr., tr. dor. (*Duru*).

Plaquette rarissime imprimée à Paris par Mallard, successeur de
Geoffroy Tory. On lit à la fin : *Il est deffendu à tous libraires et imprimeurs
de la ville et preuosté de Paris de non imprimer ne mectre en vente ceste présente copie dedens troys mois, sur peine de cöfiscation desdictes copies et
damende fors que a M. O. Mallard. Donné à Paris ce* xviii *octobre* 1536.

Il s'agit ici de François, frère aîné du roi Henri II. Son échanson, le
comte Sébastien Montecuculli, accusé de l'avoir empoisonné, fut tiré à
quatre chevaux, à Lyon

501. AUBIGNÉ (Th.-A. d'). L'Histoire universelle du sieur d'Aubigné (de l'an 1550 jusqu'à la fin du xvie siècle). *Maillé, Jean
Moussat,* 1616-1620. 3 t. en 2 vol. in-fol.; mar. brun, comp. à
fil., tr. dor. (*Hardy-Mennil*).

Édition originale, condamnée à être brûlée par la main du bourreau, et dont, par conséquent, les exemplaires sont rares. Elle sort de l'imprimerie particulière de d'Aubigné, établie dans sa résidence de Maillé, en Poitou.

Aux armes du prince d'Essling.

502. SIMEONI (Gabr.). Interpretation Greque, Latine, Tuscane et Françoise, du Monstre, ou Enigme d'Italie. *A Lyon, Par Antoyne Voulant Libraire en rue Merciere*, M.D.LV (1555). (A la fin :) *Imprimé à Lyon par Ian Brotot*. In-8, de 80 pp., avec grav. sur bois ; mar. rouge, fil., tr. dor. (*Trautz-Bauzonnet*).

Simeoni, dans cet opuscule fort rare, cherche à établir les droits de la France sur l'Italie. Curieuses gravures.

Très bel exemplaire.

503. SEISSEL (Cl. de). Histoire singvlière dv roy Loys xij... faicte au parangon des regnes & gestes des autres Roys de France... composée par mess. Claude de Seissel... *A Paris, Par Gilles Corrozet*... 1558. Pet. in-8 ; mar. bleu, fil. et tr. dor. (*Kœhler*).

Seconde édition, rare. Très bel exemplaire.

504. Cry des Mon‖noyes publie a paris le cinquiesme ‖ iour de Feburier Mil cinq cens ‖ cinquante ꝗ vng (1551). ‖ *Fait Jouxte la forme et exemple* ‖ *Imprime a Paris par Jehan* ‖ *Daillier sur le pont sainct* ‖ *Michel a lenseigne de la* ‖ *Rose blanche* ‖ *Auec priuilege*. Pet. in-8, de 4 ff. non ch. ; mar. rouge, fil. et tr. dor. (*Lortic*).

Plaquette rarissime, non citée. Très bel exemplaire.

505. MÉRIGON (Pierre-Bertr. de). Tradvction francoise dv Panegyre grec dv Roy Lovys le Ivste sur le sujet de la Victoire que Dieu luy a donnée sur les Anglois, en la Iournée de l'Isle de Ré : Fait & prononcé par le Sieur de Merigon... les 11. & 26. du mois de Nouembre 1628. au College de Harcour. *A Paris, chez Lavrens Savlnier*, 1629. 2 part. en 1 vol. in-8 ; vélin blanc, semé de fleurs de lis d'or, tr. dor. (*rel. du temps*).

Volume extrêmement rare. La traduction est dédiée à Gaston de France, frère de Louis XIII ; le texte grec, mis à la suite, avec un titre spécial, est précédé d'une dédicace à la reine mère.

Très bel exemplaire, réglé.

506. Ordonnance dv Roy Lovis XIII. Roy de France & de Nauarre, sur les plaintes & doleances faittes par les Deputez des Estats de son Royaume conuoquez & assemblez en la ville de Paris, en l'année 1614, & sur les Aduis donnez à Sa Majesté par les Assemblées des Notables tenuës à Roüen en l'année 1617. & à Paris en l'année 1626. Publiée en Parlement le 15. Janvier 1629. *A Paris, Par A. Estienne, P. Mettayer & C. Prévost, imprimeurs,* 1629. In-8 ; mar. rouge, fil. (*anc. rel.*).

> Volume rare. Excellente reliure aux armes de COLBERT.

507. BASSOMPIERRE. Mémoires du Mareschal de Bassompierre contenant l'histoire de sa vie. Et de ce qui s'est fait de plus remarquable à la Cour de France pendant quelques années. *Cologne (Hollande), P. du Marteau,* 1665. 2 vol. pet. in-12 ; mar. rouge, fil. à fr., tr. dor. (*Lortic*).

> Première édition et la seule qui soit sortie des presses elzeviriennes de Leyde. Très bel exemplaire. H. : 133 mill.

508. Procez-verbal de l'assemblée extraordinaire de messeigneurs les Archevêques et Evêques, tenuë en l'Archevêché de Paris, aux mois de mars et de may 1681. *Paris, F. Leonard,* 1681. In-4, de 79 pp.; mar. rouge, comp., tr. dor. (*anc. rel.*).

> Fort rare. Exemplaire revêtu d'une belle reliure aux armes de Charles-Maurice LE TELLIER, archevêque de Reims, et bibliophile célèbre.

509. État du tableau de la ville de Paris, considerée relativement au nécessaire, à l'utile, à l'agréable & à l'administration. *Paris,* 1760. In-8 ; mar. rouge, fil. et tr. dor. (*anc. rel.*).

> Volume rare et curieux. Belle reliure aux armes de la reine MARIE LECZINSKA.

510. Collection complète des lois promulguées sur les décrets de l'Assemblée nationale, depuis le 3 Novembre 1789. Imprimée par ordre de l'Assemblée nationale sous la surveillance du Ministre de la Justice. *Paris, Impr. nationale,* 1791. 2 vol. in-4 ; mar. vert, compart. et ornem., tr. dor., doublé de tabis (*Biziaux*).

> Exemplaire sur VÉLIN. Riche et curieuse reliure aux armes de LOUIS XVI.

V. HISTOIRE DES PAYS ÉTRANGERS.

511. La legende des Flamens, croniqve abregee, en laquelle est faict succinct recueil de l'origine des peuples & estatz de Flandres, Arthois, Haynault & Bourgongne, & des guerres par eulx faictes à leurs Princes & à leurs voisins : Auec plaisante cōmemoratiō de plusieurs choses faictes & auenues en France Angleterre & Alemaigne, depuis sept ou huict cens ans. Semblablement y sont traictées les descentes & genealogies des roys de Naples & de Sicille, & des Princes & Ducz de Milan, & quel droict ont les Roys de France ausdictz Royaumes & Duché. *On les vend à Paris... en la boutique de Galliot du Pré, Libraire...* 1558. Pet. in-8 ; mar. La Vallière, fil. & riches ornem., tr. dor. (*Capé*).

Seconde édition, très rare. Magnifique exemplaire.

512. PARADIN (Guill.). Chroniqve de Savoye, reuenë, & nouuellement augmentee, par M. Guillaume Paradin, Doyen de Beaujeu. Auec les Figures de toutes les Alliances des Mariages qui se sont faicts en la maison de Sauoye, depuis le commencement iusqu'à l'heure présente. *Lyon, J. de Tournes,* 1561. In-fol.; fig. et front. gr. sur bois; mar. vert, fil. à fr., tr. dor. (*Capé*).

Seconde édition. C'est un des plus beaux livres publiés par de Tournes. Remarquable frontispice et lettres ornées.
Magnifique exemplaire, avec blasons soigneusement coloriés.

513. GUEROULT (Guill.). Premier [et second] tome des chroniques et gestes admirables des empereurs, auec les Effigies d'iceux. Mis en Françoys, auec un indice pour plus facillement trouuer le nom desdits Empereurs. *A Lyon, chez Balthasar Arnoullet,* 1552. 2 t. en 1 vol. in-4; fig. sur bois ; mar. vert, comp., milieu en mosaïque, tr. dor. (*Lortic*).

Ouvrage rare et peu connu, rempli de reproductions de médailles, et orné de plans de Rome, de Constantinople et de Paris. Ce dernier, à vol d'oiseau, est fort curieux et presque inconnu.
Très bel exemplaire.

514. Die Cronica van der‖hilliger Stat vā Coellē. (A la fin :) *Ind*

hait gedruckt mit groissem ernst ind vlijss Iohan Kœlhoff Burger in Cœllen ind vollendet up sent Bartholomeus auent des hilligen apostels anno vursz (1499). In-fol., goth.; fig.; peau de truie estampée (*rel. du temps*).

Chronique de Cologne fort rare et de la plus haute importance pour l'histoire de l'imprimerie à cause d'un chapitre concernant l'invention de la typographie. L'auteur anonyme y déclare (ff. 311 et 312), d'après ce qu'il en savait d'Ulrich Zell, de Hanau, que cet art admirable a été inventé à Mayence par Jean Gutenberg vers 1440, et perfectionné en 1450, mais il ajoute que sa première ébauche avait été réalisée en Hollande dans les Donats, dont date le commencement de cet art. L'interprétation de ce passage n'est pas encore fixée et donne lieu à d'interminables discussions entre les partisans de Gutenberg et ceux de la Hollande.

Exemplaire dans sa première reliure, aux armes. Premier titre doublé et qq. ff. de la table remmargés.

515. SPRECHERI (F.) Rhetia... *Lugduni Batavorum. Ex officina Elzeviriana. Anno* 1633. In-16; titre gravé; mar. rouge, comp. à fil., dos à petits fers, tr. dor. (*Le Gascon*).

Histoire et description du pays des Grisons.

Délicieuse reliure aux armes du cardinal DE RICHELIEU, accompagnées d'une ancre, insignes de sa charge de surintendant général de la navigation et du commerce. De la coll. Double.

516. Discovrs de la vie abominable, rvses, trahisons, mevrtres, impostures, empoisonnements, paillardises... desquelles a vsé & vse iournellement le my Lorde de Lecestre Machiauoliste, contre l'honneur de Dieu, la Maiesté de la Royne d'Angleterre sa Princesse, & toute la Republique Chrestienne. *S. l.,* 1585. In-8, de 8 ff. lim. et 134 ch.; mar. rouge, fil., tr. dor. (*anc. rel.*).

Ouvrage fort rare. Titre taché et qq. notes marginales atteintes.

517. SCOTT (Rom.). Svmmarivm rationvm, quibvs cancellarivs Angliae et prolocvtor Puckeringius Elisabethae Angliae Reginae persuaserunt occidendam esse serenissimam Principem Mariam Stuartam Scotiae Reginam & Iacobi sexti Scotorum Regis matrem..... Opera Romoaldi Scoti. *Ingolstadii, Ex officina Wolffgangi Ederi, Anno* M.D.Lxxxviii (1588). In-12; mar. vert, fil. à fr., tr. dor.

Volume fort rare contenant aussi le récit de la mort de Marie Stuart, et beaucoup de pièces de vers en son honneur. Portrait de la reine gravé par Harrewyn, ajouté.

518. **LESLEY** (John). Consola-‖tions divines et ‖ remedes sovve-‖ rains de l'esprit affligé. ‖ Liure I. ‖ Et ‖ Le Rampart preser-‖ uatif de l'Esprit tranquille. Liu. 2. ‖ Par R. P. en Diev, Messire Iean ‖ de Lesselie Escossois, ‖ Euesque de Rosse. ‖ Œuure fort vtile & necessaire à tous ceux qui ‖ desirent, auec repos & tranquilité d'esprit, ‖ passer ce temps turbulent & ‖ calami-teux. *A Paris,* ‖ *Chez Arnold Sittart, à* ‖ *l'Escu de Cologne.* ‖ **M.D.LXXXXIII** (1593). ‖ *Avec privilege.* Pet. in-8, de 12 ff. prél. n. ch. ; 144 pp., 120 pp. et 12 ff. n. ch. ; vélin blanc, fil., milieu, tr. dor. (*rel. du temps*).

Ce précieux petit volume offre plus d'un genre d'intérêt. Il est d'une telle rareté qu'il n'est venu à la connaissance d'aucun bibliographe ou historien, qui en eussent certainement parlé.

Son auteur, John Lesley, se trouva mêlé à la plupart des évènements de la vie si agitée de la malheureuse reine de France et d'Écosse. Les troubles de la religion ayant pris en 1560, dans ce dernier royaume, une gravité alarmante, on jugea indispensable la présence de la reine, alors en France. Les protestants lui envoyèrent Jacques Stuart, son frère naturel, et les catholiques lui dépêchèrent Lesley, qui connaissait déjà la France, dont il avait longtemps fréquenté les principales universités. Catholique zélé, membre du conseil privé de la reine, il prit part à toutes les conférences sur la religion et provoqua la revision des lois du royaume. Lorsque, après ses désastres, en 1568, Marie prit la fatale résolution de se réfugier en Angleterre, elle choisit, avec d'autres amis dévoués, Lesley pour la défendre, ce qu'il fit avec beaucoup de force, mais sans succès. Il fut mis lui-même à la Tour de Londres, puis élargi en 1573 et banni d'Angleterre. C'est durant cette captivité qu'il composa un petit ouvrage latin destiné à consoler sa souveraine, prisonnière comme lui. Il a pour titre : *Piæ afflicti animi consolationes divinaque remedia... Animi tranquilli munimentum et consolatio...,* ouvrage qui a été imprimé à Paris, en 1574 (voir Brunet). On sait que, dès ses plus jeunes années, Marie écrivait fort bien en latin, et qu'elle déclama, devant le roi Henri II et toute sa cour, « estant, dit Brantôme, en l'âge de treize à quatorze ans, une oroison en « latin qu'elle avoit faicte, soubtenant et défendant, contre l'opinion « commune, qu'il étoit bien séant aux femmes de sçavoir les lettres et « arts libéraux ». Non content de ses efforts pour soutenir le moral de l'auguste captive, Lesley parcourut toutes les cours catholiques pour inté-resser leurs souverains à soutenir sa cause. Voyant ses efforts inutiles, il publia une série d'ouvrages, tant en latin qu'en français ou en anglais, établissant les droits de Marie à la couronne d'Angleterre. En 1579, il fut nommé suffragant et vicaire général de l'archevêché de Rouen. Faisant en 1590 la visite de ce diocèse, il fut enlevé et mis en prison. On l'obligea à payer trois mille pistoles de rançon afin de n'être pas livré à la cruelle

Élisabeth. Nommé en 1593 évêque de Coutances, il voulut manifester son
attachement à la famille de sa reine en faisant imprimer le présent volume,
qui est une version française faite par lui-même des *Piæ consolationes*. Ce
travail était déjà prêt depuis trois ans, comme le témoignent l'épître dédicatoire et les pièces officielles qui l'accompagnent, toutes datées de 1590.
La dédicace est adressée *au tres-chrestien roy de France, Charles, dixième
de ce nom*, qui est Charles, cardinal de Bourbon, roi des ligueurs,
alors prisonnier comme Marie Stuart et qui mourut deux mois après
(le 9 mai). Cette dédicace porte à la fin ces mots : *Escrit en vostre palais
& maison Archiepiscopale de Rouen, ce cinquième iour de Mars* 1590. Le privilège, un peu antérieur, puisqu'il est daté du 14 février, est au nom du
duc de Mayenne, « lieutenant général de l'Estat et Couronne de France ».
Néanmoins, le livre ne vit le jour qu'en 1593, après la mort du roi des
ligueurs, et sans doute pendant le siège de Paris par Henri IV, pour soutenir le courage des ligueurs. Il faut ajouter qu'il est écrit d'une manière
remarquable.

Pourquoi ce petit ouvrage échappa-t-il à l'attention des historiens ?
L'édition en fut-elle détruite par l'auteur lui-même après la chute du
parti de la Ligue, de la maison de Lorraine, et l'avènement d'Henri IV,
ou plutôt l'imprimeur détruisit-il tous les exemplaires pour sa propre
sécurité, à cause de la dédicace ? Nous ne saurions le dire.

Mais son importance capitale n'est pas là. Il mérite toute notre attention en raison de six pages du plus haut intérêt littéraire. On sait que
Brantôme a fait mention du talent poétique de Marie Stuart, mais nous
n'étions pas à même d'en juger sûrement, car la célèbre chanson : *Adieu,
plaisant pays de France*, qu'on lui avait attribuée, même de nos jours,
est du journaliste Meusnier de Querlon qui s'en est reconnu l'auteur
dans une lettre à Mercier, abbé de Saint-Léger. On ne connaissait donc
presque rien de bien authentique sorti de la plume de cette princesse si
instruite et si charmante. Notre volume vient combler cette regrettable
lacune. Il contient une pièce de cent vers et deux sonnets signés d'elle et
qui doivent remonter à l'année 1574, la trente-deuxième de sa vie. La
première est intitulée : *Meditation sur l'inconstance et vanité du monde*,
COMPOSÉE PAR LA FEUË ROYNE D'ESCOSSE ET DOÜAIRIERE DE FRANCE, *apres avoir
leu en sa prison les Consolations en Latin, à elle envoyées par le S* Eves[que]
de Rosse.*

Elle commence ainsi :

> Lorsqu'il convient à chacun reposer,
> Et pour un temps tout soucy deposer,
> Un souvenir de mon amere vie
> Me vient oster de tout dormir l'envie.

. La facture en est facile, élégante, pleine de mélancolie et de grâce.
Elle est signée de son anagramme : *Sa vertu m'attire*. MARIE STUVARTE.
Le premier sonnet est signé d'un autre anagramme : *Va, tu meriteras*.
Le second sonnet est adressé à Lesley *après sa délivrance de prison*.

Le volume est divisé en trois parties, dont les deux premières sont
paginées séparément et contiennent les deux opuscules annoncés sur le
titre. La dernière, non paginée, offre des *Prières* de circonstance, *conve-*

nables à tous vrays chrestiens estans en affliction, durant le temps turbu-
lent et calamiteux, à l'usage des ligueurs.

519. **CONÆUS (G.).** Vita Mariæ Stuartæ Scotiæ reginæ, scriptore
Georgio Conæo [Caune] Scoto. *Romæ, apud Ioannem Paulum*
Gellium, 1624. In-12 ; veau fauve, fil. (*anc. rel.*).

> Volume rare, orné d'un joli portrait de Marie Stuart.
> Exemplaire aux premières armes de DE THOU.

520. **BARNESTAPOLIUS (Obertus).** Maria Stvarta, regina Scotiæ, Dotaria Franciæ, hæres Angliæ et Hyberniæ ; Martyr
Ecclesiæ, Innocens a cæde Darleana ; Vindice Oberto Bar-
nestapolio. *Coloniæ, Sumptibus Petri Henningii, anno*
M.DC.XXVII (1627). Pet. in-8 ; mar. vert, comp. à fil.,
ornem., tr. dor.

> Volume rare. Le nom réel de l'auteur est Robert Turner.

521. **UDALL (W.).** The historie of the life and death of Mary
Stuart Queene of Scotland. *London, Printed for Will. Sheares,*
1636. In-12 ; fig. ; veau fauve, fil., ornem., tr. dor.

> Ouvrage rare, orné d'un joli portrait de Marie Stuart et d'un titre gravé
> par Will. Marshall, représentant deux vues de ville (Édimbourg et Lon-
> dres?)
> Très bel exemplaire.

522. **(LE PESANT DE BOISGUILBERT, P.)** Marie Stuard,
Reyne d'Escosse. Nouvelle Historique. *A Paris, Chez Claude*
Barbin... M.DCC.LXXIV (1774). 3 part. en 1 vol. in-12 ;
mar. rouge, fil., tr. dor. (*Lortic*).

> « Ce n'est point icy, dit l'auteur anonyme, un roman ; c'est une his-
> toire véritable. »
> Édition originale. Très joli exemplaire, avec témoins.

523. La Race et la naissance, la vie et la mort de Marie Stuart...
Avec un traité touchant la maison de Stuart. Et encore une
Figure curieuse représentant les Funérailles de Sa Majesté.
A Amsterdam, Chez Nicolas ten Hoorn, 1695. In-12 ; demi-rel.
veau antiqué.

> Petit volume curieux et rare, orné d'un portrait de Marie Stuart et
> d'une grande planche pliée de ses funérailles.

VI. NOBLESSE, CHEVALERIE, BIOGRAPHIE, ENCYCLOPÉDIES.

524. SICILLE, hérault d'armes. Le blason ‖ Des Ar‖mes, Auec Les armes ‖ des princes ɛ seigneurs ‖ de frãce, Et des. xvii. royaulmes chrestiẽs. (*A la fin:*) *Imprime nouuellement à Paris* ‖ *pour Iehan Sainct denys libraire : de=‖mourant en la rue neuf-ue nostre dame* ‖ *a lenseigne sainct Nicolas.* S. d. Pet. in-8, goth., de 27 ff. non ch.; mar. vert, fil. et tr. dor. (*S^t Ja-mes's*).

> Un des plus anciens traités du blason en français.
> Édition non citée. Très bel exemplaire, avec les blasons coloriés. Chif-fre de Th. Willement, antiquaire anglais, sur les plats.

525. SICILLE. Le blason des ‖ Couleurs en Armes, Liurees / et Deuises. ‖ Sensuyt le liure tresvtille et subtil ‖ pour scauoir ɛ ɔgnoistre dune ɛ chas‖cune couleur la vertu ɛ ꝑpriete. En‖-semble la maniere de blasonner les‖dictes couleurs en plu-sieurs choses pour apprẽ‖dre a faire liurees / deuises / et leur blason / Nou‖uellement Imprime a Paris. *On les vend a paris en la Rue neuf‖ue nostre Dame a lenseigne sainct Nicolas.* S. d. Pet. in-8, goth., de 4 ff. prél. et liii ff. ch.; mar. vert, fil. et tr. dor. (*St James's*).

> Complément de l'ouvrage précédent. Édition non citée.
> Très bel exemplaire, avec blasons coloriés. Même provenance.

526. VILLEGAGNON (Nic. chev. de). De bello Melitensi et eius euentu Francis imposito, ad Carolũ Cæsarem V. Nicolai Villa-gagnonis Commentarius. *Parisiis, apud Carolum Stephanum*, 1553. In-4, de 29 ff. non ch.; mar. rouge, fil. à fr., tr. dor.

> Histoire de la guerre de Malte à laquelle l'auteur avait pris une part active.
> Très bel exemplaire, avant le changement au titre (v. Brunet).

527. PORTILLA (Fr. de la). Regla de la orden y cavalleria de S. Santiago de la Espada... *En Anveres, en la Emprenta Plan-tiniana*, 1598. Gr. in-8; mar. olive, tr. dor. (*rel. du temps*).

> Volume fort rare, non cité.
> Exemplaire aux deuxièmes armes de J.-A. DE THOU.

528. BOCCACCIO (J.). Johannis Bocacii de Cercaldis (*sic*) histori‖ographi prologvs in libros de casi‖bvs virorvm illvstrivm incipit. *S. l. n. d.* In-fol., semi-goth.; mar. rouge, fil. et tr. dor. (*Duru*).

> Première édition exécutée avec les caractères de George Husner, à Strasbourg, vers 1473. Fort rare.
> Magnifique exemplaire, à toutes marges et non lavé.

529. BOCCACE (J.). Bocace des nobles ‖ maleureux : (A la fin :) *Cy finist le neufuiesme et dernier li‖ure de Jehan boccace des nobles hom‖mes ⁊ femmes infortunez translate de ‖ latin en francois Imprime nouuelle‖ment a Paris pour Anthoine verard ‖ libraire demourant devant la rue neuf‖ue nostre dame a lymage sainct Jehan ‖ leuāgeliste ou au palais au premier pil‖lier...* S. d. (vers 1503). Gr. in-fol., goth., à 2 col., de 47 lig.; mar. bleu, doublé de mar. rouge, riches compart. à pet. fers, tr. dor. (*Niedrée*).

> Seconde édition de Vérard, ornée de belles gravures sur bois, et fort rare.
> Superbe exemplaire, très pur et presque non rogné. Riche reliure.

530. VALERIUS MAXIMUS. Dictorum et factorum memorabilium libri. (A la fin :) *M.CCCC.LXXI* (1471).

> *Impressum formis iustoq₃ nitore coruscans*
> *Hoc Vindelinus condidit artis opus.*

(*Venetiis.*) In-fol.; mar. rouge, comp. à fil. à fr., ornem., milieu, tr. dor. (*Lortic*).

> Seconde édition avec date, fort rare.
> Magnifique exemplaire, non lavé. Initiales enluminées.

TABLE DES DIVISIONS

BELLES-LETTRES.

HISTOIRE.

FIN DE LA TABLE DES DIVISIONS.

Paris. — Typ. de Firmin-Didot et Cⁱᵉ, 56, rue Jacob. — 14407.

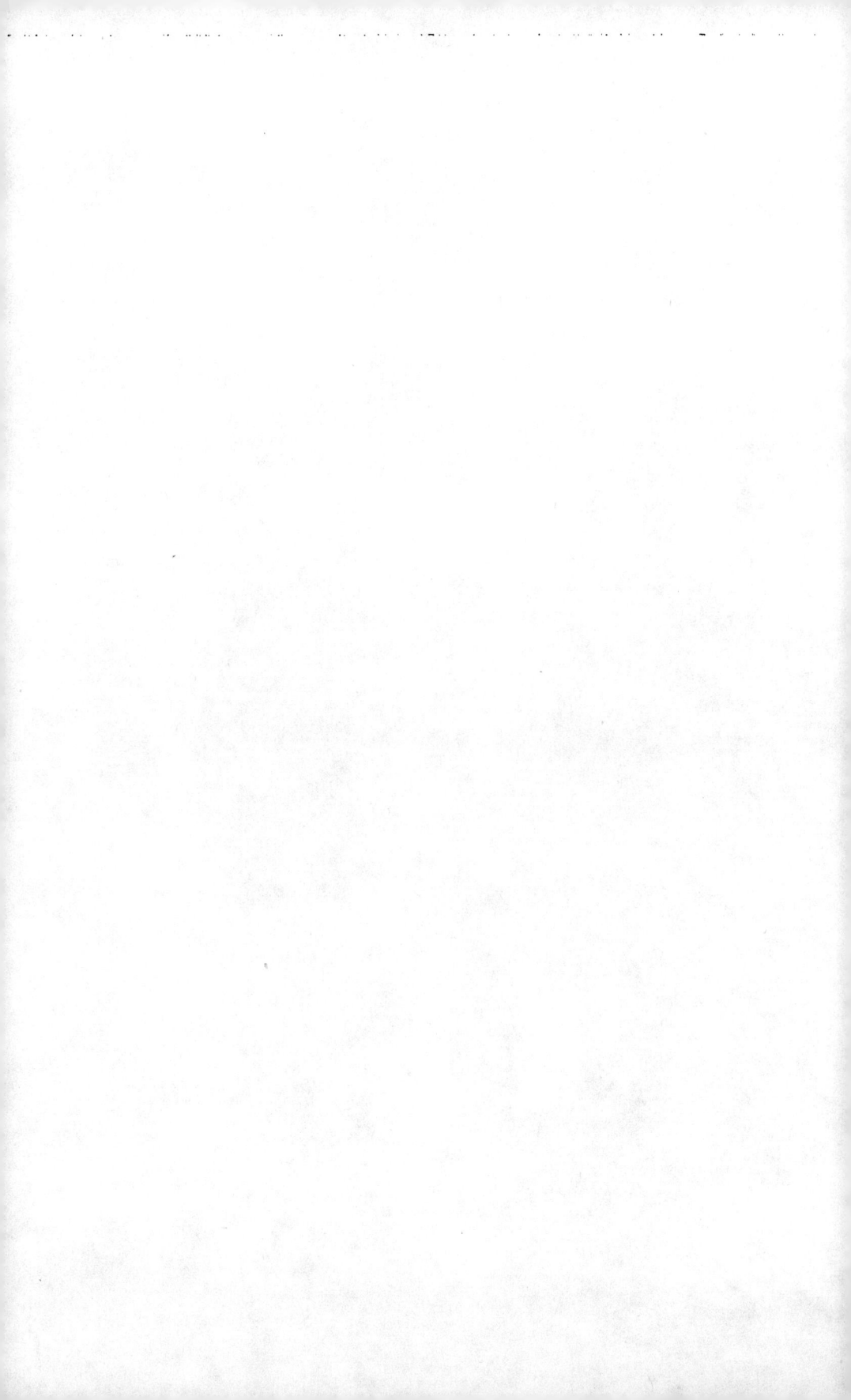

A LA LIBRAIRIE FIRMIN-DIDOT ET Cⁱᵉ

56, RUE JACOB, 56

CATALOGUE ILLUSTRÉ

DES

LIVRES RARES ET PRÉCIEUX

MANUSCRITS ET IMPRIMÉS

FAISANT PARTIE DE LA BIBLIOTHÈQUE

DE

M. AMBROISE FIRMIN-DIDOT

THÉOLOGIE — JURISPRUDENCE — SCIENCES — ARTS — LETTRES — HISTOIRE

Un vol. in-4°, sur papier vergé, avec gravures sur bois et photogravures.

PRIX : 40 FRANCS

SE VEND AU PROFIT DES PAUVRES

Nota. — Après la vente de cette cinquième partie, il sera publié une table alphabétique du présent catalogue, suivie de la liste des prix d'adjudication.

La vente suivante aura lieu au printemps de l'année prochaine (1884). Elle comprendra des livres anciens, rares et précieux, manuscrits et imprimés, en tout genre. Afin d'établir l'unité bibliographique de cette collection célèbre, il sera publié, après les ventes, une table méthodique générale, une table alphabétique, une table des provenances illustres, etc.

Paris. — Typographie Firmin-Didot et Cⁱᵉ, 56, rue Jacob. — 14407